U0863270

雇佣关系中侵权损害赔偿制度研究

黄乐平 著

GUYONG GUANXI ZHONG
QINQUAN SUNHAI PEICHANG
ZHIDU YANJIU

法律出版社
LAW PRESS·CHINA

前　言

在博士论文即将付梓之际，内心不免惴惴不安。然而为了让读者更好地了解作者的写作意图，回顾前后的写作过程，还是觉得有若干事项需做一简单说明。

选题方向的确定。确定这一选题作为博士论文，可谓是由来以久的个人愿望。从 2004 年出版《最新工伤处理操作实务》以来，本人一直身处劳资纠纷处理的第一线，始终坚持在实践探索与实证研究的前沿。一方面，是雇主对雇员之苛刻让人触目惊心，“劳而无酬”“伤而无恤”的案例俯拾皆是；另一方面，却又是雇主对雇员的损害行为束手无策，“不辞而别”“假公济私”的现象屡见不鲜。探究问题背后的根源，雇佣关系中的损害赔偿责任机制的缺失难辞其咎。如何建立合理的损害赔偿责任机制，在雇佣（劳动）关系中构建公平公正的价值导向，对于构建良性之雇佣（劳动）关系实在是善莫大焉。确定这一主题作为博士论文的选题，也算了却本人多年来孜孜以求的研究夙愿。

选题内容的确定。本书最初确定的题目是《雇佣关系中损害赔偿制度研究》，希冀在雇佣关系范畴内，构建统一损害赔偿制度体系，将侵权损害赔偿制度研究与违约责任损害赔偿责任制度都纳入研究范畴。立意是好的，但是受限于过往的知识储备以及紧张的工作日程，最后不得不忍痛作出取舍，遂聚焦于侵权损害赔偿制度研究。不得不承认，刚性任务有助于提高个人的工作效率，但也会逼迫个人不得不放弃一些喜好，所谓理想与现实的妥协莫过于此。这可能也是本书的遗憾之一，期冀将来有机会为读者弥补。

偏重立法的研究。这与个人多年来的工作经历有关。过去十数年间，本人较多参与并见证了中国劳动立法的发展历程，特别是在职业安全卫生立法领域（包括《工伤保险条例》修改、《职业病防治法》修改与《社会保险法》的制定等），本人有幸作为一方代表亲身参与了立法博弈的过程，为推动部分法律条款的制定或修改付出了较大的努力。这样的经历让本人对理论研究的价值有了更多的思考,于当下中国而言,理论研究服务于制度构建乃是研究的最大价值;这一理念也契合本人致力建设“劳工政策民间智库”的目标,可谓是知行合一的身体力行。这是本文为何特别重视制度变迁的来龙去脉,以及研究结论为什么特别重视法律制度的修改与完善的主要动因。

本书成稿初步完成于2018年5月,并在北京师范大学法学院民商法博士论文答辩会上被评为优秀毕业论文。尽管获得了答辩委员会诸位老师的较高评价,但本人深知仍存在诸多不足,特别是2020年5月28日《民法典》通过后,原稿的很多内容已经显得不合时宜,如论文写作时关于《民法典》编纂时关于雇佣规则的制度的设想、侵权损害赔偿制度的完善等。所以,在过去的两年里又断断续续地对原稿不成熟的地方做了一些修改与调整。

尽管在写作过程中全力以赴、殚精竭虑,然而在书稿即将付梓出版之际,依然有惶恐不安之感,唯恐挂一漏万、贻笑大方。在此敬请方家、同人与读者指正,以便日后更好地完善这一课题的研究。

写作不易,出版更不易。最后要特别感谢法律出版社司法实务分社社长孙慧女士、前律政出版工作室主任戴伟先生为本书的出版所给予的大力支持。责任编辑许睿、连晓敏为本书的出版也付出了诸多努力,在此一并致谢。

黄乐平

2020年9月5日于京西寓所

目录

绪　论

一、研究缘起及意义

（一）研究之缘起

基于劳动关系是一种特殊的雇佣关系——对应的用人单位与劳动者是特殊的雇主与雇员，过去十几年间有关雇佣关系特别是雇主对雇员的损害赔偿责任在规制上有了较大发展，引发了理论界与实务界对这一领域前所未有的关注。2004 年 5 月 1 日实施的《最高人民法院关于审理人身损害赔偿案件适用法律若干问题的解释》（以下简称《人身损害赔偿解释》），对雇主与雇员在雇佣关系中的侵权损害赔偿责任做了比较清楚的界定，并引发了第三人侵权导致雇员的工伤是单赔还是双赔这一热门话题；由此导致司法实务中出现了较大的纷争，最终双赔模式成为司法界主流。然而，司法界主流所认同，并不意味理论上的争论就此结束，更不意味雇佣关系中损害赔偿责任的理论问题获得了彻底解决。正是《人身损害赔偿解释》引发的雇主对雇员损害赔偿责任的争议，2010 年 7 月 1 日实施的《侵权责任法》在立法上干脆摒弃了雇主关于“雇员在从事雇佣活动中遭受人身损害”与“第三人造成雇员人身损害的”的情形应当承担何种损害赔偿责任的规定。紧随其后的 2011 年 7 月 1 日实施的《社会保险法》对于第三人侵权所导致的雇员工伤，也只是在医药费方面作了规定，即工伤保险基金向受害雇员先行支付医疗费用后，有权向第三人追偿。由于第三人侵权导致的雇员工伤，雇员可以分别获得工伤保险待遇（法定的工伤保险待遇有一部分是雇主支付的）及第三人的双份赔偿。[①] 尤其是第三人侵权所导致的工伤事故中很大的一个比例是交通事故，而且很多交通事故发生在通勤路上。

---

① 严格意义上说是不完全意义的双重赔偿，因为医疗费、伙食费、交通费、误工费等是根据实际发生支付的，一般来说，雇员只能领取一份。

而实际上发生在车间的标准意义上的工伤事故，反而只能获得一份赔偿。由于工伤保险待遇更多的是考虑普惠制，因此在待遇标准方面往往低于人身损害赔偿的标准。为遏制频发的安全生产事故，加大雇主对安全生产的重视以减少雇员的伤亡，2001 年制定的《职业病防治法》与 2002 年制定的《安全生产法》都分别规定了依法认定工伤的雇员除了获得工伤保险待遇外，还可以向雇主主张民事权利。但实际上这两部法律规定却迟迟未能落地，而原因之一就是《人身损害赔偿解释》规定，依法可以参加工伤保险统筹的雇员只能按《工伤保险条例》的规定处理，变相排斥了雇员要求民事赔偿的权利，等于将前述两部法律的规定给抽空了。同样是基于雇主对雇员的安全保障义务，因第三人侵权所导致的工伤，雇员主张双份赔偿可以获得支持；而因为传统的安全生产事故与职业灾害所致的工伤，雇员甚至拿不到一份完整的民事赔偿，这种情况下不仅学界争议很大，社会公众对此也有广泛质疑。那么，问题的根源在哪里呢？

单从表象上看，完全是由于法律文本规定不尽完善、不同法律部门之间缺乏衔接，急于解决现实问题的司法部门过于积极，以致跑过了身位，导致会出现一些纷争。但从根本上来说，还是由于雇主侵权损害赔偿责任界定不明，雇佣关系中侵权损害赔偿责任分配不清，以至于在立法上无法科学的确立一个统一的标准。国内学界对于雇佣关系中侵权损害赔偿研究之薄弱由此可见一斑，与雇主对雇员的损害赔偿责任研究相比较，有关雇员对雇主的损害赔偿责任的研究成果就更加匮乏了。随着《企业职工奖惩条例》被废止，有关雇主追偿雇员的案例在司法上引用的法律规定很多情况下是部门规章级别的法律文件，如《工资支付暂行规定》《违反〈劳动法〉有关劳动合同规定的赔偿办法》等，以致出现司法对此等案例的处理左支右绌、莫衷一是。

因此，借鉴英美法系国家与大陆法系国家已有的经验（包括我国台湾地区、香港特别行政区在内），加强雇佣关系中侵权损害赔偿制度的研究，以资立法完善之理论支持，应是学界刻不容缓的研究课题。

（二）研究意义

1. 理论意义

雇佣关系中侵权损害赔偿制度研究是我国法学研究领域中的薄弱环节，与此相关的雇主、雇员与雇佣关系的基本概念，侵权损害赔偿责任归责原则、雇佣关系与劳动关系界限的界定、雇佣过程的判定等问题，在侵权责任法领域与劳动法领域都存在一定的争议。雇主、雇员与雇佣关系的概念虽为学界所通用，但并未为我国相关法律所吸纳，与其他国家相较而言亦非同一概念，稍有不慎就容易导致适用上的错误。雇主对雇员、第三人的侵权究竟是适用过错责任还是严格责任，雇员对雇主造成的损害是否适用过错责任、在何种情况下适用责任减轻规则，学界意见并不统一，这对权利受损害者是不利的。由于雇主对雇员的安全保障义务引发的雇主损害赔偿责任与雇员关于损害赔偿权利的选择，学界关注者甚众，但对于立法冲突的解决以及归责原则的选择上，如何通过构建统一的雇主侵权损害赔偿理论来解决这一理论与立法难题，至今尚属空白。本书的研究就是要从梳理基本的概念入手，厘清各种法律关系的逻辑与理论依据，解析雇佣关系中雇主（员）损害赔偿责任的构成要件与归责原则，以期构架我国雇佣关系中侵权损害赔偿制度的理论基础。

2. 实践意义

雇佣关系中侵权损害赔偿的研究不仅是一个理论层面的问题，更是一个十分重要的亟待解决的实践课题。从立法上而言，无论《侵权责任法》还是其他法律，涉及雇佣关系中侵权损害赔偿的立法部分，均有较大的改进空间。“罗马不是一天建成的”，要在雇佣关系中侵权损害赔偿理论体系下构建统一的制度模式并非一蹴而就，但是循序渐进地推进上述法律相关制度的完善是完全可以期待的。而《职业病防治法》先后两次修法，都没有触及最初的第52条的内容，这与理论的准备不充分不无关系。此外，对于雇佣关系中侵权损害赔偿责任的理论研究对于司法实践也是非常重要的。《人身损害赔偿解释》中关于参加工伤保险的劳动者向用人单位主张民事赔偿被排除在司法救济的大门之外，显然与理论供给的不足也有着密切的关系。由于理论研究的不足与争议，加之立法的不完善，而司法实践中对雇佣关系主体的侵权责任缺乏共识，导致司法裁判尺度出现一定程度的混乱。因此，构架我国统一的雇佣关系中侵权损害赔偿理论，对相关的基本理论问题进行逐一剖析研究，可望为破解雇佣关系中侵权损害赔偿的司法实践难题提供充分的理论支持。由此本书也具有重要的实践价值。

二、文献综述

（一）雇佣关系的界定及立法模式研究

国内学界主要存在两种观点，第一种观点是统一调整说，主张“劳动关系与雇佣关系所指的是统一社会关系，只不过反映人们对某一社会关系认识的角度不同而已……雇佣关系与劳动关系可以在相同的意义上使用”。[①] 第二种观点是分别调整说，主张雇佣关系与劳动关系分别由不同的法律予以调整，两者有明显的区别，劳动关系属于劳动法调整的法律关系，雇佣关系属于民法调整的法律关系。[②] 此外，郑尚元教授在比较劳动关系与雇佣关系时为表明两者的异同点，将劳动关系称为产业雇佣关系，在于凸显劳动关系源自雇佣关系，但又已发生质变，其与传统民事雇佣关系的区别包括产业性和职业性、从属性、身份属性或单位属性、目的性或经营性、组织性和受雇方人数、期限性（安定性）和国家干预性、称谓及其他。[③] 林嘉教授也认为劳动关系与雇佣关系存在显著区别，包括报酬的性质不同、劳动风险上的责任承担不同、权利义务的规定不同、法律纠纷的争议解决途径不同。[④]

在我国《民法典》编纂过程中的征集意见，对于是否将雇佣合同有名化及如何处理其与劳动合同的关系问题上，很多学者都表达了自己的意见与建议。如易继明教授主张将现有独立的《劳动合同法》纳入《民法典》，并置于《合同法》规范基本合同制度之后。[⑤] 谢鸿飞研究员认为，劳动法经过长期发展已经形成独立的法域，兼有实体法与程序法，而民法中由于未规定雇佣合同，导致缺乏劳动合同以外的技术中立合同，因此，未来《民法典》可以考虑规定雇佣合同。[⑥] 谢增毅研究员则认为，虽然《民法典》中的雇佣规则调整劳动关系的功能弱化，但雇佣合同规则尚有存在的基础和必要。未来我国《民法典》规定雇佣合同规则应在债法的合同法部分规定雇佣合同，确立雇佣合同最基本的规则。[⑦] 朱广新研究员则主张将雇佣合同增加为《民法典》中的一种典型合同，并赋予其相对于《劳动合同法》的一般规则地位。[⑧] 但学界的意见最终未能得到立法部门的采纳。

考察域外法制，雇佣合同与劳动合同的规则设计并无统一模式，亦是各有特色，主要包括以下几种模式：第一，包含关系，即雇佣合同是劳动合同的上位概念，劳

---

① 沈同仙：《劳动法的理论与实践》，中国人事出版社2003年版，第13页。

② 周宝妹：《劳动法要论》，群众出版社2006年版，第16页。

③ 郑尚元：《雇佣关系调整的法律分界——民法与劳动法调整雇佣类合同关系的制度与理念》，载《中国法学》2005年第3期。

④ 林嘉：《劳动法的原理、体系与问题》，法律出版社2016年版，第109～110页。

⑤ 易继明：《历史视域中的私法统一与民法典的未来》，载《中国社会科学》2014年第5期。

⑥ 谢鸿飞：《民法典与特别民法关系的建构》，载《中国社会科学》2013年第2期。

⑦ 谢增毅：《民法典编纂与雇佣（劳动）合同规则》，载《中国法学》2016年第4期。

⑧ 朱广新：《民法典之典型合同类型扩增的体系性思考》，载《交大法学》2017年第1期。

动合同是特殊的雇佣合同。例如,“德国通说认为,劳动契约乃为雇佣契约之下位类型之契约”,[①]《德国民法典》第611条将自有的雇佣合同与附属性雇佣合同在立法上合并为债法分则中的一个统一的合同类型。[②] 第二,替代关系,典型的立法例是1971年《瑞士民法典》的修订。此前的1911年,瑞士采纳了德国模式,在雇佣合同一章中规定劳动合同。但是1971年《瑞士民法典》改变了此前的模式,以劳动合同替代了雇佣合同的地位,该章的条文从原来的44条增加到121条,其理念认为雇佣合同已经落伍,劳动合同因其社会连带色彩而被纳入民法当中。[③] 第三,并列关系,将劳动合同与雇佣合同分别规定。一种是法国模式,通过制定专门的《劳动法典》区分了劳动合同与雇佣合同,该法规定“适用于劳务合同的特别条例将由民法典第1787条做出规定”。[④] 另一种是意大利模式,在《意大利民法典》中专门规定了劳动编,与债编并列。[⑤]

(二)雇主责任的界定及其归责原则

雇主责任在我国民法文献中通常意指“雇主替代责任”,有学者将此二者相等同,将雇主责任界定为“在雇员因执行职务造成第三人损害且应当承担侵权责任的情况下,由雇主代为承担责任”。[⑥] 持此观点的代表性学者是王利明教授,他认为民法所称的雇主责任为用工责任,属于替代责任,雇主自身无侵权行为的情况下须为雇员的侵权行为承担责任,换言之,雇主责任的承担不以其自身过错为要件,而是由于雇员的行为构成侵权。[⑦] 此外,以程啸教授为代表的观点认为,雇主责任有广义和狭义两种。狭义的雇主责任,是指雇主对雇员在履行工作职责中造成他人损害所应承担的侵权责任;广义的雇主责任,则是指雇主对雇员在履行工作职责时造

---

① 林更盛:《德国法上近来对劳工概念之讨论与立法》,载台湾劳动法学会编:《劳动法裁判选辑(三)》,台北,元照出版有限公司1999年版,第3~4页。

② 杜景林、卢谌:《德国民法典——全条文注释》(上册),中国政法大学出版社2014年版,第491页。

③ 黄越钦:《劳动法新论》,中国政法大学出版社2003年版,第83页。

④ 郑爱青:《法国劳动合同法概要》,光明日报出版社2010年版,第3页。

⑤ 《意大利民法典》规定劳动编较为特殊,虽以劳动为名,但是内容超出了劳动,还包括合伙、公司、合作社等商法规范,以及著作权、专利和商标等知识产权规范。参见费安玲:《1942年〈意大利民法典〉的产生及其特点》,载《比较法研究》1998年第1期。

⑥ 孙少森、尹飞:《雇主责任构成要件之研究》,载《中国青年政治学院学报》2006年第1期。

⑦ 王利明:《侵权责任法研究》(下),中国人民大学出版社2011年版,第73页。

成自己损害或第三人损害都应当承担的侵权责任。①

雇主责任的归责原则是学界讨论的重点问题,国内学术界主要观点包括:

第一种学说,主张雇主承担无过错替代责任。此学说主旨是只要雇员在从事雇佣活动中给他人造成了损害,那么无论雇主是否存在选任、监督上的过错,其都要承担责任。② 从部分论证理由上看,对于雇主的认识已经脱离了传统民事活动中的个人雇佣,而是以劳动关系中的组织化的雇主为对象,主要论据是相对于作为个人的雇员,雇主尤其是身为大公司的雇主,其承担责任对受害人的保护更为有力;并且"雇主最能够通过保险或者将赔偿费用纳入成本来提供商品或服务价格从而将损害转嫁到全社会而获得免责"。③

第二种学说,主张雇主承担过错推定责任。此种学说与第一种学说的分歧在于其主张雇员在雇佣活动中造成他人损害的赔偿责任主体应当是雇员,雇主在此情况下所承担的责任乃是为他人行为担责,因此只要雇主尽到了选任、监督义务就可以主张免责抗辩。④ 此种学说的主要论据在于雇主所处的特定地位主要是选任、指示、监督、管理等,由此形成雇主的义务以及违反义务的责任问题。杨立新教授进一步将雇主责任区分为用人单位责任与个人劳务责任,并认为二者均应当适用过错推定责任。⑤

第三种学说,主张雇主承担过失替代责任。其主要观点是雇主应当就雇佣的行为承担侵权责任,即便雇主在选任、监督雇员方面尽到了相当的注意义务也构成抗辩事由。这一点与第一种学说所主张的无过错责任相吻合,但是差别在于该学说主张在雇主与雇员的关系中,雇主责任是附属性责任,而雇员责任是主要责任。⑥

(三)雇主赔偿责任的比较研究

大陆法系自18世纪工业革命到19世纪80年代,关于工伤赔偿完全由以过错

---

① 程啸:《侵权责任法》(第2版),法律出版社2015年版,第400页。

② 参见程啸:《侵权责任法》(第2版),法律出版社2015年版,第406页;张新宝:《中国侵权行为法》,中国社会科学出版社1998年版,第162页;毛瑞兆:《论雇主的替代责任》,载《政法论坛》2004年第3期。

③ 孙少森、尹飞:《雇主责任构成要件之研究》,载《中国青年政治学院学报》2006年第1期。

④ 环建芬:《雇主责任的归责原则和雇佣活动的适用范围辨析》,载《政治与法律》2007年第1期。

⑤ 杨立新:《侵权损害赔偿》(第6版),法律出版社2016年版,第289~297页。

⑥ 张民安:《侵权法上的替代责任》,北京大学出版社2010年版,第213页。

责任为基础的侵权行为法来处理。[①] 只有证明存在雇主过错的情况下,才有雇主对雇员或第三人所受损害承担责任。这一时期,奥地利、法国、德国、瑞士等国民法均采纳过错责任原则。[②] 19 世纪中后期开始,在过错责任立法尚未动摇的情况下,法院开始从举证责任入手推进严格责任与准严格责任。[③]《德国民法典》虽然仍坚持过错是侵权赔偿责任的核心,但其第 831 条已经转向了过错推定责任,某种程度上强化了雇主责任。即便是过错推定责任,德国在实践中也经历了一般过错推定责任向严格过错推定责任的转变。[④] 此外,德国开始在民法体系外制定特别法规制雇佣关系中的损害赔偿问题。

普通法系在早期适用过错责任的背景下,由于雇员通常无法证明雇主就事故存在主观过错,导致最终的损害只能由雇员自己承担,而这种风险和责任分配方式亦为学理所支持。[⑤] 随着工业化的发展,英美逐步从主观过错归责转向客观控制力归责,即只要能够证明客观上存在雇主对雇员的控制,则无须考察雇主是否存在主观过错,类似大陆法系从过错责任向无过错责任的发展。美国堪称这方面的典型代表,"雇佣关系存在时雇主就要就其雇员实施的侵权行为承担侵权责任,只要雇员的侵权行为是在他们的雇佣范围内实施的即可。雇主承担的此种侵权责任究竟是什么性质的侵权责任无关紧要"。[⑥]

(四)雇主替代责任的性质及其理论基础

所谓替代责任乃是为他人行为的责任,是指致害人与赔偿义务人相分离的侵权责任形态,[⑦]在学理上又称转承责任、代理责任、代位责任、间接责任、准侵权责

---

① 王泽鉴:《民法学说与判例研究》(第 3 册),中国政法大学出版社 1998 年版,第 275 页。

② 王泽鉴:《民法学说与判例研究》(第 3 册),中国政法大学出版社 1998 年版,第 27 页。

③ 郑晓珊:《工伤保险法体系——从理念到制度的重塑与回归》,清华大学出版社 2014 年版,第 18 页。

④ 根据德国 1887 ~ 1907 年的工厂事故统计,如果采用一般过错推定原则,雇主以雇员过错或不可抗力而免除赔偿责任的比例可高达 70% 以上,这意味着大多数雇员仍无法获得雇主赔偿。因此,必须采取更为严格的过错推定原则,否则为雇员提供补偿以缓和社会矛盾的目标就会落空。参见王卫国:《过错责任原则:第三次勃兴》,中国法制出版社 2000 年版,第 88 页。

⑤ [美]伯纳德·施瓦茨:《美国法律史》,王军等译,中国政法大学出版社 1997 年版,第 61 页。

⑥ R. W. M. Dias, *Clerk & Lindsell on Torts*, Sweet & Maxwell, 1982, p. 267.

⑦ 尹飞:《为他人行为侵权责任之归责基础》,载《法学研究》2009 年第 5 期。

任等。[①] 替代责任(vicarious liability)是普通法上的概念,在《布莱克法律词典》中的解释是责任人本身无过错,但因特定的关系对他人的行为承担责任。[②] 就替代责任的本质而言,Cane 认为其为"以关系为基础的严格责任"(Relationship - based strict liability),雇员实施的侵权行为不以雇主知悉为前提,亦不要求雇主能够对雇员之行为危险性予以防范,即便雇主已有对雇员相关行为的禁止性指示,一旦发生相关侵权后果,雇主仍然应当承担责任。[③] 关系基础理论广为学界所采纳,Clerk 提出只要有雇佣关系存在,雇主承担替代责任的要件仅是雇员实施了侵权行为。[④] Rogers 提出的替代责任要件亦是由雇佣关系和雇员侵权行为构成。[⑤] Prosser 则强调了替代责任包含的"强加过错内容",认为雇主承担雇员侵权行为造成的责任乃是基于雇佣关系,法律推定雇主亦有过错,实际上仍是严格责任。[⑥]

大陆法系的立法和学说并不使用"替代责任"这一表述,相对应的概念是"对他人行为的责任"(Liability for the acts of others)。[⑦] 法国主流学说认为侵权责任可以基于三种致害行为而产生:因个人行为、因物的行为和因他人的行为。[⑧] 德国亦秉持大陆法系依据过错归责的传统,学者坚持过失主义是侵权法的伦理基础,毫无疑义对雇佣关系中的责任分担适用。[⑨]

关于雇主替代责任的性质,国内学界具有代表性的学说包括:

第一,雇主责任在本质上是替代责任或者转承责任。雇主所承担的责任不是基于其自身实施的侵害行为,而是为他人实施的侵害行为承担责任。张新宝教授认为雇主承担此等责任适用无过错原则,即不考虑其在选任、设备提供、监督等方

---

① 参见刘士国:《现代侵权损害赔偿研究》,法律出版社 1998 年版,第 310 页;徐爱国:《英美侵权法》,法律出版社 1999 年版,第 247 页;周友军:《安全交往义务理论研究》,中国人民大学出版社 2008 年版,第 31 页;张新宝:《侵权责任法原理》,中国人民大学出版社 2005 年版,第 18 页。

② Bryan A. Garner, *Black's Law Dictionary*, West Group,2004, p. 2913.

③ Peter Cane, *The Anatomy of Tort Law*, Hart Publishing,1997, p. 46.

④ R. W. Dias, *Clerk & Linsell on Torts*, Sweet & Maxwell,1982, p. 156.

⑤ W. V. Rogers, *Winfield and Jolowics on Tort*, Sweet & Maxwell,1990, p. 560.

⑥ W. Page Keeton, *Prosser and Keeton on Torts*, West Publishing Co. ,1994, p. 499.

⑦ Paula Giliker, *Vicarious Liability in Tort*, Cambridge University Press,2010, p. 5.

⑧ 张民安:《侵权法上的替代责任》,北京大学出版社 2010 年版,第 169 页。

⑨ 王泽鉴:《民法学说与判例研究》(第 1 册),中国政法大学出版社 1997 年版,第 5 页。

面有无过错，均应承担责任。[1]

第二，雇主替代责任是过错推定责任。“雇佣人(雇主)的过错内容，表现在对受雇人的选任、监督、管理上的疏于注意义务……只要雇佣人在选任、监督或者管理上有疏于注意义务的心理状态，即应当承担替代赔偿责任。”[2]此观点以杨立新教授为代表。

第三，主张雇主责任同时包含替代责任与自己责任。持此观点的学者认为，雇主责任是一种混合责任，既不是完全的替代责任或转承责任，也不完全是自己责任。发生侵权损害后，在雇佣关系外部，雇主就被侵权人的损失承担损害赔偿责任；当雇主对外承担责任后，其在雇佣关系内部可向实施侵害行为的雇员追偿。从总体上看，雇主责任就其根本而言是自己责任。[3]

三、研究的框架结构与主要内容

本书以雇佣关系中侵权损害赔偿制度作为主要研究对象，全书除绪论和结语外的正文共分为 8 章。

绪论部分阐明本文将要研究的课题——雇佣关系中侵权损害赔偿制度研究。综述我国目前关于这一论题的研究现状，探讨当前大环境下研究本论题对于完善立法、改进司法的理论意义和实践意义。最后介绍本书的结构、创新点和研究方法。

第 1 章、第 2 章是考察雇佣关系及其侵权损害赔偿制度的演变：

第 1 章介绍了雇佣关系及其规则的历史沿革、雇佣关系的一般构成、现代雇佣关系的类型。分析了西方雇佣关系发展的非契约化雇佣时代与契约化雇佣时代两个不同阶段，阐述了雇佣关系在我国发展历史进程中的演绎与嬗变，分析了雇员与雇主作为雇佣关系主体的特征、雇佣关系的主要内容是劳务给付，并对现代雇佣关系的不同类型如个人雇佣关系、劳动关系及与其相近的用工方式承揽、委托等做了类比，明确界定了雇佣关系是劳动关系的上位概念。

第 2 章阐述了雇佣关系中侵权损害赔偿制度的演变历程。论述了雇佣侵权损害赔偿责任在两大法系中殊途同归的发展进路，随着雇佣关系逐步社会化后，多元补偿机制则成为两大法系共同的发展归宿，并由此衍生出雇员损害赔偿的工伤保

---

① 张新宝：《侵权责任构成要件研究》，法律出版社 2007 年版，第 89 页。

② 杨立新：《侵权行为法》(第 3 版)，人民法院出版社 2005 年版，第 429 页。

③ 班天可：《雇主责任的归责原则与劳动者解放》，载《法学研究》2012 年第 3 期。

险与损害赔偿责任竞合的四种补偿模式（选择、替代、兼得与补充）。而解决我国工伤保险与侵权损害赔偿责任衔接的出路在于构建以补差模式为基础的工伤保险制度及大力推广雇主责任商业保险。

第3章是论证雇佣关系中侵权损害赔偿责任的构成。本章在侵权损害赔偿责任的基本问题分析的基础上，重点论述了雇佣关系中侵权损害赔偿责任存在的四个主要特征，明确了雇佣关系中侵权损害赔偿责任的核心构成要件是雇主安全照顾义务、侵害行为与损害事实。

第4章至第7章是雇佣关系中侵权损害赔偿责任的类型化分析：

第4章对雇主自己责任作了较为全面深入的阐述。本章界定了雇主自己责任的概念，并具体阐述了“雇员由于自己原因遭受损害的雇主责任”“雇员由于雇主原因遭受损害的雇主责任”“雇员由于第三人原因遭受损害的雇主责任”的三种责任形态与具体责任内容。并对我国现行立法的积弊提出了批判，主张修法确立衔接工伤保险待遇给付与侵权损害赔偿衔接的补差模式，以弥合法律间的冲突。

第5章是基于比较法的视野，考察了雇主替代责任的发展源流与发展趋势。本部分在对雇主替代责任溯源的基础上，对其基础理论做了比较分析，并对英美法系与大陆法系国家的雇主替代责任制度做了比较研究，综合分析我国雇主替代责任的立法模式是顺应世界立法趋势的，未来的制度发展应当坚持组织化雇佣与个人雇佣区别对待的“二分法”，以适应民法社会化的发展趋势。

第6章深入分析了劳务派遣中的雇主责任的特殊性。本章论述了劳务派遣关系的本质是一种特殊雇佣关系，阐明了劳务派遣责任之是雇佣关系下用人单位承担雇主责任的一种特殊责任类型。并在比较劳动关系一重说、二重说的基础上，明确了现行立法关于派遣单位与用工单位特殊共同雇主地位，进而提出了对《侵权责任法》第34条规制不足的完善建议。

第7章论述了对雇主造成损害的雇员赔偿责任及其限制。本章阐述了雇员赔偿责任的一般原则是因故意所致损害承担全部赔偿责任，因过失所致损害承担过错赔偿责任。基于经营风险和组织风险理论的角度确立了雇员赔偿责任的减免规则，并以此为基础，着重论证了雇员对用人单位的损害赔偿限额。

第8章探讨了如何完善未来的雇佣关系中侵权损害赔偿制度。提出了《民法典》未来应当吸纳的雇佣合同基本规则、建立衔接侵权责任法与劳动法的有效规制与优化雇佣损害赔偿救济程序的努力方向。

最后是结论部分，回应了绪论部分提出的问题。指出构建补差模式为基础的一体化工伤保险制度是弥合法律冲突、化解司法难题的有效路径。

四、研究方法与创新点

(一)主要研究方法

雇佣关系中侵权损害赔偿责任是个涉及民法、劳动法两个部门法学的理论研究课题,交叉性研究作为本选题的基本研究方法贯穿全文。此外,还包括以下研究方法:

1. 规范分析方法。规范分析方法是以法律规范及其包含的价值判断为基础的分析方法。本文写作中拟以此方法分析雇佣关系中的损害赔偿责任,做出雇佣关系损害赔偿中责任承担的价值判断的基本范畴。

2. 比较研究方法。通过对国内外相关法律制度的比较研究,通过借鉴域外法律的合理经验,提出完善我国相关法律制度具体规定的建议。

3. 案例分析方法。研究美国判例、德国的案例,在总结归纳其关于雇佣关系中侵权损害赔偿的判断标准与特殊情形下的损害赔偿责任的承担。同时解构中国司法的典型案例中,从中分析司法处理的裁判倾向与冲突根源。

(二)研究创新点

主要创新点有以下几个方面:

1. 以雇佣关系为基础构建侵权责任的坐标体系,并在此坐标体系下确立雇佣关系中(个人雇佣关系 + 劳动关系)的侵权损害赔偿责任的构成要件与归责原则,第一次对雇佣关系中侵权损害赔偿责任做了完整的立体式类型化分析,建立了以个人雇佣关系与劳动关系类型划分为基础,以内部关系、外部关系为区分维度的雇佣关系中雇主↔雇员及雇主 + 雇员↔第三人的侵权损害赔偿责任体系。

2. 完整阐述了社会化雇佣关系损害赔偿责任的嬗变历程,论述了我国工伤保险给付与侵权损害赔偿之间互斥与并立的关系,追根溯源地分析了立法与司法冲突的根本症结,并提出制定以“补差模式”为蓝本的《工伤保险法》、妥善协调《侵权责任法》与《劳动法》的立法分工作为解决问题的基本路径。

3. 系统论述了雇员对雇主的损害赔偿责任,根据雇佣关系的不同类型阐述了雇员损害赔偿责任的归责原则、责任减免规则与赔偿限额,并针对当前法律规制不够周延提出了相应的改进建议。

第1章
雇佣关系的界定与类型

1.1　雇佣关系发展的历史沿革

雇佣劳动作为一种古老的用工行为，很早就出现了。向他人给付劳务以获得对价的行为方式在人类社会长久存在。自人类社会早期产生私有制之后，资产多寡即成为区分人之社会阶层归属、权力分配以及生产方式的重要依据。[①] 在广义的劳动概念下，人的体力脑力既有一部分施予自然物以创造有形财富，另一部分则向他人提供，以为他人利益之目的服务。而无论是哪一种劳动方式都涉及一个根本性的问题，那就是人之劳动是否具有自主性，此为劳动者人格之基础及关于劳动规则形成之根源，究其实质，劳动是人之体力脑力付出，由此概括出的劳动力与人身不可分离。所以，讨论劳动及其规则在根本意义上是讨论人的支配、保障以及劳动成果分配，包含着丰富的社会伦理、价值以及法治内涵。为理解雇佣及其规则的形成，应沿着劳务给付的历史脉络，梳理不同社会结构下人们对劳动及其规则的认识，由此形成纵向的历史视野，确立当下具体概念及责任规则研讨的基础。

1.1.1　非契约化雇佣时代

我国台湾地区学者黄越钦根据劳动关系发展的历史轨迹，划分为不自由劳动

---

① 恩格斯曾就财富对社会的影响指出，鄙俗的贪欲是文明时代从它存在的第一日起直至今日的起移动作用的灵魂：财富，财富，第三还是财富——不是社会的财富，而是这个微不足道的单个的个人的财富，这就是文明时代唯一的、具有决定意义的目的。如果说在文明时代的怀抱中科学曾经日益发展，艺术高度繁荣的时期一再出现，那也不过是因为在积累财富方面的现代的一切集聚财富的成就不这样就不可能获得罢了。参见恩格斯：《家庭、私有制与国家的起源》，人民出版社2003年版，第80页。

时代、租赁劳动时代、团体主义时代、雇佣契约时代、劳动契约时代与资讯社会时代等六个阶段。[①] 此所谓劳动关系并不是现代劳动法意义上的劳动关系，而是因人之劳动结成的多种社会关系。鉴于通行劳动法研究均以契约时代的劳动作为研究的起点，[②]那么在此基于黄越钦之分类框架，将雇佣契约时代之前的劳动阶段统称为非契约化雇佣时代，并就此进行简要归纳，以形成观察雇佣契约形成的独特性。

在西方文明脉络中，劳动的记载可以追溯至古巴比伦和古希腊。在此社会环境下有两类人提供日常劳动，一类是奴隶，另一类是自由人。一方面，由于此社会形态属于奴隶社会，故日常生产生活劳动由奴隶承担。依其法律，奴隶不具有人格，其地位等于法律上的物，并且奴隶向奴隶主给付劳务受公法支配，不属于私法范畴；奴隶主对奴隶的支配同物之规则。[③] 另一方面，自由人也是提供劳动力的重要群体，此类劳动者虽然具有法律上的人格，但其给付劳务的方式并非自主独立，而是类似于奴隶劳动的方式，其原因在于社会对于劳动的认识，尚未形成劳动力的观念，故不存在劳动力买卖，无法以货币或实物作为劳动的对价，而只能以一个人的劳动兑换另一个人的劳动，“提供劳动之自由人虽由相对人处获得对价，但此种对价却以消费借贷之方式受领，然后在一定期间内以劳动力之给付清偿之，在此期间内，成为对方之债奴（Schuldknecht）的一种拟制的法律关系”，或是“自由人自愿将自己降低为类似奴隶地位，将自身借贷给他自由人（自己出借）”。[④] 由此规定剖析，此类社会中人们有关于劳动与人身不可分离的朴素认识，但是将劳动之“人”定位为奴隶，即只有奴隶从事给付劳务的行为，在法律上仍为物的使用。由于奴隶主对奴隶劳务的受领及支配受公法管制，因此不存在私法领域中就奴隶劳务进行买卖的交易形式。一个衍生的规则即奴隶主可以将奴隶借给他人，但不能仅就奴隶的

---

① 黄越钦：《劳动法新论》，中国政法大学出版社2003年版，第3~10页。

② 例如，王全兴教授认为，劳动关系作为劳动力与生产资料相结合以实现劳动过程的社会关系，只有在劳动力与生产资料需要通过一定社会关系进行结合的条件下，才会产生……在前资本主义社会，并不具备劳动法产生的前提……在资本主义原始积累阶段，农民被驱出土地而成为除了载于自己人身的劳动力以外一无所有的自由人即无产者，生产资料被集中于少数人即资本家手中，才大量出现了劳动关系。参见王全兴：《劳动法》（第4版），法律出版社2017年版，第3页。此外，郑尚元教授亦以产业革命之兴起作为劳动关系的标志，由此孕育出现代雇佣形态及劳动法制。参见郑尚元：《劳动和社会保障法学》，中国政法大学出版社2008年版，第4页。

③ 黄越钦：《劳动法新论》，中国政法大学出版社2003年版，第3页。

④ 黄越钦：《劳动法新论》，中国政法大学出版社2003年版，第3页。

劳动成果获取收益。在此观念下，自由人之间的劳务给付行为也必须类比奴隶使用规则，任何自由人向他人给付劳务也就意味着人格降等，暂时屈居物的地位，劳务受领方可对其予以充分支配和使用。可以推论，在此社会环境下，给付劳务不是法律上“人”的行为，而是“物”的使用，与人格无涉，与交易无关。

及至古罗马时代，社会生产生活所依的劳务仍由奴隶及自由人提供，并以奴隶为劳动的主力，但是较此前社会的重大变化是自由人之间的劳务给付规则发生了根本性变化。在提炼出劳动力的概念后，人们得以更为抽象地认识人身与劳动的关系，虽然二者不可分离，但是受领劳务并不意味着对劳务给付人完整的支配，劳务给付一方的人格也得以保全。因此，有关劳务给付就可以成为自由人之间依契约达成的交易。罗马法在处理此项交易的法律形态时将劳务给付界定了劳动力租赁，以租赁契约（location coductiooperarum）为之。对此，学者评价为“劳动思想史上划时代的进步”，但由于此时尚未形成近代人格的观念，所以仍含有“自由劳动形式的劳动者自己出租”的意味。① 另需强调的是，并非所有的劳务给付均可适用租赁方式，这一方式基本限定在体力性的劳动时，人的劳动视为低级的劳动；而高级的劳动则是以脑力为基础的文学、艺术、法律等活动，毕竟在当时“知识型劳务被认为不宜与对价联系在一起”。② 为此，法律上形成了低级劳动与高级劳动的分类，为了与低级劳动的租赁契约相区别，适用于高级劳动的法律形态为委托（mandatum），即自由民提供一定精神或知识等劳务的合同。③

但是，历史的发展并非线性的，人们对劳动的认识也是不断修正的。古罗马虽然在自由人劳务给付方式上做出了突破性探索，但是随着日耳曼人的入侵，古罗马的法律大厦随着帝国的城堡一同坍塌，弥散于历史的尘埃中。日耳曼人以推崇集体为传统，个人之间关系的链接无不深深打上团体思想的烙印。不同于罗马法以契约关系塑造劳务给付的思路，日耳曼法则将之视为身份法上主从关系，从而将劳务作为不同身份主体之间相互对待的内容之一，形成于具有人格结合性的团体结构之中，成为“忠勤关系”（Treudienstverhältnis）。对此，黄越钦教授举例提到，1794年的普鲁士普通法仍然把奴婢契约规定于亲族法，英国法受其影响，将劳动契约规

---

① 黄越钦：《劳动法新论》，中国政法大学出版社 2003 年版，第 4 页。

② ［日］我妻荣：《民法讲义 · 债法各论》（中卷二），周江洪译，中国法制出版社 2008 年版，第 127 页。

③ 黄立：《民法债编各论》（下），中国政法大学出版社 2003 年版，第 501 页。

定于主从间的身份法契约中，与婚姻亲子关系共同属于"Rights in Private Relations"。[①]

但是，固定于身份法的劳务给付主要依存于欧陆农庄经济，人长久固定于土地并附属于稳定的团体结构中，以身份形成相互对待的基本准则，强调仆从的忠勤劳务给付从而获得主人相应的照顾。[②] 而商品流动与交易必然要求打破人之固有身份，能够自主地参与市场交易，其对法律的要求与身份法的逻辑格格不入。因此，到了14世纪至16世纪德意志全面继受罗马法的时期，原有农庄经济解体，商品经济兴起，有关劳动的法律也逐渐脱离了身份法，而接受了罗马法的契约思想，引入了罗马法关于劳动有偿而委托无偿的原则，及至《德国民法典》将此二者类型化，规定委托无偿，有偿的劳务给付均属于雇佣。[③]《德国民法典》第662条规定："受任人负有为委托人无偿处理委托人委托事务的义务。"[④]而另在雇佣合同中区分了高级及自由的劳务（höhere od. LiberaleDienstleistung）之雇佣契约、提供低级及不自由的劳务（niedere od. IlliberaleDienstleistung）之雇佣契约。[⑤]

1.1.2 契约化雇佣时代

在工业革命蒸汽机的轰鸣声中，旧有的生产方式、社会结构和规则体系纷纷瓦解，以资本为核心的新体系日益成型，并以茁壮的生命力催生出一整套生产、交易和分配机制，法律的面貌也随之焕然一新。这一时期人类劳动模式发生了根本性转变，其主要特点包括：第一，劳动方式从分散转向集中，劳动的社会化成为发展趋

---

① 黄越钦：《劳动法新论》，中国政法大学出版社2003年版，第3页。

② 忠勤关系规范家臣对于主人的服从及勤劳义务，而主人则负有保护和照顾家臣的义务。Adomeit, *Der Dienstvertrag des BGB und die Entwicklung zum Arbeitsrecht*, NJW, 1996, p. 1710.

③ 在委托是否有偿的制度设计上，虽然同受罗马法影响，法国承认委托在有特别约定情况下可以有偿，《法国民法典》第1986条规定，"委托在无相反的约定时，为无偿的"。《瑞士债务法》则规定委托不以无偿为原则，存在约定或习惯时应给予报酬，参见该法第394条。只有德国坚持有偿的都不是委托。我妻荣先生对此批评为"导致了没有任何益处的混乱"。参见[日]我妻荣：《民法讲义·债法各论》（中卷二），周江洪译，中国法制出版社2008年版，第127页。

④ 王利明：《合同法研究》（第3卷），中国人民大学出版社2012年版，第697页。

⑤ 我妻荣先生认为，德国民法学者强调劳动契约从属性的理由的一半根植于此二元雇佣契约结构。参见[日]我妻荣：《民法讲义·债法各论》（中卷二），周江洪译，中国法制出版社2008年版，第9页、第12页。

势;第二,集中劳动的同时实现了生产工具的机械化;第三,生产工具不属于劳动者,劳动者仅提供劳动力。生产资料与劳动力分离。随着这一转变,人类社会形成了新型的社会关系,亦即雇佣劳动关系。[①] 在此过程中,雇佣关系随着失地农民进入城市和工厂而开始逐步发展,先是个体且分散的,其后随着人数的激增和工业化的扩张而成为社会主流的劳动方式。

社会与法律的变革除了工业革命的推动外还有启蒙运动的滋养,人的自由、平等成为最响亮的社会呼声。18 世纪自然法思想主张将人从所有桎梏中解放出来,撤销禁锢、压迫人的法律,恢复人格之绝对独立。此自然法思想对劳务给付规则的发展发挥了极为重要的作用,以劳务为标的的相互关系摆脱了身份要素,而强调给付与受领劳务双方的人格平等与自主理性,能够以独立的意思表示达成劳务给付交易。在资本主义的话语下,个体人格的塑造既为了保证其能够独立自主地参与经济活动,也在于促使其寻求人格以外可参与交易的资本。此时,对于一无所有者来说,劳动力乃是其谋生的依凭。为此,法律在抛开身份法的脉脉温情后,重拾劳动力的概念,劳动力得以成为商品参与市场交易,劳动关系成为纯债权关系。[②]

在解决了雇佣契约化的基础上,各国面对大规模存在的雇佣关系无不采用民法的调整机制。在契约自由绝对化的年代,公权力与私权就各自的边界达成默契,“夜警国家”定位的公权力被推崇,站在私权神圣背后的资本得以大肆扩张,“可以说,契约自由实际上就是个人为法律行为的自由。在自由资本主义时期……契约自由原则能够被彻底地演化成为民法的基本原则,并在社会中贯彻下去,完全是社会私法化或者民法化的结果”。[③] 这一时期的民法亦深深植根于此社会土壤,秉持人格平等和意思自治,私法领域交易主体一律平等对待,依其自主意思所达成的合意即予以认可和保护,不问现实力量之差异与是否有生存之虞。在此背景下,各国民法均就此设定专门的雇佣契约予以规范。例如,1811 年《奥地利民法》第 1151 条将雇佣契约规定为“关于劳务给付之有偿契约”;1896 年《德国民法(修订)》及 1911

---

① 我国台湾地区学者黄程贯教授认为,劳动法之制度基础在于自由市场经济之存在,生产资料私有,资本主义经济制度之修正——劳工保护与民主原则之创建等。参见黄程贯:《劳动法》,台北,空中大学 2001 年版,第 11 ~ 17 页。

② 黄越钦:《劳动法新论》,中国政法大学出版社 2003 年版,第 5 页。

③ 孙宪忠:《从自由到公正——合同法基本原则的进化》,载沈达明主编:《国外社会科学前沿 1997》,上海社会科学院出版社 1998 年版,第 60 页。

年《瑞士债法》都对雇佣契约作了甚为详细的规定。①

1.1.3　雇佣关系在我国法律中的演变

1.1.3.1　我国法律中雇佣概念的溯源

既无法治传统，又遭战乱频仍，这就是中国近代法律发端的真实写照。因此，无论是民法还是劳动法均无法遵循自身的法理逻辑而自然发展，其必须在巨变的社会环境下发挥颇具工具性的制度功能。自清末修法起，引入民法与劳动法的间隔并不甚长，在民法诸多概念及思维面临适应本土传统与文化的诸多挑战情势下，无法奢望能够在民事雇佣契约的根基上生长出劳动契约的果实。就民法而言，其在法律变革体系中的作用远没有受到重视，究其原因：第一，民法典的内容和体系非常复杂，其学理与中国固有法的理念大相径庭，不能轻易知晓贯通。第二，专制的清政府对民法和宪法的态度相似，只是形式上需要，并非真正认同宪政的思想和私权的理念。②

雇佣在我国固有法中早有渊源，形成了成文法和习惯法协同调整的稳定结构。农村中被雇佣耕种的长短工，可与雇主订立书面契约，也可以口头约定，其身份与雇主是平等的。农村雇佣关系除了依法律契约调整外，习惯也起着重要的作用。③但随着清末社会的剧烈变革，雇佣关系也逐步脱离旧有的习惯，“雇佣契约中传统的主仆称呼已经消失，而代之以纯经济的内容”。④ 在此背景下，《大清民律草案》第2章“契约”将雇佣列为典型契约，此体例为此后的民国《民律草案》所继承。就其内容设计而言，学界评价该草案对租赁契约、雇佣契约和赌博的规定，未尽妥当。对于雇佣契约，仅以一节内容予以规范显得简略。⑤《中华民国民法典》债编于1929年11月22日公布，1930年5月5日起实施，该编第2章“各种之债”共分24节，其中第7节为雇佣，将其界定为“当事人约定一方（受雇人）在一定或不定的期限内，为他方（雇佣人）提供劳务，他方给付劳务报酬的契约。雇佣以给付劳务本身为目的，

---

① 黄越钦：《劳动法新论》，中国政法大学出版社2003年版，第5页。

② 张生：《中国近代民法法典化研究（1901—1949）》，中国政法大学出版社2004年版，第44页。

③ 张晋藩：《中国民法通史》，福建人民出版社2003年版，第1001～1002页。

④ 张晋藩：《中国民法通史》，福建人民出版社2003年版，第1001～1002页。

⑤ 张晋藩：《中国民法通史》，福建人民出版社2003年版，第1170页。

是有偿契约、诺成契约、不要式契约”。[①] 在责任分配方面,该法典规定“受雇人因执行职务,不法侵害他人的权利,由雇主连带负损害赔偿责任”。[②]

在雇佣的民法根基尚未牢固之时,劳动法立法似乎已先其一步。自北洋政府起,民国时期各政府均在劳动立法上持积极态度。1923 年,北洋政府颁布了《暂行工厂规则》,孙中山在广州政府时期颁布了《工会条例》《劳工仲裁条例》《国民政府组织解决雇主雇工争执仲裁会条例》。及至 1929 年南京国民政府颁布了《工会法》,此后又于 1936 年颁布了《劳动契约法》和《最低工资法》,但这两部法律并未实施。

在近代革命时期,劳动立法事关劳资两大阶级的利益,因此在此领域存在国共两党的竞争。早在 1922 年 5 月,中国共产党就在第一次全国劳动大会上通过了《八小时工作制案》。抗日战争期间,根据地一般规定工人原则上每天工作时间 10 小时,但地下矿工不得超过 9 小时;其他因地方情形或工作性质必须延长工作时,至多不得超过 11 小时,并须按照增加的时间增加工资。[③] 1931 年,中华苏维埃第一次全国代表大会通过了革命根据地的第一部劳动法即《中华苏维埃共和国劳动法》,包括总则、雇佣的手续、集体合同与劳动合同、工作时间、休息时间、工资、女工青工及童工、劳动保护、中华全国总工会及其地方的组织、社会保险、解决劳资冲突及取递违犯劳动法的机关、附则等,共 12 章 75 条。[④]

1.1.3.2　雇佣行为的消灭及法律的否定

新中国成立并不是简单的政权更迭,而是一整套全新国家治理体系、经济体系和社会文化体系的确立。在既破又立的过程中,1954 年制定的新中国第一部《宪法》(以下简称五四宪法)给了我们探寻雇佣概念的指引。作为革命中心词的资产阶级、剥削等概念的自然延伸,雇佣某种程度上也成为“人剥削人”的法律形式,违背革命所追求的自由、平等社会理想。新中国除了负有治理国家的责任之外,还肩

---

① 张晋藩:《中国民法通史》,福建人民出版社 2003 年版,第 1251 页。

② 李显冬:《从〈大清律例〉到〈民国民法典〉的转型——兼论中国古代固有民法的开放性体系》,中国人民公安大学出版社 2003 年版,第 232 页。

③ 赵晓耕主编:《新中国民法典起草历程回顾》,法律出版社 2011 年版,第 35 页。

④ 此项立法内容全面,但所确立的劳动标准过高,难以适应中央苏区所处瑞金地区的生产关系,加上“左倾”机会主义的影响,未能得以有效实施。参见郑尚元等:《劳动和社会保障法学》,中国政法大学出版社 2008 年版,第 15 页。

负改造社会和文化、消灭剥削阶级的历史使命。那么,在五四宪法的视野中,劳动乃是成为合格新社会成员的准入条件。

为此,五四宪法第16条规定了劳动的政治伦理意义,劳动具有反剥削的内涵,因此对于新中国有劳动能力的公民设定了光荣的伦理意义。该法第19条规定了劳动的改造功能,即国家依照法律在一定时期内剥夺封建地主和官僚资本家的政治权利,同时给以生活出路,并通过劳动改造使他们成为自食其力的公民。这也就意味着享有新社会基本权利、成为合格公民的前提是成为自食其力者,不得剥削他人劳动。在劳动构成新中国公民资格基础的情况下,劳动人民范畴的界定直接关系着政治地位,刘少奇在1954年《关于宪法草案的报告》中指出,劳动人民除包括工人农民以外,还包括个体手工业者和其他非农的个体劳动者,他们以劳动为生或者以劳动收入为主要生活来源,属于工农联盟的一部分,是劳动人民。进而得出"在我们这里,最大多数的人民才真正是国家的主人"。① 在知识型劳动的性质认定上,知识分子自身的劳动不具有天然的反剥削属性,因此不能单独以其劳动形态为依据判断其为一个独立的阶级,而是要看知识分子与哪一个阶级相结合。所以要帮助知识分子进行思想改造,帮助他们转变成为社会主义的建设工作者。②

在革命执政观引导下,国家治理形成了"人民—敌人"的二元结构,其中工人、农民联合非农业个体劳动者就形成了"劳动共同体",构成全国人口的绝大多数,奠定国家的执政基础,而少部分"剥削阶级"则是需要被改造的对象。③ 刘少奇指出,公民包括过去的所谓"人民"和"国民"在内,地主阶级分子只是剥夺了政治权利的公民。如果只写人民,就不能包括"国民"那一部分人了。④ 除政治权利外,基本权利也在"人民—敌人"的二元结构中予以设置,即基本权利是作为人民的公民的权利,而那些不再具有人民属性的个人若不能在劳动中改造为自食其力的公民,就将

---

① 刘少奇:《关于中华人民共和国宪法草案的报告》(1954年9月15日在中华人民共和国第一届全国人民代表大会第一次会议上的报告)。

② 刘少奇:《关于中华人民共和国宪法草案的报告》(1954年9月15日在中华人民共和国第一届全国人民代表大会第一次会议上的报告)。

③ 周林刚:《宪法概念的变革——从"共同纲领"到"五四宪法"》,载《法制与社会发展》2013年第6期。

④ 许崇德:《中华人民共和国宪法史》,福建人民出版社2005年版,第124页。

失去政治权利,成为人民的对立面。① 在新的治理体系和文化体系确立后,雇佣背负着剥削的“恶名”被法律体系所抛弃。在此后长期计划经济体制下,劳动成为国家资源配置体系的一部分,无论是工人、农民都在劳动统配制度下给付劳务,②国家成为某种意义上的唯一“雇主”。

1.1.3.3 雇佣概念的重拾

我国法律中雇佣与劳动是沿着两条并行的路线各自独立发展,其中雇佣至计划经济时代开启即告中断,社会生活中几乎已无原初意义上的雇佣,城市雇佣关系为纯粹计划性劳动统配制度所代替,农村长久存在的耕种长短工及辅助临时帮工等雇佣形态也为人民公社等新型劳动组织所取代。既然社会实践中已无雇佣,那么勿言法律,即便是繁杂的政策也不再提及雇佣。

另外,劳动的概念则成为社会生活规范的基本范畴之一,此“劳动”乃是在劳动统配制度下的劳动,一般称之为“固定工”或“铁饭碗”。③ 随着市场化改革的帷幕徐徐拉起,国有企业人事改革率先试水。国务院于1986年发布《国营企业实行劳动合同制暂行规定》(以下简称规定),开启了劳动合同制改革。此项改革以不触动既有固定工制度,而是实行“新人新办法、老人老办法”的双轨制。学界将此项规定的历史作用评价为“奠定了我国劳动合同法的框架”,该规定包括7章36条,分总则,招收录用,劳动合同的订立、变更、终止和解除,在职和待业期间的待遇,退休养老期间的待遇,组织管理和附则,涉及劳动合同及相关制度的诸多内容。由此可见,正是改革开放催生出了劳动用工制度的改革,以计划为基础的统配劳动制度逐步瓦解,

---

① 于文豪副教授认为,通过基本权利实践,人民的对立面部分被消灭,部分可以团结的人群经过转变成为人民的组成部分,每个独立的个人意志就与共同体实现了联结和一致。参见于文豪:《“五四宪法”基本权利的国家建构功能》,载《环球法律评论》2015年第2期。

② 郑尚元:《劳动法与社会保障法前沿问题》,清华大学出版社2011年版,第3页。

③ 郑尚元教授认为,我们在分析我国劳动法制建设的起点时,以一个较纯粹的固定工制度为基本的前提性假设是没问题的,我们可称之为统配劳动制度。统配劳动制度是我国在计划经济体制下形成的一整套用工制度,它不是法制制度,与我国现在的劳动法律制度也极少有顺承关系。但是,我国的改革开放极少直接推倒旧有的利益格局从零开始,原来形成的统配劳动制度并不是顷刻间消逝,劳动法制建设,特别是劳动力市场化改革及其法制化过程,不仅保留和承认了历史遗留问题,以谨慎的态度容忍了诸多旧有的利益格局,而且在制度内容、法律技术等方面均受到了统配劳动制度体系的影响。这注定了我国劳动法制历史的复杂性。参见郑尚元:《劳动法与社会保障法前沿问题》,清华大学出版社2011年版,第2页。

代之以市场化的劳动制度，打破了固定工的身份制，形成了以合同为依据的劳动力交易机制。①

在劳动制度改革开启后，“劳动合同”这一概念也正式进入我国法律体系。就“劳动合同”这一概念表述而言，其属于中国的原生汉字词汇，与20世纪50年代社会生活中出现的“合同工”相对应。② 规定第2条首次在立法层面提出了“劳动合同”的概念，③开始了国营企业劳动用工合同制的步伐。在此背景下，劳动合同在没有足够学理认识和实践准备的情况下注入社会生活中，企业和劳动者能够以劳动合同为形式达成用工合意，但是在法律逻辑体系中，劳动合同与民事合同基本理论的关系问题、与传统民事雇佣合同的关系问题等都无明确的分析和阐释，郑尚元教授就此评价为“大陆地区计划经济时期之30年，劳动领域制度运行是在有制度无法律的背景下实现的，如果单从有序角度看，计划经济时期之劳动行政规范并没有导致制度的紊乱。但是在市场体制确立，劳动法制启动之后，割裂法律传统所欠之历史旧账立刻呈现眼前”。④ 面对着快速推进的劳动用工制度市场化改革，劳动合同的立法无暇停歇，上述问题基本都被搁置。随着1994年《劳动法》的出台，劳动法形成了一个体系完整的独立法律部门。该法第3章系统规制了劳动合同，将其定义为“劳动者与用人单位确立劳动关系、明确双方权利和义务的协议”。

对民事合意的法律概念表述，从以往之“契约”过渡到“合同”并没有明显的学理或制度障碍，多种交易形态无论称为“合同”还是“契约”，其在民法上的机理和逻辑并无甚改变，相应的规则也便于理顺。至于台海两岸民法学术交流，从未因法律用语为“合同”抑或“契约”而产生障碍或误解。因此，无论是劳动契约还是劳动合

---

① 郑尚元：《劳动法与社会保障法前沿问题》，清华大学出版社2011年版，第5页。

② 所谓“合同工”是与计划经济体制下的“固定工”“临时工”等概念并列的一种用工方式，是“刘少奇同志在1958年前后倡导两种劳动制度时提出的概念，指企业、事业单位通过签订劳动合同录取的从事短期和临时性工作的工人。在当时进行两种劳动制度试点的地方和单位，合同工的工资、劳动保险和生活福利等待遇，一般按临时工的规定办理”。参见劳动科研所劳动法研究会编：《劳动法手册》，经济管理出版社1988年版，第341页。

③ 这里的劳动合同制，是指国营企业在国家劳动工资计划指标内招用常年性工作岗位上的工人，除国家另有特别规定者外，统一签订劳动合同。用工形式，由企业根据生产、工作的特点和需要确定，可以招用5年以上的长期工、1年至5年的短期工和定期轮换工。无论采取哪一种用工形式，都应按照本规定签订劳动合同。企业招用1年以内的临时工、季节工，也应当签订劳动合同。

④ 郑尚元：《劳动合同法的制度与理念》，中国政法大学出版社2008年版，第77页。

同、雇佣契约还是雇佣合同都无甚影响。反倒是随着市场兴起,私人间劳务给付在日常交易中广泛而普遍地发生。

面对社会生活中存在大量的雇佣活动,有学者早在20世纪90年代即指出,随着我国雇佣劳动制的不断发展和完善,从立法上确立雇佣人的责任已成为必然趋势。① 在《合同法》的制定过程中,参与立法者试图再次将雇佣重拾回民法体系,将其规定为有名合同。② 但最终雇佣合同还是与《合同法》失之交臂。导致这一结果有主客观两方面原因:在客观方面,是1956年社会主义改造之后,中国农工商社会生产及交易活动中已没有了雇佣这种社会现象,加之官方价值体系中将雇佣与剥削相联系,以至于社会科学领域皆对雇佣避而不谈;在主观方面,《合同法(草案)》对雇佣合同的条文设计加入了过多公法干预的内容,"有关'雇佣合同'一章的规定几乎替代了劳动立法。许多内容属于劳动基准法所应规范的内容"。③《合同法(草案)》第445条、第447条与第450条规定的内容与劳动法的规定多有相似。④ 可见,在当时的立法认识看来,"雇佣合同与劳动法中的劳动合同的界限不够清楚",何况劳动和社会保障部门已开始着手起草劳动合同法。⑤ 最终导致《合同法》未将雇佣合同规定为有名合同。

1994年《劳动法》颁布后,如何区分劳动关系与实质上的雇佣关系成为司法机关面临的难题。此类"劳动关系认定"纠纷中,如果法院认定不属于劳动关系,那应当属于何种关系?属于民事领域自不必说,重要的是在不能使用"雇佣"的前提下给予什么名称予以指代。此时,"劳务关系"这一概念开始出现在各类法律文本中。就"劳务关系"这一概念本身而言,其应是对包含劳务给付内容的各类型合同关系的概括,如邱聪智教授认为,债之标的,亦即债务人之行为,是劳务性契约之债。⑥

---

① 房绍坤:《论雇佣人的民事责任》,载《法学研究》1992年第4期。

② 梁慧星:《民商法论丛》(第4卷),法律出版社1996年版,第524~527页。

③ 郑尚元:《民法典制定中民事雇佣合同与劳动合同之功能与定位》,载《法学家》2016年第6期。

④ 例如,《合同法(草案)》第445条规定,当事人可以约定试用期,但试用期最长不得超过3个月。第447条规定,雇佣人应当为受雇人提供合理的劳动条件和安全保障。合同约定继续提供劳务的期限为一年以上的,雇佣人应当为受雇人投保意外伤害险和医疗险。第450条规定,合同中约定的报酬,不得低于法律、法规规定的最低标准。合同中未约定报酬或者约定不明的,国家有关机关规定有报酬标准时,从其规定,无规定的,参照市场中同类劳务报酬标准给付。

⑤ 郑尚元:《劳动合同法的制度与理念》,中国政法大学出版社2008年版,第127页。

⑥ 邱聪智:《新订债法各论》(中),中国人民大学出版社2006年版,第3页。

王轶教授亦持相同看法,将劳务合同定性为“提供服务的合同”。[①] 可见,学界关于劳务合同的认识等同于德国民法上以劳务为标的的类合同(Arbeitslieferungvertrag),不是一种类型化有名合同,而是各类以劳务或服务为标的的合同总称。

但是,在司法案件审理中,劳务合同的概念使用显然不同于学理,否则不会出现大量的区分“劳务合同与承揽合同”[②]“劳务合同与委托合同”[③]的案例。在此情形下,所谓劳务关系并非指所有类型的以劳务给付为标的的合同,而仅指雇佣。[④] 在一些案件中,有法院就劳务合同类型进行了区分,劳务合同是关于提供劳动服务的协议,根据劳务侧重点不同可以分为雇佣合同与承揽合同,前者是侧重劳务行为本身的合同,后者是侧重行为结果的合同。[⑤] 而通过对更大范围案例的梳理可见,司法裁判基本认同将劳务合同分为广义和狭义,具体表述为“民法上将一切与提供活劳动服务(劳务)有关的协议称为劳务合同,广义上的劳务合同包括承揽合同、委托合同、保管合同、雇佣合同等,狭义的劳务合同仅指雇佣合同”。[⑥] 此外,还有部分法院从最高人民法院民事案由规定出发,指出该案由规定中的劳务合同仅指狭义的劳务合同,即雇佣合同,它是自然人之间约定一方受雇于另一方,并为另一方提

---

① 王利明等:《民法学》,法律出版社2015年版,第569~599页。

② 参见(2016)闽民申353号、(2016)川民申1052号、(2015)辽民一终字第566号、(2015)黔高民申字第946号、(2016)鄂民申2516号、(2015)鲁民申字第203号、(2016)川民申127号。

③ 参见(2015)民提字第213号、(2015)民提字第212号、(2015)民提字第212号、(2015)豫法立二民申字第00704号、(2008)鲁民三终字第79号、(2014)苏民终字第0033号、(2007)苏民三终字第0023号。

④ 郑尚元教授认为,我国劳动争议处理程序中的劳动关系与劳务关系认定并非全指所有类型之劳务关系,而是专指劳务关系中的雇佣。参见郑尚元:《民法典制定中民事雇佣合同与劳动合同之功能与定位》,载《法学家》2016年第6期。笔者将视野拓展至一般民事纠纷领域,通过对上述案例的分析得出,劳务关系在一般民事争议中亦指雇佣。

⑤ 参见(2015)辽民一终字第566号。

⑥ 参见(2016)吉24民终1673号、(2008)浙民再字第14号、(2016)京03民辖终85号、(2015)白山民二终字第163号、(2011)浙嘉民终字第12号、(2016)新02民终240号、(2016)新02民终243号、(2016)新02民终244号、(2016)新02民终285号、(2016)湘12民终884号、(2016)云26民终74号、(2016)宁02民再2号、(2016)内01民终1274号、(2014)成民终字第3316号、(2014)沈中民一终字第727号、(2015)克民一初字第458号、(2016)闽04民终1238号、(2017)兵08民终479号、(2016)川15民终1621号、(2016)吉24民终1506号、(2016)内01民终2383号、(2015)克民一初字第0043号。

供劳务,另一方给付报酬的合同。① 与之相印证,《最高人民法院关于审理劳动争议案件适用法律若干问题的解释(三)》第7条规定,用人单位与已经享受养老保险待遇或领取退休金的务工人员发生用工争议的诉讼,应当按劳务关系处理。尽管全国人大及其常委会立法的文本中仍没有"雇佣"一词,但是"雇佣"的概念事实上已通过司法为我国法律体系所拾起,没有使用雇佣之名,而转用劳务。基于前述历史的考察,笔者认为,这一做法当属智慧而无奈之举,但在一定程度上造成了法律概念之间的逻辑紊乱。

1.2 雇佣关系的一般构成

通过前述雇佣关系发展的历史,我们不难看出构成雇佣关系的最重要的两个要件:雇佣关系主体与雇佣关系内容。雇佣关系主体包括雇主与雇员,双方缺一不可。雇佣关系的内容也是雇主与雇员双方的权利义务关系,其核心是劳务给付。

1.2.1 雇员之界定及其特征

雇员乃是基于雇佣合同给付劳务之人,其在法律体系中有多个与之内涵近似的概念,最主要的是"劳动者"和"职工"。例如,我国《宪法》第43条同时使用了劳动者和职工的概念,第43条第1款规定劳动者有休息的权利,第2款则规定"国家发展劳动者休息和休养的设施,规定职工的工作时间和休假制度"。似乎劳动者与职工是等同的概念。其实不然,《宪法》第43条提到的劳动者的概念是包括工人、农民、干部等在内的社会主义劳动者的总称,所以休息权对于宪法意义上的全体"劳动者"而言是平等的,但具体到工作时间与休假制度的规定就因人而异了,这些具体规定只适用职工群体而非全体劳动者。显然,宪法意义上的"劳动者"与"职工"在内涵与外延都是有区别的。《宪法》第43条提到的职工,与《工会法》上的职工概念一致,针对的是以工资收入为主要生活来源的体力劳动者和脑力劳动者。《劳动法》意义上的劳动者与《宪法》意义上的劳动者也是有区别的,只有与企业、个体经济组织、国家机关、事业单位、社会团体、基金会、民办非企业单位等建立了劳动

---

① 参见(2014)鄂汉江中民立终字第00045号、(2017)川08民辖终17号、(2013)潭中民一终字第79号、(2016)鲁08民终837号、(2017)青01民终647号、(2016)渝01民辖终2056号、(2011)深中法民二终字第1248号。

关系的劳动者,才是《劳动法》上的劳动者,可以说《劳动法》上的劳动者只占了宪法意义上的劳动者的一部分。与"雇员"概念相近的"劳动者"应是《劳动法》上规定的劳动者(若无特别说明,以下说的"劳动者"均是这一概念上的劳动者)。由于《宪法》对劳动者与职工两个概念的认可,各相关法律部门延续了二者混用的体例,但是又基于自身功能的不同调整了劳动者与职工的外延范围。

1.2.1.1 雇员、劳动者与职工辨析

劳动者是劳动法的基础概念。作为劳动法体系主干的《劳动法》和《劳动合同法》均在第1条中开宗明义,以"保护劳动者的合法权益"为宗旨,但这并未排斥对"职工"概念的使用。在法律条文中,《劳动法》中"职工"出现19次,《劳动合同法》中"职工"出现24次,主要使用标准是:第一,针对集体劳动关系,无论是《劳动法》第3章中的"集体合同"部分,还是《劳动合同法》第5章第1节"集体合同"部分,"职工"均指代团体化的劳动者,而与个体劳动合同中的劳动者概念相区别。这一点还体现在集体裁员的规定,如《劳动合同法》第41条,裁员人数计算标准包括"企业职工总数",在程序上用人单位须向工会或全体职工说明情况,并听取意见。可见,职工在劳动法中主要是在集体劳动关系层面使用,既可以指劳动者团体,也可以指团体成员的劳动者。第二,女职工。有关女性劳动者特殊权益保护的条文均使用了"女职工"一词,如《劳动法》第7章女职工特殊保护、《劳动合同法》第42条关于女职工在孕期、产期、哺乳期的特殊解雇保护和其第52条集体合同中的女职工权益保护事项。在此,女职工不是隶属于团体劳动者的概念,而是基于性别获得特殊保护的称谓。因此,不使用"女性劳动者",而是"女职工"在于有针对性地强调受保护对象的特殊性。可见,不管是作为团体化劳动者的职工,还是受特殊保护的女职工,在劳动法的体系下,职工均是劳动者的下位概念,属于劳动者的一部分。

但是,劳动法对劳动者与职工概念位阶的设定并未被其他法律规范所接受。《工会法》也属于广义上劳动法的组成部分,但是其所使用的主要概念并不是"劳动者",而是"职工"。该法第2条将工会界定为"职工自愿结合的工人阶级的群众组织"。第3条对职工的界定是"在中国境内的企业、事业单位、机关中以工资收入为主要生活来源的体力劳动者和脑力劳动者"。可见,《工会法》所调整的主体范围包括公务员、事业单位人员以及《劳动法》上的劳动。这一规定有两项内涵:第一,职工是团体化的劳动者,这一点与《劳动法》相同。或者可以说,《劳动法》在集体劳动关系部分使用职工的表述是受《工会法》的影响,以便保持二者的一致和有效衔接。毕竟,我国《工会法》先于《劳动法》两年制定。第二,职工是劳动者的上位概念,前者包含后者,这一点则与《劳动法》完全相反。但是,这种概念关系设置又为国务院的多项行政法规所采纳,如《国务院关于职工工作时间的规定》《职工带薪年休假条例》《女职工劳动保护特别规定》等。即便如此,这几项国务院行政法规与劳动法或工会法之间抑或各自之间在概念使用上仍存在逻辑冲突。例如,《国务院关于职工工作时间的规定》写明根据"宪法有关规定",可以认为是根据《宪法》第43条"规定职工的工作时间和休假制度",范围包括"在中华人民共和国境内的国家机关、社会团体、企业事业单位以及其他组织的职工"。此项规定不以《劳动法》或《工会法》为依据,乃是国务院的独立立法事项。《职工带薪年休假条例》则是依据《劳动法》和《公务员法》,其适用范围既包括机关、团体、企业、事业单位等传统用人单位,也包括民办非企业单位、有雇工的个体工商户等新成长的用单位。而《女职工劳动保护特别规定》则只写明了"根据《劳动法》",但是适用对象却是"中华人民共和国境内的国家机关、企业、事业单位、社会团体、个体经济组织等单位(以下统称用人单位)及其女职工"。此外,《社会保险法》也使用了"职工"的概念,并与"用人单位"相搭配,但是此职工是指作为参加社会保险主体的劳动者,基本上是等同于劳动法上的劳动者。

对于不同法律部门的劳动者是否应有统一概念的问题,在域外的宪法、社会保险法、劳动法等法律中所指范围也存在争议。① 德国有关《社会法典》与劳动法适用劳动者范围是否一致的问题就发生了"大部分相同说"与"完全相同说"的争论。② 笔者认为,我国劳动者与职工概念使用混乱的根源在于没有雇员概念的基础性理论支撑。实际上,职工基本是我国计划经济年代遗留的产物,彼时在劳动统配制度下,劳动者与用人单位之间没有选择订立契约的自由,亦即不存在个体化的安排,因而计划性的人事政策中没有个体劳动者,只有具有共性的职工。由此形成的职工概念是被抽象化了的劳动者,描述劳务给付者的大类,以便纳入计划指标体系中,与当下团体性劳动者有着截然不同的区别。团体性劳动者本质是与用人单位订立劳动契约的一员,并自主自愿加入劳动者团体。相比较而言,上述几项国务院法规基本保持了职工的原意,几乎涵盖全社会所有以工资为主要收入来源的劳务给付者。所以,应当将雇员作为劳动者与职工的上位概念。如果说职工概念从计划

① BVerfGE 84, 212, 224.

② Hümmerich, Arbeitsverhältnis als Wettbewerbsgemeinschaft - Zur Abgrenzung von Arbeitnehmern und Selbständigen, NJW, 1998, p. 2625.

年代演变至今已成为我国法律制度中约定俗成的表述，而劳动者亦在《劳动法》中确立了明确的内涵外延，因此梳理概念的逻辑关系须提升抽象的维度，以雇员的概念统合二者。雇员给付劳务的基础在于“私法契约”，由此凡基于私法上合同关系而为劳务给付者皆为雇员。劳动合同虽然是雇佣合同社会化的产物，但其本质仍是私人之间的雇佣合同，即便劳动基准法和团体法包含大量公法的内容，但劳动合同就其本质而言应属私法领域。所以，无论是劳动者还是职工，只要是基于私法合同关系给付劳务，均可统称雇员。① 据此，机关和事业单位人员因其岗位或业务具有公务或准公务属性而被排除，雇员的劳务限定在市场活动的经营领域。②

1.2.1.2 雇员本质特征是从属性

雇员在给付劳务过程中受雇主的指挥监督，由此形成了从属性。从属性理论以民事雇佣合同为基础，在雇佣关系产业化之后发展为系统化的理论学说。所谓从属性理论是指雇员在雇主的管理监督下给付劳务，由此导致雇员在劳动过程中对雇主的从属。该理论的主旨是证成雇员因受雇主指示权指挥而丧失劳务给付的独立意思能力，身体自主性亦受到限制，并产生人格拘束，由此形成其弱者地位。

从属性理论源自德国民法上高级雇佣与低级雇佣区分的需要，在概念界定上前者具有自主性和独立性，后者则不具备。就一个具体雇佣行为，如何判断其属于高级还是低级雇佣在实践中造成了困难。③ 为此，德国学者提出的区别标准是劳务给付人与受领人之间的人身依附性不同（den unterschiedlichen Grad der PersönlichenAbhängigkeit）。④ 由此提出了从属性理论。时至今日，就如何认识和归纳劳务给付人的依附性，学界提出了从属性的不同构成要素，主要包括：

第一，人格从属性。德国通说将从属性等同于人格从属性（persönlichen-Abhängigkeit），通过司法实践的积累总结出以下内容：首先，雇主对雇员的劳动给付方式有支配权，得以决定工作的时间、地点、内容等；其次，雇员给付劳务是在雇主的

---

① Bauer/Diller/Lorenzen, *Das neue Gesetz zur "Scheinselbständigeit"*, NZA, 1999, p.169; Berndt, *Arbeitnehmer oder freier Mitarbeiter*, BB, 1998, p.894.

② 目前我国仍坚持将公务员、事业单位人员与劳动者分开调整，但是大量公务员及事业单位人员所从事的工作并不具有执行公共权利的内容，而是事务性或服务性的。随着服务型政府建设的推进以及事业单位改革的深化，可以期待有关公务员和事业单位人员性质的认识会发生改变，其中相当一部分人可以作为劳动法上的劳动者，即公务雇员或准公务雇员。

③ [德]雷蒙德·瓦尔特曼：《德国劳动法》，沈建峰译，法律出版社2014年版，第45页。

④ [德]雷蒙德·瓦尔特曼：《德国劳动法》，沈建峰译，法律出版社2014年版，第47~48页。

组织和管理下，与其他雇员协作；最后，雇员所为劳务之目的在于实现雇主利益。① 人格从属性乃是从属性理论的核心，在于此项要素表征雇佣因劳务给付而导致的人格拘束。依民法源生之自然法理，自然人为平等、独立、理性的个体，人格自由成为意思自治的基础。

第二，经济从属性。日本和我国台湾地区学界在引入从属性理论的过程中提出了经济从属性的概念，但是不同学说对经济从属性的界定存在差异。例如，日本学者川口美贵认为，经济从属性是雇员依靠工资得以谋生，关涉生存利益，使其无法与雇主处于对等地位。② 我国台湾地区学者将论述的重点放在了“为雇主利益”的阐释上，如黄越钦教授认为，经济从属性的重点在于受雇人“是从属于他人，为该他人之目的而劳动”。③ 还有学者关注劳动力与生产资料的结合，雇员在为雇主利益给付劳务的过程，也正是雇员提供的劳动力与雇主提供的生产资料相结合的过程。

第三，组织从属性。日本学者吉田美喜夫认为应当根据现代就业的特点突破人格从属性，强调组织从属性，以应对雇主指挥命令弱化以及派遣用工的新形态。所谓组织从属性是该项劳务为企业运行所必需，已经成为企业组织的一部分。④ 我国台湾地区有学者提出专业劳动者存在人格从属性的欠缺，如医生、会计等，雇主对其专业操作无法指挥，“其工作内容或许为雇主所指定，但是对于具体完成工作的细节部分，却非雇主所得任意置喙”，而是需要雇员根据专业来判断如何执行。这也恰恰说明，组织从属性可以弥补人格从属性之不足。⑤

应当说明的是，从属性理论主要用于劳动法上劳动关系的认定，基于劳动合同关系所具有的显著支配性，即“从属性”是劳动契约之最大特色，一切有别于传统民法概念的劳动法概念，即是承此概念而展开。⑥ 德国通说亦认为，“劳动契约以从属

---

① BAGNZA 1993, 174, 175;1992, 36, 37; 894, 895.

② [日]川口美贵：《劳动者概念的再构成》，载季刊《劳动法》2005 年第 209 号；转引自田思路、贾秀芬：《日本劳动法研究》，中国社会科学出版社 2013 年版，第 54 页。

③ 黄越钦：《劳动法新论》，中国政法大学出版社 2003 年版，第 95 页。

④ [日]吉田美喜夫：《雇用、就业形态的多元化和劳动者概念》，载《日本劳动法学会志》1986 年第 68 号。转引自田思路、贾秀芬：《日本劳动法研究》，中国社会科学出版社 2013 年版，第 55 页。

⑤ 台湾劳动法学会编：《劳动基准法释义——实施二十年之回顾与展望》，台北，新学林出版股份有限公司 2005 年版，第 57 页。

⑥ 黄越钦：《劳动法新论》，中国政法大学出版社 2003 年版，第 94 页。

性为其核心的特征，而有别于其他类型的雇佣契约”。[①] 而对于日常一般性的民事雇佣是否具有从属性的问题，学界存在分歧。德国学界认为劳动关系与雇佣关系的区别在于从属性，“劳动契约乃是特种之雇佣契约，可称为从属性的雇佣契约”。[②]因此，劳动合同与雇佣合同的差异在于雇主的指挥监督，亦即劳动者的从属性。但是，日本学界却未将从属性视为雇佣合同与劳动合同的本质性差异，而是认为雇佣合同也同样存在从属性，“民法上的雇佣，是约定‘服从的劳务’和‘获取报酬’的契约关系，这无非是资本主义社会租赁劳动关系的法的表现”。[③] 日本通说也认为，劳动合同与雇佣合同均是具有从属性的劳务给付合同关系。[④]

因此，笔者认为雇佣关系与劳动关系在从属性的定性上没有区别，均具有“在雇主指挥监督下给付劳务”的内容，无论称谓是雇员抑或劳动者，均可适用从属性理论予以阐释。基于上文阐述雇佣合同是劳动合同的上位概念，则雇员作为雇佣合同的主体应为劳动者的上位概念，即雇员既包括劳动合同主体的劳动者，又包括民事雇佣合同主体的受雇者。对此，谢增毅研究员提出，雇佣关系与劳动关系的根本区别在于“法的价值追求和规范内容”，雇佣契约乃是以“物”为中心，以劳务的给付为其核心要务；劳动契约则是以“人”为中心，以劳动者的保护为其核心要务。[⑤]但是，笔者认为，此观点似乎未充分理解民法由传统到现代的演进。如果说传统民法基于抽象假设过于关注雇佣合同所包含的劳务交易关系，至现代民法早已实现了以“人”为中心，作为劳务给付方的雇员已受到民法的充分关照。自《德国民法典》设置“雇主保护义务”这一滴“社会主义之油”起始，雇主保护义务已经为各国民法所接受，加上人格权体系的发展与健全，雇佣已不可视为劳务交易，其所包含的从属性已被纳入民法规则之中。因此，笔者认为，雇员与劳动者在从属性的定性上没有差别，而是在定量上有差别。劳动关系因其产业雇佣的本质而具有很强的从属性，工商业发展使产业雇佣的工作内容比民事雇佣更为复杂，而基于现代产业发展出的人力资源组织、配置的管理体系又对工作技能的要求日益提高，因此“职业

---

① 林更盛：《德国法上近来对劳工概念之讨论与立法》，载台湾劳动法学会编：《劳动法裁判选辑（三）》，台北，元照出版有限公司1999年版，第3～4页。

② 史尚宽：《债法各论》，中国政法大学出版社2000年版，第294页。

③ 田思路、贾秀芬：《契约劳动的研究——日本的理论与实践》，法律出版社2007年版，第64页。

④ 谢增毅：《民法典编纂与雇佣（劳动）合同规则》，载《中国法学》2016年第4期。

⑤ 谢增毅：《民法典编纂与雇佣（劳动）合同规则》，载《中国法学》2016年第4期。

性”成为产业雇佣的标签,也正是这一原因导致劳动者从属性与其他民事雇佣劳务给付人从属性的显著差别。但是,这种差别并不否定雇佣与劳动所共同具有的从属性本质。从这个意义上可以说,雇员是基于雇佣合同而为从属性劳务之个人。

1.2.2 雇主之界定

1.2.2.1 雇主的定义

在雇佣合同中,雇主与雇员是相对存在的一对主体。由于从民法雇佣规则到劳动法的体系转变越来越强调对雇员的保护,导致此类保护规则均包含对雇员的界定,以确定规制适用范围。同时,随着现代工商业的发展,雇佣形态越发复杂多元,雇员在不同机构间委派、雇佣关系与劳务给付对象不一致的情况大量产生,多元雇主难以避免。

因此,各国立法例大多通过界定雇员来间接地界定雇主,实现扩大雇主范围的规制效果。例如,德国法上,雇主是指雇员的劳动合同另一方当事人,可以是自然人、法人,也可以是商事合伙。[①] 我国台湾地区“劳动法”将雇主界定为雇佣劳工的事业主及相关负责人或代表人[②],具体而言包括:第一,事业主本人,亦即实际经营主体,根据企业的性质可以是个人,也可以是公司或其他法人团体;第二,营业负责人,如公司的法定代表人、董事等,对于公司经营享有整体性权利并承担相关责任;第三,事业主的代表,主要是处理劳动相关事务的人事部门人员,其业务范围包括招聘、工资待遇、福利、职业安全卫生等。[③] 美国《公平劳动标准法》(FLSA)对“雇员”的界定是极为宽泛的,仅明确排除了童工,[④]法院系统也认为此法律定义是具有扩张性的(expansive definition)。[⑤] “雇佣”作为一种行为的定义是“承担或允许工

---

① [德]W. 杜茨:《劳动法》,张国文译,法律出版社2005年版,第21页。

② 黄越钦:《劳动法新论》,中国政法大学出版社2003年版,第97页。

③ 台湾劳动法学会编:《劳动基准法释义——实施二十年之回顾与展望》,台北,新学林出版股份有限公司2005年版,第28页。

④ See Nationwide Mut. Ins. Co. v. Darden, 503 U. S. 318, 14EB Cases 2625 (1992); Rutherford Food Corp. v. McComb, 331 U. S. 722, 726 – 28, 6 WH Cases 990 (1947).

⑤ See United States v. Rosenwasser, 323 U. S. 360, 363 n. 3, 4 WH Cases 935, 936 (1945); Donovan v. DiaAmerica Mktg., 757 F. 2d 1376, 1384, 27WH Cases 113 (3d Cir).

作”(suffer or permit to work)。① 所谓“雇员”是指“任何被雇主雇佣的人”,而“雇主”被界定为“任何在与雇员的关系中直接或间接享有雇主利益的人”。② 法院认为“应当根据某一关系所包含的经济事实来决定劳务领受人是否属于雇主”。③ 由此形成了经济事实测试(economic reality test),即判断是否存在雇佣关系并不限于合同术语,亦不限于雇主对雇员排他性地控制(control)。④ 在诸多判断因素中,最为关键的是“存在雇佣关系的经济真实性”(economic realities),即“个人在经济上依赖某些营业以提供劳务”。⑤ 据此,认定雇主须考察的要素包括“控制程度、获益或受损机会、投资、关系的持续性、技能要求等”,其中“没有一个因素是决定性的”,并且还可以列举其他因素。⑥ 此后司法实践进一步细化了上述要素,进而阐释为:第一,假定雇主所施加的控制程度;第二,假定雇主和雇员相关投资的额度;第三,假定雇主所能决定的雇员收益或受损的程度;第四,工作岗位所需要的技能或主动性;第五,该关系的持续性。⑦ 其他法院也适用了这几项因素或类似的标准,亦有法院增加了一项考察因素,即此项劳务是否属于假定雇主营业所不可或缺的一部分。⑧ 从比较法的视野看,域外立法例对雇主的定义以雇员范围为前提,雇佣关系则以主体界定为基础,并辅之以司法上细化解释方法,将立法的抽象性与实践的具体需求相结合。

相比较而言,我国在民法上没有雇佣关系的规定,而《劳动法》则以劳动者和用人单位表征劳动关系主体,但却未对主体予以界定,而是以组织性的标准大致划定了用人单位的范围。根据《劳动法》和《劳动合同法》的规定,用人单位的类型包括

---

① See Hill v. United States, 751 F. 2d 810, 26 WH Cases 1623 (6th Cir. 1984) 474 U. S. 817, 27 WH Cases 600 (1985).

② 29 U. S. C. A. §203 (e) (d).

③ 322 U. S. 128, 14 LRRM 614 (1944).

④ See Dole v. Snell, 875 F. 2d 802, 804, 29 WH Cases 465 (10th Cir 1989).

⑤ Bartels v. Birmingham, 332 U. S. 126 (1947).

⑥ United States v. Silk, 331 U. S. 704 (1947).

⑦ Brock v. Mr. W Fireworks, 814 F. 2d 1042, 28 WH Cases 57 (5th Cir. 1987); Halferty v. Pulse Drug Co., 821 F. 2d 261, 28 WH Cases 322 (5th Cir. 1987).

⑧ Lauritzen v. McLaughlin, 488 U. S. 898, 28 WH Cases 1456 (1987); Real v. Driscoll Strawberry Assocs., 603 F. 2d 748, 24 WH Cases 279 (9th Cir. 1979); Dole v. Snell, 875 F. 2d 802, 29 WH Cases 465 (10th Cir. 1989).

国家机关、社会团体、企业、民办非企业单位、个体经济组织等。[①]《劳动合同法实施条例》又将依法成立的会计师事务所、律师事务所等合伙组织和基金会纳入劳动法的调整范围内。对于这一适用范围规定方式，一方面，凡是带有组织性的机构均可被称为雇主，范围极为宽泛，劳动法学者认为此项规定“几乎将劳动法上之‘用人单位’扩展至除军队以外的任何组织”[②]。另一方面，将组织性作为用人单位的必备要件排除了自然人的适用，从民法学者的角度看，“《劳动合同法》规定的适用范围过于严格，只有社会组织或基金会（用人单位）与劳务提供者（劳动者）之间发生的劳务与报酬的交易，才适用《劳动合同法》。”[③]可见，在用人单位限定为组织的情况下，雇主在民法上的界定具有相当大的拓展空间，既可以将自然人劳务领受人纳入调整，也可以在劳动法规则不明确时为劳动关系法律适用提供支持。

1.2.2.2　雇主组织性之反思

无论是在雇佣关系的发展历史中，还是各国对雇佣关系的法律调整模式，雇主的组织性从来不是强制性要求，反而自然人才是雇主的初始形态，法人等其他组织进行雇佣活动的规则设计也是以自然人雇佣为基础，“不仅自然人得为雇主，法人亦得为雇主。法人包括私法人与公法人在内，公权力主体亦得为雇主，不过所成立者必须为私法契约”。[④] 我国“用人单位”一词乃是独创词汇，以便替代雇主。这种情况的发生，一方面是由于新中国成立后对剥削及雇佣的否定，另一方面也是对计划经济时代现实雇佣关系的反映。也就是说，在当时的背景下，只有各类国有、集体企业能够招录劳动者，发生事实上的雇佣关系，而这种雇佣关系又必须维护工人的主体地位，排除剥削的因素。因此，用人单位成为关于劳动用工主体的基本概念。及至推行劳动合同化，限于当时立法者的认识局限和法律滞后，用人单位就此在劳动法体系中延续。那么，发展至今，针对《劳动法》能否引入自然人为雇主的问题，

---

① 《劳动法》第 2 条规定，在中华人民共和国境内的企业、个体经济组织（以下统称用人单位）和与之形成劳动关系的劳动者，适用本法。国家机关、事业组织、社会团体和与之建立劳动合同关系的劳动者，依照本法执行。《劳动合同法》第 2 条规定，中华人民共和国境内的企业、个体经济组织、民办非企业单位等组织（以下称用人单位）与劳动者建立劳动关系，订立、履行、变更、解除或者终止劳动合同，适用本法。国家机关、事业单位、社会团体和与其建立劳动关系的劳动者，订立、履行、变更、解除或者终止劳动合同，依照本法执行。

② 郑尚元：《劳动合同法的制度与理念》，中国政法大学出版社 2008 年版，第 65 页。

③ 朱广新：《民法典之典型合同类型扩增的体系性思考》，载《交大法学》2017 年第 1 期。

④ 黄越钦：《劳动法新论》，中国政法大学出版社 2003 年版，第 97 页。

郑尚元教授认为，“将自然人雇佣作为劳动法上之雇主将使目前尚未成熟的劳动法理论更加难以应付”，因此选择“用人单位”这一专有名词来替代“雇主”在逻辑上并没有问题，“关键在于如何确定用人单位的范围”。①

在劳动法理论仍相对保守的情况下，民法作为市民社会生活的基本法必须有所推进，以便将大量自然人间的雇佣关系明确纳入调整范围。只是在立法中限于惯例，民法仍不能轻易使用“雇主”一词，2003 年最高人民法院《人身损害赔偿解释》第 9 条使用“雇主”表述后引发广泛的争议。为此，2010 年《侵权责任法》第 35 条仍是沿用了“劳务关系”的概念，但指明了此项关系是发生在“个人之间”。② 此项规定的意义在于通过“个人之间形成劳务关系”的措辞确立了雇主侵权责任，间接承认了个人雇佣合同关系。③

1.2.3　雇佣关系内容

雇佣关系的内容是劳务给付，这是雇主责任的客观基础。风险性是各类社会活动所面对的共性问题，雇员在给付劳务的过程中同样面对各类风险，法律设定雇主安全照顾义务就是为了防范和分担雇佣关系存续中所发生的各类风险。从这个意义上说，风险的客观性构成了雇主安全照顾义务的客观基础，而雇主违反安全照顾义务则导致狭义的雇主责任。④ 雇佣责任应当基于雇员的劳务给付行为，从风险的角度看，雇佣关系内部的损害有两种类型：一种是在雇员给付劳务过程中发生的损害，另一种是并非在劳务给付过程中发生，但与劳务给付密切相关的损害。前者可概括为“雇佣关系中的劳务执行”，后者可概括为“雇佣关系中的劳务起因”。

雇佣关系中的劳务执行对应日本学理中的“业务遂行性”，我国台湾地区称为“业务执行性”，即雇员在雇主的命令、支配下给付劳务，此为判断雇员所受损害是否可向雇主主张追偿的首要因素，乃是雇佣关系的本质所在。⑤ 雇佣关系所指劳务

---

① 郑尚元：《劳动合同法的制度与理念》，中国政法大学出版社 2008 年版，第 66 页。

② 《侵权责任法》第 35 条规定，个人之间形成劳务关系，提供劳务一方因劳务造成他人损害的，由接受劳务一方承担侵权责任。提供劳务一方因劳务自己受到损害的，根据双方各自的过错承担相应的责任。

③ 朱广新：《民法典之典型合同类型扩增的体系性思考》，载《交大法学》2017 年第 1 期。

④ 也有学者将雇员因“执行工作任务或提供劳务造成他人损害时”雇主应承担的责任称为狭义的雇主责任。参见程啸：《侵权责任法》（第 2 版），法律出版社 2015 年版，第 400 页。

⑤ ［日］河野顺一：《労働災害理論と実務》，中央经济社 2002 年版，第 14 页。

之从属性在赋权雇主对雇员予以指挥、支配的同时，也要求雇主对失去自主性的雇员予以充分照顾。此时，雇员乃是雇主意志和行为的延伸。[①] 对于如何界定“劳务执行”，域外学理均予以从宽解释，不要求完全处于雇主的直接支配之下，并发展出“雇主控制圈”学说。依据该学说，雇佣关系的成立时间是雇员依据合同约定首次进入雇主的工作场所、营业机构或远程指令系统，此时不要求雇主向该特定雇员实际发布命令，已可确认该雇员处于雇主的指挥命令圈内，随时可接受雇主之指示，在该指挥圈内无自主意思及行动自由。[②] 我国台湾地区学者则将雇主指挥圈扩大解释为合同订立之日起，雇员就进入到雇主的指挥圈，听从雇主指挥随时给付劳务，因而不可能再选择别处给付劳务换取劳动报酬。[③] 依据该雇主指挥圈学理，雇员在雇主之生产营业场所内，即便未实际处于工作状态，所受损害也属于狭义雇主责任范畴，如雇员吃饭、休息、如厕等基于生理原因产生的合理、必要的附随行为，雇主就此有义务提供适当设施保障雇员此类行为的环境安全。并且，雇员给付劳务并不限定于特定场所，雇主的指挥命令也可以通过远程方式作出，因此雇员为执行职务在雇主的生产经营场所外从事的会客、洽谈、递送文件或运输货物等行为均属于在雇主指挥范围内，构成劳务给付过程的一部分。雇员被派出外地出差，即便未时刻接受雇主的指示，也认为该雇员在派出时已接受了雇主的概括命令，只要其为执行职务之需要而发生的损害均应由雇主承担责任。在此情况下，“劳务执行”涵盖外派雇员从派出至返回的全过程，雇主仅能够在雇员处理私人事务致损情况下提出免责或减责抗辩。

雇佣关系中的劳务起因对应日本学理中的“业务起因性”，意指雇员的某项损害虽然不是执行劳务所直接导致的，但是与劳务之间存在密切关系，即“雇员因执

---

① 我国台湾地区法院就此阐释为：劳动者自行决定之自由权的一种压抑，在相当时期内，对自己之作息时间不能自行支配，而劳务给付内容之详细情节亦非自始确定，劳务给付之具体详细内容非由劳务提供者决定，而系劳务受领者决定之，其重要特征在于指示命令权，如劳动者须服从工作规则，而雇主享有惩戒权等。参见我国台湾地区高等法院民事判决 91 年劳上易字第 62 号、民事判决 93 年劳上易字第 70 号、民事判决 95 年劳上字第 67 号、民事判决 93 年劳上更(一)字第 11 号、民事判决 94 年劳上易字第 35 号、民事判决 94 年劳上易字第 84 号、民事判决 95 年劳上易字第 50 号、民事判决 96 年重劳上字第 22 号、民事判决 96 年劳上字第 6 号等。

② ［日］本多淳亮：《労働法実務大系十三・賃金、退職金、年金》，総合労働研究所 1971 年版，第 119 页。

③ 吕海荣：《劳基法研究(二)工资之意义与范围》，载《律师通讯》1984 年第 65 期。

行劳务之目的使某项风险现实化”。① 因此，日本法将雇员损害与劳务执行分为两个阶段，一个是劳务执行过程之中，另一个是劳务执行过程之外，前者具有辅助后者认定的功能。② 典型的行为类型包括雇员上下班途中遭遇交通事故、雇员在工作准备或结束后整理阶段遭受损害，如雇员在工作完成后自愿进行工作场所清洁，如因此摔倒受伤亦可主张雇主承担责任。相对于工业化早期保护程度较低的“工作岗位特定风险”理论，现代社会各国普遍接受了“增加风险”理论，其主要内涵是“雇员为了实现劳务给付而处在特定环境，并因此遭受的损害”，“此特定环境以劳务给付为起因，导致雇员风险增加”，因此应被纳入雇主保障范围。③ 当然，劳务起因这一要素本身的内容是模糊的，除了上述列举的少数与劳务相关性极为紧密的情形外，大量雇员损害与劳务之间的因果关系需要根据具体案件来判断。在一些案件中，雇员受到损害与劳务执行之间的联系仅限于“他的工作职责使他在特定的时间待在了特定的地方，就在这个地方因为某个‘中性的力量（因素）’而受伤”，此中性的力量或因素指其既非来自雇员自身又不与劳务执行具有明显的关联性。④ 例如，高空抛物、动物致人损害等。

由上文的论证可知，本书所述的雇佣合同是劳动合同的上位概念，雇主也是包括用人单位、个人雇主在内的劳务领受人。在现行法律体系下，个人之间的雇佣关系以及由此所产生的损害赔偿责任应适用民法，至于组织化的雇主即用人单位则应当优先适用劳动法，损害赔偿责任亦应优先寻求工伤保险之救济，在无法获得社会保障时可适用民法规则，由此形成逻辑清晰的法律救济体系。

1.3 雇佣关系的类型化分析

学理上关于雇佣已形成了成熟的概念，通说认为雇佣是指当事人约定，雇员于

---

① ［日］河野顺一：《労働災害理論と実務》，中央经济社2002年版，第25页。

② ［日］河野顺一：《労働災害理論と実務》，中央经济社2002年版，第33页。

③ Arthur Larson, *Worker's Compensation Law: Cases, Material and Text*, Mathew Bender, 2007, p. 29.

④ 郑晓珊：《工伤保险法体系——从理念制度的重塑与回归》，清华大学出版社2014年版，第122页。

一定或不定期限内为雇主给付劳务，雇主给付报酬的契约。①《德国民法典》第611条、《日本民法典》第623条、《瑞士债务法》第319条第1项以及我国台湾地区“民法”第482条均规定了雇佣契约。该雇佣关系所具有的特征包括：第一，以劳务给付为标的。劳务给付人又称雇员、雇工，依照合同约定给付劳务，并且由于劳务给付本身具有强烈的人身性，因此雇员应当亲力为之。第二，有偿性。即雇员给付劳务与雇主支付报酬形成对价关系，并且劳务报酬以金钱为常规形式。第三，持续性。雇员给付劳务必须在一定的时间存续期内完成，法律上雇佣关系所关注的是劳务给付行为的过程是否符合雇佣合同的约定，而不是劳务给付行为的结果，否则构成承揽关系。第四，从属性。雇员在雇主的指挥下给付劳务，受雇主的监督，雇主通过支配雇员人身的方式使用其劳动力，间接导致雇员人格受到压制，因此在劳务给付过程中产生雇员对雇主的人格从属。

1.3.1 个人雇佣关系

在我国现有法律概念体系中，狭义上的劳务关系即是指雇佣。明确使用“雇佣”表述的仅有最高人民法院2003年发布的《人身损害赔偿解释》第9条、第11条，分别规定了雇佣关系中的雇主替代责任和雇主自己责任，②其中第9条定义了什么是“从事雇佣活动”。第11条则排除了适用《工伤保险条例》的劳动关系。第12条承接第11条，规定了参加工伤保险统筹的劳动者不适用该解释，应按《工伤保险条例》的规定处理。此后，第13条、第14条规定了无偿帮工过程中发生人身损害的赔偿问题，与第9条、第11条、第12条并列。根据此条文结构可以作以下两点阐释：第一，第12条未使用雇主、雇员的概念，而是使用了用人单位、劳动者的概念，并排除《工伤保险条例》涵盖对象的适用，可以理解为《工伤保险条例》未涵盖或者未明确涵盖的对象适用该解释，如用人单位以外的第三人侵权损害、未参加工伤保险统

---

① 史尚宽：《债法各论》，中国政法大学出版社2000年版，第291页。

② 《人身损害赔偿解释》第9条规定的雇主替代责任是：雇员在从事雇佣活动中致人损害的，雇主应当承担赔偿责任；雇员因故意或者重大过失致人损害的，应当与雇主承担连带赔偿责任。雇主承担连带赔偿责任的，可以向雇员追偿。第11条所规定的雇主自己责任是：雇员在从事雇佣活动中遭受人身损害，雇主应当承担赔偿责任。雇佣关系以外的第三人造成雇员人身损害的，赔偿权利人可以请求第三人承担赔偿责任，也可以请求雇主承担赔偿责任。雇主承担赔偿责任后，可以向第三人追偿。雇主连带赔偿责任是：雇员在从事雇佣活动中因安全生产事故遭受人身损害，发包人、分包人知道或者应当知道接受发包或者分包业务的雇主没有相应资质或者安全生产条件的，应当与雇主承担连带赔偿责任。

筹的劳动者遭受人身损害。第12条适用用人单位和劳动者的概念在于进一步限定雇主和雇员的范围,优先适用《工伤保险条例》这项属于强制法的行政法规。可见,雇主和雇员的范围是包括用人单位和劳动者的,即雇佣关系是劳动关系的上位概念,包括但不限于劳动关系。第二,第13条、第14条规定的无偿帮工与第9条、第11条、第12条相并列,概念指代使用帮工人、被帮工人,可以推知无偿帮工是独立于雇佣的另一类劳务给付形态,不适用雇佣的规则。

当前社会生活中,个人雇佣仍然广泛存在,但是就劳务内容而言在农村与城市的不同语境下存在较大差异,从类型化的角度来说,包括:

第一类是农村中的生产及生活雇佣。由于工商业生产早已实现了社会化,以劳动关系为基本形态,所以生产性雇佣主要指农村中大量存在的长短工,即农村承包经营户按农时季节雇工完成特定农业生产活动,如播种和割麦。在此必须说明的是,随着农业生产的机械化,农村已出现大量以机械化或半机械化方式从事播种或割麦的经营者,如果经营户仅以播种或割麦为标的与之订立合同,则该合同应为承揽,而非雇佣。此外,农村房屋建造和维修等方面亦存在大量生活性劳务,农户为此雇佣长短工也属雇佣关系。同样需要注意的是,该建房或维修劳务须在该农户组织、主持下实施,如果农户将建房或维修整体外包给专业经营者,则该合同亦为承揽。可见,传统农业生产社会化水平低,社会分工的局限造成了缺乏专业经营者的状况,个体农户只能以零散雇佣的方式组织起小范围、小规模的农业生产活动。同理,生活设施的劳务辅助也需要由个体通过零散雇佣的方式组织人力,在其组织指挥下完成。但是,时至今日的农村社会已在市场的风潮中浸润多年,社会分工已日趋复杂完备,部分地区的生产社会化程度已经很高。低成本、高效率、机械化的专业经营者已成为农村生产性劳务的主要提供者,即便是建房和维修等重大生活劳务也有众多专业建筑队。先前必须由农户组织和主导生产性劳务的比例已大大降低,更为广泛普遍的情况是农户仅需将播种、割麦等整体外包给专业经营者,以承揽的方式交由其完成该劳务。因此,可以认为农村的雇佣活动较早年已大大减少。而此类活跃在农村的专业经营者,如播种、割麦队,已发展出一定的组织形态,完备者如公司,不完备者如合伙,故其以劳动合同或合伙合同的方式使用他人劳务,此过程可视为雇佣合同随社会分工发生的转变,或言雇佣合同社会化。

第二类是城市中的生产及生活雇佣。城市中的生产雇佣主要是指劳务受领或给付中的一方不具备劳动关系资格。由于订立劳动合同须具备相应资格,包括用人单位具有用工主体资格,劳动者属于就业主体。因此,城市中广泛存在的生产性雇佣是企事业单位聘用退休人员。《劳动合同法》第44条第2款规定,劳动者开始依法享受基本养老保险待遇的劳动合同终止;《劳动合同法实施条例》第21条规定,劳动者达到法定退休年龄的劳动合同终止。虽然二者有所差异,但均表明劳动者退休即丧失劳动法保障的就业资格。因此,企事业单位聘用退休人员,即便工作内容和管理模式均与其他同岗位人员无显著差异,仍非劳动关系,本质上属于雇佣,此为城市生产性雇佣的典型形态。另外,城市中大量存在生活消费雇佣,包括私人司机、保镖、律师、医生,最为普遍的是家庭保姆或称家政工。由于家庭或个人在我国现行劳动法体系中不具有用工主体资格,所以家政工被排除《劳动法》的适用,原劳动部于1994年印发的《关于〈劳动法〉若干条文的说明》第2条第5款规定中明确将农业劳动者和家庭保姆排除在《劳动法》适用范围。最高人民法院于2006年8月发布的《关于审理劳动争议案件适用法律若干问题的解释(二)》第7条第4款规定,家庭或者个人与家政服务人员之间的纠纷不属于劳动争议。虽然有劳动法学者主张就家政工进行专项立法,甚至纳入劳动法体系中,①但就家政工给付劳务的本质而言应属雇佣关系。

1.3.2 劳动关系

现行立法并没有对"劳动关系"作出一个明确的法律定义。本质上劳动关系与雇佣关系一样,也是雇员一方给付劳务,雇主一方支付报酬的合同关系。但与个人雇佣关系不同的是,劳动关系立足于产业雇佣,其明显标志是,雇主是组织而非个人。劳动关系实现了组织化的雇佣。劳资之间的雇佣关系相对稳定,劳务对价为经常性报酬,包含了生存保障的内涵。

对于雇佣合同与劳动合同的关系问题,学界向来存在争议。主要有两种观点,第一种观点,统一调整说,主张"劳动关系与雇佣关系所指的是统一社会关系,只不过反映人们对某一社会关系认识的角度不同而已……雇佣关系与劳动关系可以在

---

① 谢增毅研究员认为,从我国现有的法律体系来看,目前比较可行的办法是充分考虑家政工的特殊性,制定《家政工保护条例》,条例没有规定的,可以适用民法中的相关规则。参见谢增毅:《超越雇佣合同与劳动合同规则——家政工保护的立法理念与制度建构》,载《清华法学》2012年第6期;此外,胡大武教授也主张就家政工进行专门立法,制定《家政工人劳动权益保护法》,以便将家庭工人纳入劳动法律体系之中,给予其劳动法上"劳动者"身份和待遇。参见胡大武:《理念与选择:劳动法如何照耀家政工人》,载《法律科学》2011年第5期。

相同的意义上使用”。[①] 第二种观点,分别调整说。主张雇佣关系与劳动关系分别由不同的法律予以调整,典型的表述是劳动关系与雇佣关系有明显的区别,前者属于劳动法调整的法律关系,后者属于民法调整的法律关系。[②] 此外,郑尚元教授在比较劳动关系与雇佣关系时为表明二者的异同点,将劳动关系称为产业雇佣关系,在于凸显劳动关系源自雇佣关系,但又已发生质变,其与传统民事雇佣关系的区别包括产业性和职业性、从属性、身份属性或单位属性、目的性或经营性、组织性和受雇方人数、期限性(安定性)和国家干预性、称谓及其他。[③] 林嘉教授也认为,劳动关系与雇佣关系存在显著区别,包括报酬的性质不同、劳动风险上的责任承担不同、权利义务的规定不同、法律纠纷的争议解决途径不同。[④]

在《民法典》编纂过程中,围绕《民法典》合同编是否应当将雇佣合同有名化以及将雇佣合同(劳动合同)的规定纳入其中,学者们对此多表赞同并发表了很多中肯的意见。例如,易继明教授主张将现有独立的《劳动合同法》纳入《民法典》,并置于《合同法》规范基本合同制度之后。[⑤] 谢鸿飞研究员认为,因我国民法没有规定雇佣合同,缺乏与劳动法比较的技术中立的合同,未来《民法典》似可考虑增加雇佣合同的规定。[⑥] 谢增毅研究员则认为,虽然《民法典》中的雇佣规则调整劳动关系的功能弱化,但雇佣合同规则尚有存在的基础和必要。未来我国《民法典》规定雇佣合同规则应在债法的合同法部分规定雇佣合同,确立雇佣合同最基本的规则。[⑦] 朱广新研究员则支持《民法典》合同编应赋予雇佣合同享有对《劳动合同法》的一般规则地位。[⑧] 但2020年新出台的《民法典》最终没能纳入与雇佣合同相关的内容。

笔者认为,对于雇佣合同与劳动合同的关系问题应当以本土制度环境为基础。无论是雇佣还是劳动,就其本质而言都是劳务给付的法律形态,差别在于社会化程

---

① 沈同仙:《劳动法的理论与实践》,中国人事出版社2003年版,第13页。

② 周宝妹:《劳动法要论》,群众出版社2006年版,第16页。

③ 郑尚元:《雇佣关系调整的法律分界——民法与劳动法调整雇佣类合同关系的制度与理念》,载《中国法学》2005年第3期。

④ 林嘉:《劳动法的原理、体系与问题》,法律出版社2016年版,第109~110页。

⑤ 易继明:《历史视域中的私法统一与民法典的未来》,载《中国社会科学》2014年第5期。

⑥ 谢鸿飞:《民法典与特别民法关系的建构》,载《中国社会科学》2013年第2期。

⑦ 谢增毅:《民法典编纂与雇佣(劳动)合同规则》,载《中国法学》2016年第4期。

⑧ 朱广新:《民法典之典型合同类型扩增的体系性思考》,载《交大法学》2017年第1期。

度不同。从雇佣合同到劳动合同的社会化过程意味着“由法律强制规定而非任由契约当事人恣意决定的权利与义务,也逐渐在社会与法律中取得主宰作用……任意性规定的强行法规化,也加速了契约的社会化进程”。[①] 那么,在劳动分工及相应的法律社会化水平高的国家,雇佣合同与劳动合同的区别并非十分重要。例如,日本学界亦曾就劳动合同与雇佣合同的关系问题进行持久的讨论,认为二者一致者为“同一说”,认为二者不同者为“峻别说”。[②] 最终两种学说达成了一致,形成的通说认为,“劳动契约与雇佣契约的差异,几乎仅限于理念层面,在法律适用上没有区别的必要”。[③] 对此,日本的民法权威学者我妻荣先生指出:“我认为民法上作为雇佣的契约都应由新劳动法原理加以调整,在这层意义上来说,全部这些都可以被认为是劳动契约。”[④]劳动法权威菅野和夫教授也认为,雇佣契约与劳动契约基本上是同一概念。[⑤] 日本学界共识的形成归根到底是日本社会的劳动形态已经充分社会化,零散的私人雇佣基本上被组织化的经营机构所取代,私人所需劳务可直接从提供劳务的经营组织取得,因此雇佣已经充分发育,为劳动合同所吸纳,法律规则亦已跟进,完成社会化转型。只是在劳动合同规则疏漏之处,可寻求民法基本原则或原理的支持,否则几乎不需要发挥民法雇佣合同的作用。

反观我国的社会用工现实,劳动社会化的程度并不高,私人之间的劳务给付普遍存在,法律制度是立足于社会经济关系的上层建筑,就我国雇佣与劳动关系的调整机制而言,法律制度的设计应当以我国雇佣劳动的特点和实际情况为基础[⑥]。为此,在劳动合同法律体系之外,建构民事雇佣规范体系有重要意义,综观世界主要国家立法,虽然劳动法建构的劳动合同制度已经缩减了雇佣合同的适用范围,但是

---

① 苏明诗:《契约自由与契约社会化》,载郑玉波主编:《民法债编论文选辑》(上),三民书局 1984 年版,第 173 页。

② 参见刘志鹏:《论劳动基准法上之“劳工”(以经理人为检讨重点)——评释台北地方法院八十三年劳诉字第四号判决》,载《台湾社会研究季刊》1996 年第 24 期。

③ [日]本多淳亮:《労働契約・就業規則論》,一粒社 1981 年版,第 9 页。

④ [日]我妻荣:《民法讲义・债法各论》(中卷二),周江洪译,中国法制出版社 2008 年版,第 9 页。

⑤ [日]菅野和夫:《労働法》(第 8 版),弘文堂 2008 年版,第 68 页。

⑥ 郑尚元:《雇佣关系调整的法律分界——民法与劳动法调整雇佣类合同关系的制度与理念》,载《中国法学》2005 年第 3 期。

民法关于雇佣合同的规定仍有其合理的存在价值。[①] 对此，谢增毅研究员指出，“在民法典中规定雇佣合同规则不仅在于为那些无法纳入劳动法体系的一般雇佣关系提供法律规范，更在于为劳动关系找到其法律坐标，打通其与民法规则的关联，并使其有适用民法规则的可能”。[②] 基于这一考量，我国劳动法长期面临管制与自治失衡的困局，[③]而大量的雇佣关系又缺乏明确的法律规则调整，只能借劳务合同之名引入民法非典型合同调整机制。

所以，笔者认为，应当延续雇佣与劳动的历史逻辑，将雇佣合同作为劳动合同的上位概念，在范围上涵盖后者，既符合民法作为社会生活基本法的定位，也能够兼顾劳动法所遗漏劳务给付类关系的调整。简言之，本书所称雇佣关系乃是包含劳动关系的广义概念，是为以劳务给付为内容的有偿契约。

1.3.3 雇佣关系与其他劳务类法律关系的区分

1.3.3.1 雇佣与承揽的区分

雇佣与承揽同为广义劳务给付合同的主要类型。雇佣合同一般是以单纯给付劳务为内容，雇员在雇主指挥监督下服劳务；而承揽合同以完成一定工作任务为内容，承揽人具有独立性。但在实践中，混淆雇佣与承揽的合同争议时而发生，主要是个人雇佣与承揽的边界不甚清晰，由此导致劳务给付过程中造成劳务提供者或第三人损害情形的责任分担问题。

导致雇佣与承揽边界不清的原因：一方面是劳务的内容。承揽合同是承揽人按照定作人的要求，在规定的时间内交付约定的工作成果，定作人支付对应的报酬。对于承揽合同而言，劳务给付的内容是工作成果。法律对于工作成果的类型并没有限制，既可以为有形的加工、维修，也可以为无形的看护、宣传，仅要求承揽必须

---

① 郑尚元：《雇佣关系调整的法律分界——民法与劳动法调整雇佣类合同关系的制度与理念》，载《中国法学》2005 年第 3 期。

② 谢增毅：《民法典编纂与雇佣（劳动）合同规则》，载《中国法学》2016 年第 4 期。

③ 董保华教授认为，《劳动合同法》确立了以“稳定”求“和谐”的目标，管制是实现“稳定”的重要手段，既压缩了双方当事人的协商自治空间，也对用人单位的自主管理权进行了多方面限制，导致个别劳动关系中管制与自治的系统性失衡。只有彻底反思《劳动合同法》基于管制与自治的失衡问题，才能为我国未来劳动力市场的体制性改革提供正确方向。参见董保华：《〈劳动合同法〉的十大失衡问题》，载《探索与争鸣》2016 年第 4 期。

以作为方式为之,不得将不作为约定为承揽标的。① 《人身损害赔偿解释》对"承揽人"进行扩张性解释,除传统意义上的承揽人之外,还包括运输、广告、出版、建设工程等。在标的为有形情况下,承揽涉及材料提供、专业技能等因素,与雇佣区分明显。但是在承揽标的为无形情况下,承揽之工作成果具有纯劳务的特点,则易于与雇佣混淆。例如,甲请乙每周为其清洁门窗,并支付报酬;或者甲请乙将A地的汽车20辆转运到B地,并支付若干报酬。② 另一方面在于具体操作上,当事人往往不能够准确定性雇佣与承揽,常见情况包括当事人未约定合同名称,或者约定合同名称为承揽,但内容为雇佣,反之亦然。

雇佣与承揽在损害赔偿责任上有着完全不同的承担方式。在民法上广义劳务合同可以分为单纯劳务提供型合同与完成工作型合同,雇佣属于前者,承揽属于后者。雇佣合同"债务人所负担的是手段性债务,而非结果性债务。手段性债务如何履行应由合同决定,债权人(接受劳务的一方)有权要求债务人(提供劳务的一方)按照合同的约定,在规定的时间、地点按照规定的方式提供劳务。接受劳务者对提供劳务者具有很强的控制力"。③ 基于此雇主对雇员的控制力,雇主与雇员之间形成连带关系,在发生侵权责任时产生雇佣关系内的损害赔偿责任分担,雇主为雇员或第三人所受之损害承担责任。而就承揽合同而言,"该合同中的一方旨在为另一方提供特定的工作成果,提供劳务者所负担的是结果性债务。故此,债务人不仅对劳务的提供享有自由裁量权,且该劳务也并非必须由合同当事人完成"。④ 那么,承揽合同中并不能形成定作人与承揽人之间的连带关系,二者在劳务提供与接受的过程中为各自独立的主体,各为自身行为承担责任。

因此,学理上对雇佣与承揽的区分强调劳务的独立性,强调当事人之间是否存在身份上的支配与从属关系,所谓支配是指接受劳务的一方当事人对给付劳务的一方当事人就劳务的内容、给付劳务的时间地点以及方式方面有决定权,给付劳务的一方不能按照自己的意志完成工作。这种支配性权利是雇佣关系与承揽关系的

---

① 林诚二:《民法摘编各论》(中),中国人民大学出版社2007年版,第38页;[德]迪特尔·梅迪库斯:《德国债法分论》,杜景林、卢谌译,法律出版社2007年版,第283~284页。

② 崔建远:《承揽合同四论》,载《河南省政法管理干部学院学报》2010年第2期。

③ 程啸:《侵权责任法》(第2版),法律出版社2015年版,第411页。

④ 程啸:《侵权责任法》(第2版),法律出版社2015年版,第411页。

根本性区别。[1] 在现代雇佣关系已发展为个人雇佣关系与劳动关系的基础上，承揽与雇佣的区分主要是指个人雇佣，几乎不存在区分承揽与劳动关系的必要。[2]

1.3.3.2 雇佣与委托的区分

相对于雇佣与承揽，雇佣与委托的边界更为模糊，原因在于：第一，雇佣与委托的内容均为无形劳务，通常在于处理日常事务。第二，接受劳务的一方无论是雇主还是委托人均对劳务提供方存在一定的要求或指令。就委托来说是委托人对受托人的指示，就某项事务的处理方法、处理结果等提出具体要求，要求受委托人按照委托人所要求的具体方式与目标效果办理相应委托事务。“指示的表现形式可以有多种，受托人应当根据不同指示的内容办事。”[3]第三，雇佣与委托均存在一定程度的信任关系，有学者认为委托的信任程度介于雇佣与承揽之间，即雇员一般受到雇主的指挥监督，承揽人不受定作人的指挥监督，而受托人一方面受委托人指示的限制，另一方面又有一定的独立决定的权利。[4]

那么，区分雇佣与委托的关键仍在于劳务提供的独立性。日本学理上认为，委托是“以处理一定事务的整体性劳务为标的，受托人保留了以自己的知识、经验及才干适当处理事务的自主性。”而雇佣是“利用劳务或劳动本身构成了其标的”。[5]我国学理上也将独立与否作为区分雇佣与委托的主要标准，“受雇人依据雇佣合同提供劳务，必须服从雇用人的指示，自己一般不享有独立的酌情裁量的权利；而委托合同中的受托人虽然依委托人指示处理事务，但一般却享有一定的独立裁量的权利”。[6]

相对于雇佣关系形成雇主与雇员连带的基础在于雇主对雇员的控制力，委托关系中并未形成如此强烈的控制与结合。与作为单位劳务提供合同的雇佣合同不同，委托合同属于实务处理型合同，此类合同与承揽这类完成工作型合同的相似之

---

① 《韩胜军诉杜国平雇员受害赔偿纠纷案》，载最高人民法院中国应用法学研究所：《人民法院案例选》（总第58辑），人民法院出版社2007年版，第161页。

② 就劳动合同作为特别雇佣合同而言，崔建远教授认为，劳动合同是从雇佣合同发展演变而来的，在服劳务的专属性、组织纪律性等方面强于雇佣合同，已经脱离民法而成为劳动法的组成部分了，与承揽合同的不同更是显而易见。参见崔建远：《合同法》（第2版），北京大学出版社2013年版，第533页。

③ 王利明：《合同法研究》（第3卷），中国人民大学出版社2012年版，第718页。

④ 易军、宁红丽：《合同法分则制度研究》，人民法院出版社2003年版，第379页。

⑤ ［日］我妻荣：《民法讲义·债法各论》（中卷二），周江洪译，中国法制出版社2008年版，第2页。

⑥ 崔建远：《合同法》（第2版），北京大学出版社2013年版，第635页。

处在于“接受劳务者都无法支配和控制提供劳务者”。[①] 因此，委托人一般不对受托人的侵权行为承担责任，“如果是提供劳务的一方造成他人损害，原则上由该人自行承担责任，只有接受劳务之一方存在选任或指示过失时，才需要承担责任”。[②]

---

① 程啸：《侵权责任法》（第2版），法律出版社2015年版，第411页。

② 程啸：《侵权责任法》（第2版），法律出版社2015年版，第411页。

第2章
雇佣关系中侵权损害赔偿制度的历史演进

2.1 雇佣关系中侵权损害赔偿责任的界定

2.1.1 雇佣关系中侵权损害赔偿责任的分类

雇佣关系在履行过程中会在两个维度上存续:一个是雇佣关系的内部关系,即雇主与雇员之间的关系;另一个是雇佣关系的外部关系,即第三人与雇主、雇员之间的关系。基于雇佣过程的侵权损害赔偿责任亦建立在这两种关系的基础之上,则第一,作为内部关系的雇主与雇员之间的关系本质是合同关系。在雇主为用人单位时,雇员遭受侵害后也可以获得工伤保险制度的救济,但并不能排除雇员依照法律(如《安全生产法》与《职业病防治法》)与司法解释向雇主主张侵权损害赔偿的权利,而并非完全"不需要借助于侵权责任制度"①。第二,作为外部关系的雇主与第三人之间的关系。雇主对雇员在工作过程中造成第三人损害承担侵权损害赔偿责任,但雇主在承担赔偿责任后可以对有过错的雇员行使追偿权。②

2.1.2 侵权损害赔偿归责原则的学说纷争

学说发展史以这两类关系中的雇主责任为重点,围绕雇员或第三人受到损害情形下的雇主责任问题展开讨论,形成了以不同归责原则为线索的学理演进。

第一种学说,主张雇主承担无过错替代责任。主旨是只要雇员在从事雇佣活动中给他人造成了损害,那么无论雇主是否存在选任、监督上的过错,其都要承担

① 王利明:《侵权责任法研究》(下),中国人民大学出版社2016年版,第74页。

② 王利明:《侵权责任法研究》(下),中国人民大学出版社2016年版,第74页。

责任。[①] 从我国现有司法所持的立场来看,相关司法解释均未规定雇主可主张尽到了选任和监督义务的免责抗辩事由,采纳了无过错责任。有学者认为《侵权责任法》第34条、第35条第1句继续采用了无过错责任,“这是非常合理和必要的”。[②]从部分论证理由上来看,对于雇主的认识已经脱离了传统民事活动中的个人雇佣,而是以劳动关系中的组织化的雇主为对象,主要论据是相对作为个人的雇员,雇主尤其是身为大公司的雇主承担责任,有利于保护受害人;并且“雇主最能够通过保险或者将赔偿费用纳入成本来提供商品或服务价格,从而将损害转嫁到全社会而获得免责”。[③]

第二种学说,主张雇主承担过错推定责任。此种学说与第一种学说的分歧在于其主张在雇佣活动中造成他人损害的赔偿责任主体应当是雇员,雇主在此情况下所承担的责任乃是为他人行为担责,因此只要雇主尽到了选任、监督义务就可以主张免责抗辩。[④] 此种学说的主要论据在于雇主所处的特定地位主要是选任、指示、监督、管理等,由此形成雇主的义务以及违反义务的责任问题。另外,由于劳动者的弱势地位已经有所改善,雇主的正当利益也应当得到保护。那么在责任分配方面,雇主承担过错推定责任能够起到平衡雇主与雇员利益的作用,既是对雇员的充分保护,也兼顾了雇主的正当利益。杨立新教授进一步将雇主责任区分为用人单位责任与个人劳务责任,并认为二者均应当适用过错推定责任。用人单位责任适用过错推定原则,实行举证责任倒置,亦即用人单位必须证明其在工作人员致人损害的事实中,对工作人员的选任监督不存在过错,否则就推定其存在过错;而在个人劳务关系中,过错推定责任的意义在于被侵权人证明存在损害事实、损害事实与侵权行为之间的因果关系、侵权人与被告之间的关系,而无须证明被告是否就损害事实存在过错。[⑤]

第三种学说,主张雇主承担过失替代责任。其主要观点是雇主应当对雇佣的

---

① 参见程啸:《侵权责任法》(第2版),法律出版社2016年版,第406页;张新宝:《中国侵权行为法》,中国社会科学出版社1998年版,第162页;毛瑞兆:《论雇主的替代责任》,载《政法论坛》2004年第3期。

② 程啸:《侵权责任法》(第2版),法律出版社2016年版,第407页。

③ 孙少森、尹飞:《雇主责任构成要件之研究》,载《中国青年政治学院学报》2006年第1期。

④ 环建芬:《雇主责任的归责原则和雇佣活动的适用范围辨析》,载《政治与法律》2007年第1期。

⑤ 杨立新:《侵权损害赔偿》(第6版),法律出版社2016年版,第289~297页。

行为承担侵权责任,即使其在雇员选任、监督方面已经尽到注意义务也不能构成抗辩事由。这一点与第一种学说所主张的无过错责任相吻合,但是差别在于该学说主张在雇主与雇员的关系中,雇主责任是附属性责任,而雇员责任是主要责任。据此,如果主张雇主承担无过错责任则导致雇主责任与雇员责任的主附关系颠倒,雇主责任成为主要责任,而不考虑雇员作为直接侵权人的过错程度,妨碍雇主向雇员进行追责的权利,有悖于共同责任与连带责任的本意。那么就雇员的行为,雇主所需承担的侵权责任只能是过错责任,这一侵权责任是建立在雇主同雇员之间存在的雇佣关系的基础上,而不是建立在雇主本人的选任、监督或管理过失的基础上。①

2.1.3　侵权损害赔偿归责原则的反思

基于学说的梳理,在学理层面考察雇佣关系中侵权责任应当顺应社会发展阶段,更新传统民法中的既定观念,在以下三个层面予以反思:

第一,在个人雇佣关系与劳动关系的框架中分析侵权责任。如前所述,现代雇佣关系早已不局限传统民事雇佣,以劳动关系为代表的产业雇佣成为雇佣的主流,同时个人雇佣仍广泛存在。在此背景下,就雇佣关系中侵权责任的论述应当考虑组织化雇主与个人雇主之间的深刻差异。就雇主对雇员的选任、监督等强度与范围而言,作为劳动关系雇主的用人单位与个人雇主具有显著差异,前者通常有较为完善的选聘雇员程序和监督惩戒机制,并且承担责任的能力也显著强于后者。那么,在论证雇主责任承担方式时不能仅以组织化雇主或个人雇主为基本对象假设,将针对组织化雇主的论证结论适用于个人雇主,反之亦然。在现有学说中,无论是持过错推定说还是无过错责任说的学者均有区分用人单位与个人雇主的论述,但基本是认为二者适用同样的归责原则。笔者认为,应当进一步分析用人单位与个人雇主的实质差异,以便对二者的归责原则区分适用。

第二,重新认识雇主选任、监督义务。通常认为,我国学界对有关雇主的选任、监督义务的认识深受德国民法影响。《德国民法典》第831条规定,为某事务而使用他人的人,就该他人在执行事务中不法加给第三人的损害,负赔偿义务。使用人在挑选被使用人时,并且,以使用人须置办机械或器具或须指挥事务的执行为限,使用人在置办或指挥时尽了交易上必要的注意,或即使尽此注意损害也会发生的,

---

① 张民安:《侵权法上的替代责任》,北京大学出版社2010年版,第213页。

不负赔偿义务。[①] 此项规则为雇主无过错责任与推定过错责任的根本界分，王泽鉴教授认为此项规则坚持了 19 世纪德国法学界对过失责任的信念，“其之所以使人负损害赔偿责任的，不是因有损害，而是因为行为人有过失”，并且顾及家庭及小型企业的负担能力。[②] 然而，社会分工及市场活动发展至今，雇佣的形态日益复杂，早已不是 19 世纪时期的德国可比。因此，有学者提出，“选任过失、监督过失理论是早期社会经济不发达的产物，同市场经济的要求不兼容，我国侵权法应当放弃早已被两大法系国家的侵权法理论抛弃的过失推定理论，将雇主的侵权责任建立在雇员侵权行为的基础上，建立在雇主同雇员之间存在的雇佣关系的基础上，而不是建立在雇主对其雇员的选任过失、监督过失或者管理过失的基础上”。[③] 笔者认为，还是应当在个人雇佣与劳动关系的框架下反思雇主的选任、监督义务。个人雇佣的情形并未因市场的发展而显著改变，个人之间在劳务给付过程中的选任、监督以及劳务的复杂程度、风险程度等仍未脱离民法传统，而发展为劳动关系的产业雇佣则随市场机制发生深刻改变，劳务的复杂性和风险性已将雇主的选任和监督义务内化进雇主责任之中。因此，雇主的选任、监督义务在个人雇佣中仍应当与雇主过错责任相关联，而在劳动关系中则为无过错责任所吸收。

第三，重新认识过错推定责任与无过错责任的边界。无过错责任与过错推定责任可以说是不同学说的最大分歧，这两种责任形态在法律适用上十分接近。有学者认为，过错推定责任虽然与过错责任和无过错责任均有差别，就其内容而言，仍以过错为核心，具有过错责任的色彩，但是在适用中则与无过错责任几乎没有区别。[④] 从德日的实践发展来看，德国民法学说主张改用无过错责任。在德国司法实务上，法官采用四种手段回避《德国民法典》第 831 条规定的过错推定责任，包括法官允许对受害人承担了侵权责任的雇员向法院起诉，要求雇主就自己对受害人承担的侵权责任对自己承担侵权责任；法官适用法人机关理论来责令雇主就其雇员

---

① 陈卫佐译注：《德国民法典》（第 2 版），法律出版社 2005 年版，第 308 ~ 309 页。

② 王泽鉴：《侵权行为》，北京大学出版社 2009 年版，第 420 页。

③ 只要雇员实施的侵权行为足以让雇员对受害人承担侵权责任，雇主就应当对受害人承担侵权责任，他们不得以自己再选任、监督或者管理其雇员方面已经尽到了合理注意义务为由拒绝就其雇员的行为对受害人承担侵权责任。虽然他们的确要对其雇员尽到选任、监督、管理方面的合理注意义务，但此种注意义务仅为雇主对雇员的义务，不是雇主对受害人承担的义务。参见张民安：《侵权法上的替代责任》，北京大学出版社 2010 年版，第 210 页。

④ 刘士国：《侵权责任法重大疑难问题研究》，中国法制出版社 2009 年版，第 176 页。

的行为对受害人承担侵权责任;法官适用“组织机构瑕疵理论”来责令雇主对受害人承担侵权责任;以及适用《德国民法典》第 278 条的规定。① 根据第 278 条规定,在与债务人自己的过错相同的范围内,债务人的法定代理人和债务人为履行其债务而使用履行辅助人的过错,可以归责于债务人。② 此外,日本司法实践中对过错推定责任也采取了严格主义的立场,“日本在‘二战’前有 7 例认可使用人证明无选任监督过错而免责的案例,‘二战’之后至今没有免责的案例,法律的免责规定实际已成空文”。③ 因此,对雇佣关系中侵权责任的分析不能固执于过错推定责任与无过错责任的分类中,还是应当回到个人雇佣关系与劳动关系的框架下,在我国尚未充分社会化的个人雇佣领域,过错推定责任仍然符合社会基本生活样态,有利于平衡雇佣双方利益;而在已社会化的劳动关系领域,过错推定责任与无过错责任已无明显适用差异,应当予以统一。

2.2　大陆法系与英美法系发展轨迹的殊途同归

2.2.1　大陆法系:从过错归责到无过错归责

大陆法系对雇佣关系中侵权责任的认识从过错责任开始,随着对雇佣关系理解的深入,将雇佣双方从形式平等的民事主体转变为从属关系下的实质不平等主体,归责原则也由过错责任发展为无过错责任。

近代民事侵权法的发展是围绕着过错责任展开的,过错成为承担侵权责任的基础,亦即侵权人对于损害事实存在主观上的故意或过失。过错责任是资本主义早期个人自由与独立思想在法律上的反映,符合当时的社会思潮,成为绝对的责任归责原则。④ 因此,在 18 世纪至 19 世纪 80 年代的西方工业化过程中,工伤事故处理也是遵循过错责任来处理的。⑤ 只有证明存在雇主过错的情况下,才由雇主对雇员或第三人所受损害承担责任。这一时期,奥地利、法国、德国、瑞士等国民法均采

---

① 张民安:《权法上的替代责任》,北京大学出版社 2010 年版,第 208 ~ 209 页。

② 陈卫佐译注:《德国民法典》(第 2 版),法律出版社 2005 年版,第 92 页。

③ [日]井上英治:《現代の不法行為論》,日本中央大学出版部 2003 年版,第 150 页。

④ 张新宝:《中国侵权行为法》,中国社会科学出版社 1998 年版,第 50 页。

⑤ 王泽鉴:《民法学说与判例研究》(第 3 册),中国政法大学出版社 1998 年版,第 275 页。

纳过错责任原则。[①]《法国民法典》于1804年颁布之时，工业发展尚未规模化，雇佣关系及其损害责任不是立法考虑的重点，“意外事故救济的社会问题远没有今天这样重要”。[②] 因此，过错责任作为侵权法的统一规则自然适用于雇佣关系领域。典型案例如Painvin v. Des champs案，雇员因机器爆炸导致重伤，法院判决认为，原告（雇员）应就被告（雇主）的过错或懈怠或考虑不周等负举证责任，因原告未能证明而驳回其诉求。这一司法立场也为当时学界通说所支持。[③]

但是，以过错责任为核心的侵权责任法无法有效解决雇佣关系中的损害赔偿问题，其局限性主要体现为雇员的举证能力不足。在过错责任下，侵权损害赔偿的构成要件以加害人过错为核心，而工伤事故大多因机器设备引起，与雇主的人为因素相对分离。雇员本人既难以查证机器设备故障如何发生，更难以证明雇主就此事故存在主观过错。雇主还可以主张其已采取了当时技术所能提供的各种预防措施，以此排除本人的过错。[④]

随着工伤事故的频发和劳资矛盾的加剧，19世纪中后期开始，在过错责任立法尚未动摇的情况下，法院开始从举证责任入手推进严格责任与准严格责任。[⑤]《德国民法典》虽然仍坚持过错是侵权赔偿责任的核心，但其第831条已经转向了过错推定责任，某种程度上强化了雇主责任。即便是过错推定责任，德国在实践中也经历了一般过错推定责任向严格过错推定责任的转变。[⑥] 此外，德国开始在民法体系外制定特别法规制雇佣关系中的损害赔偿问题。1871年，德国颁布《帝国责任义务法》，规定经营矿山、采石及工场者，对其雇佣的管理人员因过失致劳工遭受损害

---

① 王泽鉴：《民法学说与判例研究》（第3册），中国政法大学出版社1998年版，第277页。

② ［德］K. 茨威格特、［德］H. 克茨：《比较法总论》，潘汉典等译，贵州人民出版社1992年版，第140页。

③ 吕琳：《劳工损害赔偿法律制度研究》，中国政法大学出版社2005年版，第63页。

④ ［法］让－雅克·迪贝卢、［法］爱克扎维尔·普列多：《社会保障法》，蒋将元译，法律出版社2002年版，第13页。

⑤ 郑晓珊：《工伤保险法体系——从理念到制度的重塑与回归》，清华大学出版社2014年版，第18页。

⑥ 根据德国1887～1907年的工厂事故统计，如果采用一般过错推定原则，雇主以雇员过错或不可抗力而免除赔偿责任的比例可高达70%以上，这意味着大多数雇员仍无法获得雇主赔偿。因此，必须采取更为严格的过错推定原则，否则为雇员提供补偿以缓和社会矛盾的目标就会落空。参见王卫国：《过错责任原则：第三次勃兴》，中国法制出版社2001年版，第88页。

者，雇主在一定范围内承担赔偿责任，无论其本人是否有过错。此外，就铁路运输引起的伤亡事故，除非发生不可抗力或可以证明受害人存在过错，否则铁路公司不管是否存在过错都应承担赔偿责任。此后，德国于1884年颁布《雇员赔偿法》，针对铁路、矿山以及特定工厂的事故采取雇主无过错责任原则。雇员仅需证明损害是因工作原因导致即可，雇主不能就是否存在过错进行免责抗辩。[①]

及至现代，劳动关系从传统民事雇佣中分离成为独立的类型，有关工伤事故的侵权赔偿责任也已充分社会化，工伤保险替代雇主赔偿责任，贯彻的就是无过错补偿原则。在个人雇佣领域，尽管各国普遍强化了雇主对雇员的安全照顾义务，雇主应对雇员活动所产生的危险负责，扩大了推定过错责任或无过错责任适用的范围，但过错原则仍始终存在。

2.2.2　普通法系：从过错归责到严格控制力归责

普通法系就雇佣关系中侵权责任的分担也是从过错开始的，亦即承担赔偿责任须以过错为前提。在此后的发展中，普通法系也不断强化对雇主责任的法律要求，只是其并未以过错为线索演进，而是将关注点从主观层面的过错转向客观层面的控制力，形成了基于雇主控制而承担损害赔偿责任的侵权法体系，完成了从主观归责向客观归责转变。

在早期适用过错责任的背景下，由于雇员通常无法证明雇主就事故存在主观过错，导致最终的损害只能由雇员自己承担，而这种风险和责任分配方式亦为当时的学理所支持，对于雇员因意外事故导致的损害或雇主基于正常安全注意义务而无法防止产生的雇员损害，“只不过是受害者的不幸，不能构成法律上责任的基础”。[②]

雇主过错的认定在于其是否违反安全注意义务，此为雇佣契约的附随义务。而对于雇主安全注意义务的边界，司法则给予多重限制。

首先，雇员在主张雇主承担损害赔偿责任时，必须证明雇主或其他加害人有过失，同时证明自己没有过错，才能够获得法院支持。[③] 所谓过错一般意指违反了某

---

① 黄越钦等:《职灾补偿——中美英德日五国比较》，台北，五南图书出版股份有限公司1995年版，第121～122页。

② ［美］伯纳德·施瓦茨:《美国法律史》，王军等译，中国政法大学出版社1997年版，第61页。

③ Oliver Wendell Holmes, *The Common Law*, The Law Book Exchange. Ltd. ,1881, p. 84.

些注意义务，在雇佣关系领域，注意义务多指安全注意义务，一般为雇佣契约的附随义务。在美国法的发展中，司法通过判例引入了雇主的注意义务，但通常限定为“适当的谨慎”。如果雇主能够举证证明其已经尽到了“适当谨慎”的注意义务，那么就意味着其不存在过错，因而无须承担责任，工伤损害就作为“单纯的事故”由受害人自行承担。①

其次，如果雇员的损害是由其他与其一同工作的雇员导致，雇主可以依据“共同雇佣法理”提出抗辩，否则其对于此项损害的发生存有过错，不应当为其他雇员的过错承担责任。此项规则意味着排除了雇主对雇员的替代责任，无论是雇主与雇员之间还是雇员各自之间均被视为意识和行为相互独立的主体，某个雇员造成其他雇员损害的情况下，法律仅能看到雇员相互之间的关系，而未能借由雇佣关系看到雇员职务行为本身的风险性及雇主对这种风险的控制及预防义务。在这一观念的指导下，“共同雇佣”的范围被扩大解释，除同种或相互配合岗位上的雇员之外，其他非相关工种只要在同一雇主的工作场所内均被视为共同雇佣。美国法律进一步将其拓展至负有“管理监督”职责的雇员，而此类雇员通常是以雇主代表的身份出现。

再次，如果雇员所从事的工作岗位本身具有一定的风险性，因此导致的损害事故，雇主则有权提出“风险容忍法理”抗辩，主张直接导致损害发生的风险为雇员所知，雇主对此已尽到安全注意义务，雇员应当依据雇佣契约充分了解和防范此项风险，也就是说，导致雇员损害的风险属于其工作岗位的一部分，已包含在雇佣契约之中，借由劳资双方订立雇佣契约的行为，雇员以其意思表示明确地接受了此项风险。因此，损害赔偿责任早在雇佣契约订立时即已分配给雇员一方，虽然当时风险仍是潜在的。在此情况下，雇佣关系中的风险实际上是雇主通过雇佣契约强行转嫁给了雇员一方。在强调个人自由及抽象平等的语境下，司法亦认可这种自治化的风险分配机制。在Farwell案中，法官认为雇佣的岗位风险既包括该岗位本身所固有的风险，还包括协同工作雇员执行职务过程中产生的风险，雇员均应当与雇主一样明晰岗位的风险内容及防范方法。而雇主将上述风险分配给雇员的机制能够

---

① Shaw v. Boston and Worcester R. R., 74 Mass. 45 (1857).

积极地促使全部雇员尽到职责上的注意并共同防范风险。①

最后，即使法律上承认了雇主的安全注意义务，雇主仍能够以契约行为豁免此项义务。通常的安全注意义务包括雇主提供安全的工作环境、机器设备和原材料，并对雇员队伍进行职业培训和审慎管理。但是，此项义务并不是严格的法定义务，如果雇主未能按上述要求提供，而是向雇员明示存在工作环境风险、雇员协作缺陷等风险，并且表明其不会解决此类风险，那么一旦因上述风险导致雇员损害，则雇主可据此免除赔偿责任。②

随着工业化的发展，为了矫正劳资之间风险分担的失衡，英美逐步从主观过错归责转向客观控制力归责，即只要能够证明客观上存在雇主对雇员的控制，则无须考察雇主是否存在主观过错，实质上类似大陆法从过错责任向无过错责任的发展。在司法上，法官遵从控制理论做出雇佣关系的判断，决定雇佣关系的基本要件是存在一人对另一人的控制。在此类案件中，雇主对雇员既分派工作任务，又约束雇员工作行为，因此雇员在雇佣关系内执行职务的行为应视为雇主行为的一部分。③ 一经判断存在雇佣关系，也就成立了雇主对雇员的控制，那么由此发生的损害就应由雇主承担，而不考虑雇主的主观过错程度，依据控制力的客观标准进行侵权责任的认定。在英美雇主严格责任的发展上，司法起到了引领作用，判例将雇主对雇员的控制作为归责的基础，并且以控制为基础提炼出雇主的注意义务，继而将该注意义务从雇佣契约附随义务提升为法定义务。该注意义务的范围包括雇主对雇员的选任、监督和管理，即便雇员因精神问题导致损害，雇主亦因违反了选任的注意义务而需承担责任。美国学界通说认为，“当雇主和雇员之间的雇佣关系存在时，雇主就要就其雇员实施的侵权行为承担侵权责任，只要雇员的侵权行为是在他们的雇佣范围内实施的即可。雇主承担的此种侵权责任究竟是什么性质的侵权责任无关紧要”。④ 因此，在控制力标准确立后，既往的主观考察要素均失去了意义，共同雇

---

① Lemuel Shaw 认为雇员人身伤害事故的具体责任分配应取决于劳资双方的雇佣契约，此项契约中包含附随于工作岗位的固有风险、常规风险。雇员在订立雇佣契约之时同时接受了工作岗位及附随的风险。See Farwell v. Boston and Worcester R., 45 Mass. (4 Met.) 49, 56 - 58 (1842).

② Thomas G. Shearman and Amasa A. Redfield, *A Treatiese on the Law of Negligence*, Baker, Voorhis & Company, 1988, pp. 35 - 37.

③ R. P. Balkin JLR Davis, *Law of Torts*, Brtterworths, 2004, p. 782.

④ R. W. M. Dias, *Clerk & Lindsell on Torts*, Sweet & Maxwell, 1982, p. 298.

佣法理与风险容忍法理等以主观状态为对象的抗辩事由被控制力的证明所取代，由此确立了雇主的严格责任。

2.3 社会化雇佣关系中侵权损害赔偿的嬗变

近代工业革命之前，侵权损害赔偿责任是受害雇员获得赔偿的传统形式，依据过错原则及“造成侵害者担责”的法理，由受害人直接向侵权人主张损害赔偿。这种责任形态是侵权法设立的基本救济模式，历史源远流长，在工业化之前的传统民事雇佣时代就已构成私法救济模式，并随着工业化及产业雇佣的发展自然进入劳动关系领域。但是，工业化背景下的产业雇佣与传统民事雇佣存在根本性差别，以侵权损害赔偿责任为核心的私法救济越发难以保障受害雇员的基本权益。欧美主要国家进入工业化社会以后，因产业雇佣所导致的损害赔偿责任日益成为社会化风险，依靠传统侵权法个体化的救济方法无法有效地予以应对，加之19世纪80年代后，工人运动风起云涌，社会主义思想广泛传播，各资本主义国家政府为控制社会矛盾，化解劳资冲突，纷纷建立社会保险制度，雇员伤害补偿制度是其中重要内容。①

工伤保险是“基于互助共济原则，采用危险分担之方式，集合多数及配合政府的经济力量”以实现“保障劳工生活，促进社会安全的目的”。② 工伤保险制度的建立正是基于民事侵权损害赔偿制度的缺陷，③体现了工伤事故救济从民事侵权到劳工补偿再到社会保险的发展历程。④ 因此，自1884年德国颁布《雇员灾害保险》起始，工伤赔偿从民事侵权赔偿中分离出来，至今几乎已成为全世界通行的制度。就工伤保险制度的功能来看，“社会保险法在某些领域能对侵权责任法构成抑制，这首先体现在雇主侵害雇员的情况。在此情形中，雇主针对受害人免于承担损害赔

---

① 参见王泽鉴：《民法学说与判例研究》（第3册），中国政法大学出版社1998年版，第284页。

② 黄越钦：《劳动法新论》，中国政法大学出版社2014年版，第361页。

③ 英国社会保险法学者奥加斯认为工伤保险制度产生的原因主要包括四个方面：一是传统侵权体系对于工伤赔偿的局限；二是工会权力的强大；三是社会对于工伤事故频频发生的关注；四是劳动者康复和生活保障以及鼓励产业安全的需要。其中第一个方面是最主要的制度动因。参见钟明钊主编：《社会保障法制度研究》，法律出版社2000年版，第263页。

④ 张新宝：《侵权责任法立法研究》，中国人民大学出版社2009年版，第305页。

偿义务,而且同时免于负担社会保险人对其应享有的代位求偿权。依据通说,这种规定的正当性体现在,雇主全部或至少部分承担了保费,从而通过社会保险替代其应承担责任”。①

2.3.1　责任竞合的成因与实质

法律上的竞合问题是“一因多果”在规则上的反映,即某种事件或行为的发生引发两种或两种以上的法律后果,该两种或两种以上的法律后果不能同时实现,存在相互之间的竞争关系,应由权利人或有权机关行使选择权,以最终确定该事件或行为的单一法律后果。在侵权法领域,法律竞合主要表现为责任竞合,即一个侵权行为引发多种法律责任,并且该多种法律责任不能同时实现。如果一个侵权行为引发侵权赔偿责任、行政处罚责任或刑事责任等多种责任形态,那么该多种责任可以同时实现,由侵权人分别对受害人、国家机关承担不同的责任类型,此时不存在责任竞合。例如,雇主违反安全生产规定,违章冒险作业造成安全生产事故,除应当对受害雇员承担侵权责任之外,还应当根据行政法上的安全生产规定及刑法上的安全生产事故罪追究雇主的相应责任。在雇佣关系领域,因侵权行为导致的责任竞合主要是侵权损害赔偿责任与工伤保险责任之间的竞合,因侵权人的不同可以分为雇主侵害雇员的损害赔偿责任与工伤保险责任之间的竞合、第三人侵害雇员的损害赔偿责任与工伤保险责任之间的竞合,前者发生在雇佣关系内部,后者发生在雇佣关系外部,但是在责任竞合及救济机制上没有本质差别。

雇员在雇佣关系中因侵权发生损害,那么此项法律事实引发两项请求权,即基于侵权损害责任的民事赔偿请求权(向侵权人主张)与基于工伤保险责任的工伤保险给付请求权(向工伤保险基金主张)。虽然工伤保险责任与侵权损害赔偿责任均旨在赔偿受害雇员所造成的损害,但是二者在实质上属于不同的责任类型,包括:

第一,责任性质不同。侵权损害赔偿责任是典型的民事责任,无论其为过错责任抑或无过错责任,均依据民法规范及原理,适用民事争议救济程序,由受害人向侵权人提出赔偿请求。而工伤保险责任则是独立侵权双方之外的独立责任类型,属于社会法体系下的社会保险主要类型,具有公法上给付行政责任的性质,是公法责任的一种。因此,工伤保险经办机构作为受害雇员提出工伤给付请求的对象,实

---

① [奥]海尔姆特·库齐奥:《侵权责任法的基本问题(第一卷):德语国家的视角》,朱岩译,北京大学出版社 2017 年版,第 61 页。

质是作为公法上社会保险的保险人,因此其与受害雇员之间构成公法关系。相比较而言,侵权损害赔偿责任强调个案中受害雇员的权益保障,举证责任等相关程序均依此设计。工伤保险责任则关注社会整体利益,将工伤事故作为社会风险加以防范,突出生存权保障的目的,因此申请条件、赔付程序等均较之侵权损害赔偿更为便捷。

第二,责任功能不同。侵权损害赔偿责任作为传统私法的救济形态关注点在于个案中受害雇员之赔偿与保障,即便是发展到现代严格责任,亦未改变此项制度功能,仍是在雇佣关系内部解决风险与损害的分配问题,只是更为强化雇主的责任承担义务,减轻雇员举证责任,辅之以排除雇主免责事由。而不同个案中受害雇员如果工伤类型及程度相同或近似,但由于雇主经济状况或责任承担能力不同,会导致“同伤不同赔”,亦不鲜见受害雇员无法获得赔偿的情况。工伤保险责任则具有不同的制度功能。基于社会保险分散风险的原理,工伤保险基金对于受害雇员给付保险待遇以工伤类型及程度为依据,不考虑雇主的实际差别,因此基本可以实现“同伤同赔”,显示社会保险的公平性。此外,工伤保险作为社会保险不仅能够分散雇员一方的风险,还能够分散雇主一方的经营风险,从而将雇佣关系内部的风险与损害转移到全社会范围内予以化解。雇主缴纳社会保险费后可在保险给付的范围内免除对受害雇员的赔偿责任,客观上降低经营风险和成本,避免因工伤赔偿导致经营难以为继的情况发生。

第三,责任强制性不同。工伤保险是法定社会保险类型,凡雇主与雇员缔结劳动关系都必须加入工伤保险,雇主为雇员办理工伤保险手续并交纳保险费是法定义务,不可在劳动合同中予以排除,这是由工伤保险具有的公法属性决定的。而侵权损害赔偿责任则不具有这种强制性,在发生侵权损害后,受害雇员获得侵权损害赔偿请求权,只有该项赔偿请求通过民事诉讼程序获得法院判决支持后才具有强制性。并且,工伤保险待遇的支付标准和计发基数也是依法确定的,同样具有强制性,不得依据个人主张变更。侵权损害赔偿根据个人诉求计算,亦可加入精神损害赔偿,没有法定强制性基准,最终由法院依据个案情况及雇主能力等因素综合判断。

需要指出的是,在组织化雇主即用人单位没有依照法律规定为雇员缴纳工伤保险费用的情况下,一旦雇员发生工伤,则工伤保险基金原则上不再向雇员支付工伤保险待遇;原本工伤保险基金(依法征缴了工伤保险费用的)应支付的工伤保险待遇标准全部转由用人单位承担。

2.3.2　责任竞合的立法模式

在国外的立法例中，就侵权责任与工伤保险的竞合问题先后有过四种主要立法模式：

第一，选择模式。受害雇员可以在侵权损害赔偿请求权与工伤保险给付请求权中二者之间选择其一，此两种请求权相互排斥，不得同时适用，因此属于竞合模式范畴内的一种制度类型，只是不同于民事责任竞合或请求权竞合时义务人为同一人的情形，受害人可选择的义务人分别是侵权行为人和工伤保险基金。张新宝教授将其称为“非真正竞合模式”，因为其虽然与《民法典》第 186 条（《合同法》第 122 条）规定的请求权竞合具有相似性，但由于合同请求权竞合中的义务主体必须为同一人，而选择模式中的请求权人义务主体为独立的两方，即侵权第三人和工伤保险基金，所以与传统请求权竞合不同。①

此种模式早期曾为英国和部分英联邦国家所采纳，但均已废止。就其弊端而言，表面上看是尊重了受害人的选择权，但实际上隐含着举证与执行等多种诉讼风险，实际上存在多种法律风险，主要是排除了受害人获得侵权法救济的权利，其选择的意义似有实无，难以实现合理的社会正义。②

第二，替代模式，又称取代模式、非竞合模式。受害人所受工伤损害符合保险给付要件时，其仅享有保险给付请求权，不得再主张侵权损害赔偿，实质上是由工伤保险替代了雇主侵权责任，工伤救济已经完成从民法向社会法的转型。采用此种模式的国家包括德国、法国、瑞士、挪威等，尤其以德国为典型。③

此种模式能够便捷并充分地保障受害雇员的权益，因此有学者认为，采纳替代模式能够最为高效且公平地保障受害人权益，化解冲突和争讼，降低侵权救济的社会成本，有利于社会稳定。④ 但是，关于此种模式的批评亦持续不断，具有代表性的观点有二：其一，有学者认为替代模式混淆了侵权责任与工伤保险责任的制度功

① 张新宝：《侵权责任法立法研究》，中国人民大学出版社 2009 年版，第 307 页。

② 李清伟：《侵权行为法与社会保险法的冲突与融合》，载沈宗灵主编：《法理学与比较法学论集》，北京大学出版社、广东高等教育出版社 2000 年版，第 152 页。

③ 张新宝：《侵权责任法立法研究》，中国人民大学出版社 2009 年版，第 308 页。

④ 金福海等：《论工伤保险赔偿与侵权赔偿关系》，载《政法论坛》2004 年第 4 期。

能，二者各有利弊，不能完全替代。[1] 从这个意义上说，替代模式实质是工伤保险责任吸收了侵权责任，从而排除受害人应有的侵权损害赔偿请求权，客观效果是受害雇员获得的是具有补偿性质的工伤保险待遇，属于不完全赔偿，相当于“在价值判断上为用人单位提供了优惠待遇，降低了对劳动者的保护程度”。[2] 其二，鉴于替代模式降低了雇员工伤事故的雇主责任及风险，雇主在事前仅需支付工伤保险费，而在事故发生后无须承担侵权损害赔偿责任，在工伤保险责任替代侵权赔偿责任的过程中丧失了侵权赔偿责任内含的预防和制裁功能。因此，有学者提出反思，认为此种模式不适合发展中国家，不能保证受害人获得完全赔偿，也不利于工伤预防。[3]

第三，兼得模式，又称相加模式。受害雇员可以同时享有对侵权损害赔偿和工伤保险给付两项请求权，二者并不互相排斥，可以同时行使，实现双重保障。采纳此种模式的仅有英国 1948 年《国民保险法》，受害雇员既可以主张侵权损害赔偿，也可以从工伤基金中申请伤害及残疾给付的一半。有学者考证此种模式乃是基于英国工会对政府施加的强大压力，并且雇员须缴纳近一半的保险费。[4] 因此，雇主不能因投保工伤保险而获得完全的侵权损害赔偿责任豁免。[5] 有学者认为，此种模式融合了选择模式和替代模式的优点，能够最大限度地保障受害雇员的权益，在工伤保险待遇不能完全补偿的基础上附加雇主侵权赔偿责任提高受害雇员的保障水平，同时雇主因无免责保护而不能忽视工伤事故的防范，客观上亦能起到督促雇主提高职业安全卫生水平、降低工伤事故概率的目的。[6] 但是，此种模式不具有可复制性，一方面是由于英国特定的政治力量结构，工党及工会组织对立法及政策走向具有强大影响，并且整体社会经济发展水平足以支撑较高的保障水平；另一方面是因为此项模式在本质上背离了工伤保险制度的宗旨，或者说与大陆法系所言的工伤保险制度有很大区别。例如，张新宝教授所言，此种模式既背离了工伤保险对雇

---

① 王利明：《最高人民法院人身损害赔偿司法解释之评论与展望》，中国社会科学出版社 2004 年版，第 429 页。

② 张平华、郭明瑞：《关于工伤保险赔偿与侵权损害赔偿的关系》，载《法学论坛》2008 年第 10 期。

③ 吕琳：《工伤保险与民事赔偿适用关系研究》，载《法商研究》2003 年第 3 期。

④ 王泽鉴：《民法学说与判例研究》（第 3 册），中国政法大学出版社 1998 年版，第 296 页。

⑤ Friedmann, *Social Insurance and Tort Liability*, Harvard Law Review 63(1949).

⑥ 张平华、郭明瑞：《关于工伤保险赔偿与侵权损害赔偿的关系》，载《法学论坛》2008 年第 10 期。

主责任的社会化分散，也违背了“受害人不应因遭受侵害获益”的原则。[①]

第四，补差模式。此模式下，受害雇员可享有侵权损害赔偿请求权和工伤保险给付请求权，一般受害雇员先申请工伤保险待遇，然后就其实际损失与工伤保险给付的差额请求侵权损害赔偿，但受害雇员获得赔偿的累计总额不得超过其实际遭受的损害。当然，工伤保险给付与侵权损害赔偿的顺序不是固定的，如果借由司法已先行判决确定侵权损害赔偿的额度，那么工伤保险基金则调整待遇额度以实现补充功能。目前，日本、智利和北欧多国采纳此种模式。[②]

此种模式兼具选择模式和兼得模式的优点，有学者认为，补差模式既符合工伤保险的制度初衷，降低雇主的工伤事故责任负担，又能够使受害雇员获得充分的赔偿，亦因所获赔偿额度不超过总损害，符合“受害人不应因遭受侵害获益”的原则，同时也能够起到督促雇主预防工伤事故的制度功能。[③] 但此种模式处理程序繁杂，会加重当事人负担。因此，有学者提出从工伤保险对侵权责任的替代趋势出发，优先适用工伤保险。受害雇员在获得工伤保险待遇之后可就其不足部分想雇主请求侵权损害赔偿，从而设置程序顺序，相对简化救济流程。[④]

总体来说，雇佣关系社会化以后，工伤保险机制成为民事侵权损害赔偿责任的替代性补偿方式，但在工伤保险未能覆盖的个人雇佣领域仍适用侵权损害赔偿制度。而不管何种模式，只要社会保险能够对人身损害提供补偿，则将大大降低受害人获得其他救济的需求。在很多欧洲国家，在发生人身损害时，由于社会保险法向受害人提供充分的救济，导致针对加害人的损害赔偿请求权最终仅仅停留在精神损害赔偿层面，却不涉及赔偿危及受害人生存的物质性损害。[⑤]

---

① 张新宝：《工伤保险赔偿请求权与普通人身损害赔偿侵权权的关系》，载《中国法学》2007年第2期。

② 张新宝：《侵权责任法立法研究》，中国人民大学出版社2009年版，第309页。

③ 吕琳：《工伤保险与民事赔偿适用关系研究》，载《法商研究》2003年第3期。

④ 周开畅：《社会法视角中的“工伤保险和民事赔偿”适用关系》，载《华东政法学院学报》2003年第6期。

⑤ [奥]海尔姆特·库齐奥：《侵权责任法的基本问题（第一卷）：德语国家的视角》，朱岩译，北京大学出版社2017年版，第61～62页。

2.4 我国工伤保险给付与侵权损害赔偿的互斥与并立

2.4.1 第三人侵权所致工伤:从补差模式到兼得模式

我国关于工伤保险给付与侵权损害赔偿制度衔接的最早规定是《企业职工工伤保险试行办法》(劳部发〔1996〕266号,以下简称《试行办法》),[①]该办法第28条(以下简称第28条)对交通事故引起的工伤涉及的工伤保险待遇与侵权损害赔偿的法律适用做了清晰地界定。从赔偿顺序上说,对于交通事故所致的工伤,应该先按《道路交通事故处理办法》处理交通事故的侵权损害赔偿问题,再依照《试行办法》向工伤职工支付工伤保险待遇。至于赔偿的内容,则是交通事故责任人已经赔付的各项待遇,企业或者工伤保险经办机构不再支付相应待遇。此外,针对死亡赔偿、伤残待遇以及交通肇事者逃逸的情形,亦应根据工伤职工交通事故理赔的具体情况来确定工伤保险基金如何向工伤职工或其亲属发放工伤保险待遇。单从制度的文本内容来看的话,第28条借鉴了日本等补差模式的国家的做法,在保证受害人获得完整损害赔偿的同时,也避免其因损害获得双份赔偿,[②]而且具有较强的可操作性,这是值得肯定的,但《试行办法》只是一个部门规章。随着2000年3月15日《中华人民共和国立法法》(以下简称《立法法》)的出台,其对各级立法部门的立法权限做了清晰而明确的界定以后,笔者认为,《试行办法》的很多规定不符合《立法法》要求。随着我国改革开放事业的深入发展,市场经济对社会保障事业的要求进一步提升,《试行办法》在立法上的不足也限制了工伤保险事业的发展,在这一背景下,更高层级的工伤保险制度《工伤保险条例》(国务院375号令)应运而生。作为行政法规的《工伤保险条例》必须接受《立法法》的约束,对于《立法法》规定"民事基本制度"属于法律才有的立法权限,《工伤保险条例》谨守分际、绝不越线,因此,与第28条相关的内容在《工伤保险条例》中没有任何规定。尽管《工伤保险条例》取代《试行办法》是行政法规取代部门规章,但《试行办法》实行多年,尤其是其第28条的规定对司法裁判的影响深远,在《工伤保险条例》立法去掉《试行办法》第28条后,司法如何回应处理第三人侵权的工伤案件成了一个无法回避的现实课题。

---

① 《试行办法》于2004年1月1日废止。

② 吕琳:《劳工损害赔偿法律制度研究》,中国政法大学出版社2005年版,第242页。

所以《人身损害赔偿解释》第12条第2款对此作了规定,由于第三人侵权导致劳动者损害的,劳动者有权向第三人主张侵权损害赔偿。并且,劳动者还可以依照《工伤保险条例》主张工伤保险待遇。所以有学者认为,此项规定实际上采纳了兼得模式,意味着劳动者及其近亲属可以兼得第三人损害赔偿与工伤赔偿。[①]

2.4.2 因雇主原因所致工伤:从兼得模式到替代模式

《职业病防治法》与《安全生产法》都规定了劳动者发生工伤后可以向用人单位主张民事权利。但上述两部法律实施后的一年多时间内,涉及侵权民事赔偿的两个条款几乎都处在休眠状态,面对这一有违传统做法的新规定,司法一时无所适从,而基层法院面对当事人主张权利最省事的做法就是不予立案。

在这一背景下,《人身损害赔偿解释》对工伤保险待遇与侵权损害赔偿的衔接做了相应的规定[②]。由司法解释的具体内容分析可知,在雇主为加害人的情况下,如果受害雇员已加入工伤保险,则工伤保险与侵权责任之间是替代模式,受害人只能申请工伤保险待遇,不得主张侵权损害赔偿;事实上等于排除了《职业病防治法》第52条与《安全生产法》第48条关于雇员有权向雇主主张民事赔偿的权利。只有在不适用工伤保险的情形下,雇员所受损害仍由雇主承担赔偿责任。

在第三人为加害人的情况下,如果是个体劳务关系,受害雇员可以选择向雇主请求赔偿或向侵权第三人主张权利;如果雇员先请求雇主承担赔偿责任,那么雇主在履行赔偿义务后就取得了对侵权第三人的代位求偿权。在这种情况下,雇员主张侵权损害赔偿权利只能是选择模式。但在劳动关系情形下发生的第三人侵权,雇员在向第三人请求赔偿后是否仍可以申请工伤保险给付,这一问题实质是工伤保险给付与侵权损害赔偿是选择模式还是兼得模式的定位问题。有观点赞成取兼

---

① 陈现杰:《〈最高人民法院关于审理人身损害赔偿案件适用法律若干问题的意见〉的若干理论与实务问题解析》,载《法律适用》2004年第2期。

② 《人身损害赔偿解释》第11条第1款规定,雇员在从事雇佣活动中遭受人身损害,雇主应当承担赔偿责任。雇佣关系以外的第三人造成雇员人身损害的,赔偿权利人可以请求第三人承担赔偿责任,也可以请求雇主承担赔偿责任。雇主承担赔偿责任后,可以向第三人追偿。第11条第3款规定,属于《工伤保险条例》调整的劳动关系和工伤保险范围的,不适用本条规定。第12条又规定,依法应当参加工伤保险统筹的用人单位的劳动者,因工伤事故遭受人身损害,劳动者或者近亲属向人民法院起诉请求用人单位承担民事赔偿责任的,告知其按《工伤保险条例》的规定处理。因用人单位以外的第三人侵权造成劳动者人身损害,赔偿权利人请求第三人承担民事赔偿责任的,人民法院应予支持。

得模式,[①]也有学者提出反对,认为这一规定的正确理解应当是选择模式,受害雇员可以在工伤保险给付与侵权损害赔偿二者之间择一主张(雇主或第三人),此为经改良的选择模式。未来立法应当规定工伤保险基金支付工伤保险待遇后享有对第三人的追偿权。[②] 应该说后者的主张更符合中国的国情,但从对司法解释的理解来说,前者的主张更接近其本意。尤其需要强调的是,《人身损害赔偿解释》经过近十年的司法实践,现在兼得模式已经成了处理第三人侵权所导致的工伤的司法裁判主流。尽管由此导致了雇员工伤保险待遇赔偿标准的不一,造成了工伤保险实务界的极大困扰,让很多在生产一线发生生产安全事故的工伤职工感受到强烈不公,这应该是《人身损害赔偿解释》的制定者们所没有考虑到的。平心而论,兼得模式的出现并非“法官造法”的产物,尽管司法解释的出台加速了兼得模式的司法实践;追根溯源,还是我国现行法律制度的缺失所致,而《人身损害赔偿解释》只不过是捅破了这层窗户纸,加上最高人民法院权威地位的加持,以致兼得模式成了第三人侵权所致工伤的损害赔偿的主流模式。在现行法律制度体系下,雇员向雇主主张工伤保险待遇要适用《工伤保险条例》,雇员作为受害人向侵权人主张损害赔偿要适用《民法通则》及相关的单行法律,当事人基于同一侵权事实完全可以选择适用不同的法律去分别主张权利,最终获取双份赔偿的数额,[③]一定会超过其实际损失,虽然在法理上有违侵权赔偿“填补实际损失”的原则,但却是符合当前的法律现实与法治逻辑。兼得模式的蔚然成风,对照《人身损害赔偿解释》第 12 条第 1 款对雇员主张民事赔偿的权利限制,凸显了我国劳动关系下雇员主张侵权损害赔偿的不同标准,反映了我国雇佣关系中侵权损害赔偿制度面临的重大缺失。来自工伤职工的“同命不同价”“同工不同权”的社会呼声也日益强烈。依照《立法法》的规定,通过制定法律以确立统一的赔偿标准是再合适不过的了。2009 年制定的《侵权责任法》、2010 年制定的《社会保险法》,在立法过程中都面临强大的社会呼声,但最终立法部门以所涉问题各方分歧较大为由,在立法上回避了对相关问题的规制。非常遗憾的是,2020 年新出台的《民法典》在此问题上也没有任何的突破。

---

① 陈现杰:《〈最高人民法院关于审理人身损害赔偿案件适用法律若干问题的意见〉的若干理论与实务问题解析》,载《法律适用》2004 年第 2 期。

② 张新宝:《侵权责任法立法研究》,中国人民大学出版社 2009 年版,第 309 页。

③ 不是完全意义上的双份赔偿,尽管理论上可以主张完全独立的双份赔偿,但在实务操作中有些实际支出的项目,如医疗费、交通费、误工工资等由于证据的原因实际只能获得一份赔偿。

第3章
雇佣关系中侵权损害赔偿的构成

3.1　侵权损害赔偿责任的基本问题分析

3.1.1　侵权损害赔偿之主体

侵权损害赔偿之主体指的是侵权人和被侵权人,《民法典》第120条中明确规定,"民事权益受到侵害的,被侵权人有权请求侵权人承担侵权责任"。有学者认为,侵权人是违法侵害受害人人身权利或者财产权利以及法律所保护的利益、依法负有损害赔偿义务一方当事人,又叫加害人或致害人,是赔偿义务主体;被侵权人是被侵犯了人身权利或者财产权利以及法律所保护的利益、依法享有赔偿损失的请求权的一方当事人,又叫受害人,是赔偿权利主体。① 侵权损害赔偿的法律关系只能在特定的侵权损害赔偿主体之间发生,侵权损害赔偿的请求权只能由被侵权人行使,针对的对象只能是侵权人即负有侵权责任的人,而不能是不负有侵权责任的人。侵权人和被侵权人既可以是自然人,也可以是法人和非法人组织。

侵权人即赔偿义务人,包括侵权行为人和侵权责任人。王利明教授主张,侵权行为人是指直接实施了侵权行为的人。侵权责任人是指虽没有实施侵权行为,但依据法律规定也应当承担责任的人。② 杨立新教授也把赔偿义务人分为两类,将直接实施侵权行为的一类人称为"直接加害人",包括单独的直接加害人、共同加害人以及共同危险行为人在内;将加害人以外的责任承受者称为替代责任人,包括对人的替代责任人与对物的替代责任人在内。二者的观点差别不大,相比之下,杨立新

① 杨立新:《侵权损害赔偿》(第6版),法律出版社2016年版,第204页。

② 王利明:《侵权责任法研究》(上卷),中国人民大学出版社2010年版,第50页。

教授对于赔偿义务人的分类更加精细。[①]《民法典》侵权责任编第3章是关于“责任主体的特殊规定”，其中就包括了对于没有实施侵权行为的侵权责任人要为侵权行为人的侵权行为承担侵权责任的规定。例如，《民法典》第1192条(《侵权责任法》第35条)规定的接受劳务方就属于这种情况。并非侵权行为人但负有损害赔偿责任的侵权责任人，还包括法定代理人、雇主、网络服务提供者、未尽到安全保障义务的公共场所与公共机构等。

被侵权人即赔偿权利人，包括受害人和有损害赔偿请求权的第三人，其中前者可被称为直接受害人，后者可被称为间接受害人。在直接受害人死亡的情况下，本人无法直接主张权利，应当赋予间接受害人以损害赔偿请求权。受害人主要包括两类：一类是死者的近亲属。关于近亲属的概念，不同的法律部门有不同的解释。[②]另一类是法律规定的其他间接受害人，如《民法典》第1181条(《侵权责任法》第18条)第2款规定的已经支付被侵权人医疗费、丧葬费等合理费用、有权请求侵权人赔偿费用的权利人。我国台湾地区规定的间接受害人的范围也与此类似，一共包括三类人：第一类是被害人之法定权利抚养人；第二类是被害人父母、配偶及子女；第三类是被害人死亡支付丧葬费之人。[③]

3.1.2 侵权损害赔偿之客体

侵权损害赔偿之客体，在杨立新教授看来，就是赔偿即补偿损害的财产给付。

---

① 杨立新：《侵权损害赔偿》(第6版)，法律出版社2016年版，第207页。

② 例如，1988年《关于贯彻执行〈中华人民共和国民法通则〉若干问题的意见(试行)》第12条规定：“民法通则中规定的近亲属包括配偶、父母、子女、兄弟姐妹、祖父母、外祖父母、孙子女、外孙子女”。2000年《最高人民法院关于执行〈中华人民共和国行政诉讼法〉若干问题的解释》第11条规定：“行政诉讼法第二十四条规定的‘近亲属’，包括配偶、父母、子女、兄弟姐妹、祖父母、外祖父母、孙子女、外孙子女和其他具有抚养、赡养关系的亲属。”《刑事诉讼法》第108条规定：“本法下列用语的含义是……(六)‘近亲属’是指夫、妻、父、母、子、女、同胞兄弟姊妹。”为何《民法通则》的近亲属范围比《刑事诉讼法》规定的宽泛，王利明教授认为，《民法通则》因为涉及继承、死者人格利益保护以及死亡赔偿金的请求权主体等问题，为了保护死者利益以及死者的被扶养人等利益[参见王利明：《侵权责任法研究》(上卷)，中国人民大学出版社2010年版，第51页]。笔者认为这只是一方面的原因，更重要的原因应该还是《刑事诉讼法》为了打击刑事范围而对近亲属的范围做了更为严格的限制，否则很难解释为何《行政诉讼法》关于“近亲属”的范围与《民法通则》保持一致。

③ 曾世雄：《损害赔偿法原理》，中国政法大学出版社2001年版，第33页。

即加害人对其侵权行为所造成的损害给予赔偿,并以财产的给付作为标志。[①] 我国台湾地区学者曾世雄教授的观点与此接近,损害赔偿之客体,“一言以蔽之,是法律规范所规定并予救济之维生之不利益”。[②] 虽然侵权损害的客体都是与利益补偿有关,但是损害赔偿救济的究竟是权利还是法益,显然大不一样。史尚宽先生认为:“被侵害之客体,在权利之侵害,其客体为权利,在保护法律规定之违反,其直接侵害之客体为法律规定,间接地为法律所保护之个人权益(法益)。在违背良俗之侵害,为个人之一切利益。”[③]在权利与法益之间,该如何确定侵权损害赔偿客体的界定标准?必须解决好两个问题:第一,社会实践中法益保护范围趋于扩张,侵权法如何予以回应;第二,侵权责任法如何合理地限制法益保护的扩张。法益相对于权利具有不确定性,尚未形成清晰的边界,因此侵权法面对法益时既要考虑保护特定法益的正当性,也要分析其保护的限度和边界。其中重点在于侵权责任法对法益保护的合理限度,亦即对法益过度保护会导致对行为自由的限制。现有主流学说对法益保护采取相对保守的立场,只有在故意侵权的情况下才发生侵权责任,由此实现行为自由与法益保护的合理平衡。[④] 随着侵权责任法在司法实践范围内对权益保障范围的不断扩大,关于法益的适度保护对于研究侵权损害赔偿之客体日益重要。

关于侵权损害赔偿的具体范围,曾世雄教授认为应包括“法律上不利益”、“财产上不利益”、“概存之不利益”与“通常之不利益”四类[⑤],虽然都与利益相关,但曾教授主张的这四类利益都是法律规范所具体规定的,严格来说应属于权利。史尚宽先生则认为应包括“权利(含支配权、请求权、形成权、人格权等法律明定之权利)”、“被侵害之客体(被侵害之客体直接为保护法律之规定,间接为权益)”与“侵害之客体为利益”。[⑥] 王利明教授则是将权利与法益完全分开来阐述,他认为侵权责任法具体保障的民事权利范围应当包括人格权(含生命权、健康权、姓名权等其他人格权)、身份权(含荣誉权、监护权等)、物权、知识产权(著作权、专利权、商标专用权、发现权等)、股权、继承权以及其他权利。另外,侵权责任法保障的合法利益

---

① 杨立新:《侵权损害赔偿》(第6版),法律出版社2016年版,第209页。

② 曾世雄:《损害赔偿法原理》,中国政法大学出版社2001年版,第41页。

③ 史尚宽:《债法总论》,中国政法大学出版社2000年版,第131页。

④ 曹险峰:《在权利与法益之间——对侵权行为客体的解读》,载《当代法学》2005年第5期。

⑤ 曾世雄:《损害赔偿法原理》,中国政法大学出版社2001年版,第33~34页。

⑥ 参见史尚宽:《债法总论》,中国政法大学出版社2000年版,第131~166页。

范围包括人格利益(含一般人格利益与死者人格利益)与财产利益(含占有、纯粹经济损失、债权利益与其他合法利益)。① 但是从司法救济的角度而言,权利与利益很难截然区分,如人格权与人格利益在司法救济上几乎是相伴而行。因此,笔者更赞成杨立新教授的分类法,即以法律规定为基础,结合司法解释将侵权损害赔偿的范围分为人身损害、财产损害、侵害公开权与精神损害等四类损害赔偿。② 研究侵权损害赔偿之客体,确定赔偿权利人的民事权利内容,明确赔偿义务人承担赔偿责任的方式,实现侵权损害赔偿的目标,最终还是要通过司法救济的途径来实现的。所以关于侵权损害赔偿之客体的研究,不仅是一个理论问题,也是一个重要的司法实践问题。

3.1.3 侵权损害赔偿之归责原则

所谓归责原则,纯粹是一个学理概念。"损害赔偿法旨在规定于何种要件,被害人就何种损害得向加害人请求赔偿。不论其请求权基础为何,损害赔偿责任的成立,均须有得将损害归由加害人负责的理由(Schadenszurechnungsgründe),学说上称为归责原则(Zurechnungsprinzip)。"③关于我国侵权损害赔偿的归责原则,学界有不同主张,主要有以下几种观点:

1. 一元归责原则论。这种主张认为过错责任原则是侵权损害赔偿唯一的归责原则。④ 持这种观点的学者认为,"过错推定责任、无过错责任以及公平责任都不是独立的归责原则",侵权损害赔偿的归责事由可以有多个,除了过错,还有危险、公平、控制力等事由,但归责原则只能是唯一的。⑤

---

① 王利明:《侵权责任法研究》(上卷),中国人民大学出版社 2010 年版,第 77 ~ 93 页。

② 关于人身损害赔偿的法律依据见《侵权责任法》第 16 条、《人身损害赔偿解释》第 17 ~ 35 条等),财产损害赔偿的法律依据见《侵权责任法》第 19 条等,侵害公开权的损害赔偿见《侵权责任法》第 20 条,精神损害赔偿的法律依据见《侵权责任法》第 22 条、《关于贯彻执行〈中华人民共和国民法通则〉若干问题的意见(试行)》第 150 条、《关于审理名誉权案件若干问题的解答》第 10 条与《关于确定民事侵权精神损害赔偿责任若干责任问题的解释》。参见杨立新:《侵权损害赔偿》(第 6 版),法律出版社 2016 年版,第 208 ~ 211 页。

③ Karl Larenz, *Die Prinzipien der Schadenszurechnung. Ihr Zusammenspiel im modernen Schuldrecht*, 1965, S. 373. 转引自王泽鉴:《损害赔偿》,北京大学出版社 2017 年版,第 41 页。

④ 王卫国:《过错责任原则:第三次勃兴》,中国法制出版社 2000 年版,第 185 页。

⑤ 程啸:《侵权责任法》(第 2 版),法律出版社 2015 年版,第 88 页。

2. 二元归责原则论。有三种不同的观点:一是主张由过错责任原则和无过错责任原则构成[①];二是主张由过错责任原则和严格责任原则构成[②];三是主张由过错责任原则与公平责任原则构成[③]。

3. 三元归责原则论。持此主张的其实存在多种不同的观点,不同的学者在不同阶段的主张也有差异。主要有三种不同的观点:一是主张过错责任原则、无过错责任原则与公平责任原则构成[④];二是主张由过错责任原则、过错推定责任原则、严格责任原则所组成[⑤];三是主张由过错责任原则、过错推定责任原则和无过错推定责任原则所组成[⑥]。第一种观点是由刘淑珍在《试论侵权损害的归责原则》一文中提出,为当时学界主流所接受,成为通说。尤其是关于公平责任的原则,对学界影响较大,主张三元归责原则的学者都将公平责任列为其中重要的原则之一。[⑦] 但随着研究的深入,很多学者的观点发生了变化,"公平责任原则是为弥补过错责任的不足、为补救当事人的损害而存在的。因此,其仅具有辅助性功能,鉴于其仅适用于例外情况,因此大多数学者认为其并不是一项规则的原则。此种看法也不无道理"。[⑧] 这也解释了王利明教授、杨立新教授等学者为何后来放弃"公平责任原则"作为一项独立原则的主要原因。第二种观点与第三种观点其实差别不大,主要区别是针对《民法典》第1166条(《侵权责任法》第7条)的规定,究竟是认定为严格责任原则还是无过错责任原则?而学界多认为严格责任与无过错责任是一致的,如学者李仁玉认为"严格责任(Strict Laibiilty)是英美法中的称谓,在大陆法里一般称为无过错责任(No-Fault Liability)"。[⑨] 杨立新教授为此还专程去美国做了考察,对当地侵权法专家和法官做了访问,得到的反馈是美国侵权法中的严格责任就是无过错

---

① 米健:《现代侵权法归责原则探索》,载《法学研究》1985年第5期。

② 张民安:《过错侵权责任制度研究》,中国政法大学出版社2002年版,第11页。

③ 包俊:《侵权责任归责原则体系新论》,载《江海学刊》2006年第1期。

④ 刘淑珍:《试论侵权损害的归责原则》,载《法学研究》1984年第4期。

⑤ 王利明:《侵权责任法研究》(上卷),中国人民大学出版社2010年版,第190页。

⑥ 杨立新:《侵权损害赔偿》(第6版),法律出版社2016年版,第66页。

⑦ 王利明、杨立新等学者在早期的著作中都将"公平责任原则"列为侵权损害而赔偿的重要归责原则之一。参见王利明:《侵权法归责原则研究》,中国政法大学出版社1992年版,第30页;杨立新:《侵权法论》,吉林人民出版社1998年版,第135页。

⑧ 王利明:《侵权责任法研究》(上卷),中国人民大学出版社2010年版,第190页。

⑨ 李仁玉:《西方侵权法中严格责任的产生》,载《法学研究》1987年第3期。

责任原则。[①] 参与《侵权责任法》起草工作的立法官员也认为，该法第7条属于无过错责任原则的规定，这种责任比过错责任在承担条件与责任后果上相比更为严格，“故也被称为严格责任”。

笔者赞成三元归责原则论的第三种观点，即过错责任原则、过错推定责任原则和无过错推定责任原则构成侵权损害赔偿的归责原则。《民法典》第1165条(《侵权责任法》第6条)第1句规定的是过错责任原则，行为人因侵权行为造成他人损害的需要承担什么样的民事责任，取决于其自身的过错程度，这里调整的是一般的民事权行为。《民法典》第1165条(《侵权责任法》第6条)有推定过错责任原则的规定，针对的是法律规定的一部分特殊侵权行为(《侵权责任法》第4章规定的特殊侵权的情形)。[②] 而前文所述，《民法典》第1166条(《侵权责任法》第7条)规定的正是无过错责任原则。

3.1.4 侵权损害赔偿之构成要件

侵权损害赔偿责任的构成要件，即行为人承担侵权损害赔偿责任的条件，也是判断行为人是否应付侵权损害赔偿责任的标准。[③] 所有这些条件就是侵权损害赔偿责任的构成要件。[④] 究竟包括哪些条件？对此学界主要有两种不同的观点。一是三要件说，即由损害、过错与因果关系三个要件构成[⑤]；二是四要件说，即由损害、违法性、因果关系与过错四个要件构成。[⑥] 两种观点的最大区别就在于是否认可违法性作为独立的构成要件，以及是否承认过错与违法性存在区别，对此持肯定态度的学者均是赞成四要件说。违法性能否作为独立的构成要件，关键是看其与过错的关系。如果违法性不能被过错所涵括，换句话说，如果违法性能够完全独立于过

---

① 杨立新主编：《中华人民共和国侵权责任法草案建议稿及说明》，法律出版社2007年版，第452页。

② 《侵权责任法》第6条规定：“行为人因过错侵害他人民事权益，应当承担侵权责任。根据法律规定推定行为人有过错，行为人不能证明自己没有过错的，应当承担侵权责任。”

③ 王利明：《侵权责任法研究》(上卷)，中国人民大学出版社2010年版，第279页。

④ 杨立新：《侵权损害赔偿》(第6版)，法律出版社2016年版，第85页。

⑤ 张新宝：《侵权责任法原理》，中国人民大学出版社2005年版，第50页；杨立新：《侵权损害赔偿》(第6版)，法律出版社2016年版，第85页。

⑥ 孔祥俊、杨丽：《侵权责任要件研究》，载《政法论坛》1993年第1期；王利明：《侵权责任法研究》(上卷)，中国人民大学出版社2010年版，第282页。

错之外，那么违法性就应该是一个独立的构成要件。但事实上，任何一个行为只要是违法的，那就表明"行为人主观上具有故意或者至少有过失的过错"，说明违法性是可以涵括在过错当中的。此外，即使某一行为没有违反法律规定，但只要行为人具有过错，那也是极有可能要承担侵权损害赔偿责任的。无论从哪个方面说，过错作为一个独立的构成要件都是不可动摇的。从司法实践的角度来说，"增加违法性要件，将增加受害人的举证困难，对受害人救济增加了更多的障碍"。[①] 所以，相比于四要件说，笔者认为三要件说更合理一些。

需要注意的是，一般侵权责任的构成要件并没有太大的变化，但"特殊侵权责任构成要件适应归责原则的发展，发生了较大的变化"。主要体现在三个方面：一是适用过错责任的特殊侵权行为，其过错的内涵发生了相应的变化，构成要件呈现一定的特殊性；二是各类适用于特殊侵权责任的情形的发展，与其相应的构成要件也呈现多样化的特点；三是对一般侵权行为而言，在符合一般构成要件的情况下，在具体案件中的适用还具有特殊性。关于违反安全保障义务的责任就是一个典型的例子，"其关于过错的认定不是简单的采用主观过错的标准，而是按照责任人是否尽到安全保障义务来认定"。[②]

3.1.5 侵权损害赔偿的责任承担

侵权责任的承担方式，是指侵权人承担侵权责任的具体方法。[③] 或者说是"赔偿义务人依法应当对侵权损害承担的不利法律后果的形式和类别"。[④] 侵权责任的承担方式由法律规定，以最有利于消除侵权行为对被侵权人造成的不利影响为其宗旨。如果侵权行为造成了被侵权人财产损失或精神损害，承担侵权责任的最有效方式就是损害赔偿，主要包括恢复原状和金钱赔偿。[⑤] 其中，恢复原状以被侵害的完整利益为参照，分为狭义和广义两方面，狭义的恢复原状主要针对财产利益损害，由侵权人通过修理等方式恢复财产价值；广义的恢复原状还包括非财产性利

---

① 王利明：《侵权责任法研究》（上卷），中国人民大学出版社2010年版，第282页。

② 王利明：《侵权责任法研究》（上卷），中国人民大学出版社2010年版，第282~283页。

③ 张新宝：《侵权责任法》，中国人民大学出版社2006年版，第332页。

④ 周友军：《我国侵权责任形式的反思》，载《法学杂志》2009年第3期。

⑤ George A. Bermann, Etienne Picard (ed.), *Introduction to French Law*, Kluwer Law International BV, 2008, pp. 259 - 260. 转引自周友军：《我国侵权责任形式的反思》，载《法学杂志》2009年第3期。

益，具体方式包括消除影响、赔礼道歉、恢复名誉等。金钱赔偿是间接的赔偿方法，关注受害人的总体财产的减少，通过金钱手段来填补受害人受损的财产损失。我国《民法通则》第134条的规定确立多种侵权责任的承担方式，《侵权责任法》第15条第1款在总结与吸收《民法通则》规定的基础上，做了相应的修改完善，确立了与侵权责任体系相适应的八种责任承担方式。[①] 2020年新通过的《民法典》第179条规定完全吸纳了这些内容。

《侵权责任法》规定的八种承担侵权责任的方式，依据功能和性质还可以做不同的分类。依据功能的不同，可以分为防御性的承担方式和补救型的承担方式。防御型的承担方式为被侵权人提供的是事先保护，针对损害还没有形成但已构成侵害、妨碍或危险的情形，主要是包括《侵权责任法》规定的停止侵害、排除妨碍与消除危险三种方式。相对于防御性的承担方式而言，补救型的承担方式是给已经造成了损害的被侵权人提供事后救济，包括返还财产、恢复原状、赔偿损失、赔礼道歉、消除影响与恢复名誉。[②] 依据性质分类，关于侵权责任的承担方式又可以分为绝对权请求权与损害赔偿请求权。绝对权请求权是指据以排除对物权、人格权、知识产权等绝对权的侵害、妨害或危险的侵权行为，从而恢复绝对权支配的圆满状态。包括停止侵害、排除妨碍、消除危险、返还财产在内的侵权责任承担方式属于绝对请求权。[③] 损害赔偿请求权，是指被侵权人请求侵权人赔偿其因侵权行为而造成的损失的请求权。包括恢复原状、赔偿损失、赔礼道歉、消除影响与恢复名誉等在内都属于损害赔偿请求权。[④]

值得注意的是，随着《侵权责任法》的保障权益范围日益扩大，侵权责任的承担方式出现了一些新的趋势。表现出几个明显的特征：第一，责任方式从单一的损害赔偿责任向多元化的责任方向发展。第二，责任方式注重救济。随着现代侵权法的惩罚性功能日渐式微，其补救功能日益突出。第三，预防性责任方式的引入，现代侵

---

① 这八种承担侵权责任的方式是：(1)停止侵害；(2)排除妨碍；(3)消除危险；(4)返还财产；(5)恢复原状；(6)赔偿损失；(7)赔礼道歉；(8)消除影响、恢复名誉。

② 程啸：《侵权责任法》(第2版)，法律出版社2015年版，第654页。

③ 崔建远：《绝对权请求权或侵权责任方式》，载《法学》2002年第11期；崔建远：《债法总则与中国民法典的制定——兼论赔礼道歉、恢复名誉、消除影响的定位》，载《清华大学学报》(哲学社会科学版)2003年第4期；王利明：《侵权责任法研究》(上)，第561页。

④ 程啸：《侵权责任法》(第2版)，法律出版社2015年版，第655页。

权法的预防功能获得显著加强。我国《侵权责任法》适应了这一发展大趋势，在继承《民法通则》等立法经验的基础上，在立法上也作了相应的规制。[①] 这些在立法上已被实践所证明的行之有效的内容，也为我国第一部《民法典》所采纳。

3.2 雇佣关系中侵权损害赔偿构成的特殊性分析

3.2.1 责任主体复杂化

雇佣关系中的侵权损害赔偿责任主体不是单一的，具有非常明显的多元复杂性。作为雇佣关系主体的雇主与雇员，在不同的侵权行为中的法律地位是不一样的。而且在雇佣关系内部，雇主还要区分是个人雇主还是用人单位，雇员也要区分是否属于劳动关系的雇员。权利主体与义务主体的角色不是固定不变的，其责任的归属要根据侵权行为的性质与特点来确定。由于侵权行为的差异性，使雇主、雇员乃至第三人既有成为责任主体的可能性，也有成为权利主体的可能性。那么在不同侵权情形下由谁来担任责任主体是合适的呢？具体来说，主要分四种情况：

第一，雇员在从事雇佣活动中自己遭受了损害，雇主应承担侵权损害赔偿责任。如果该雇员是受聘于个人雇主，雇员没有过错的，雇主承担全部赔偿责任；如果雇员有过错的，雇主与雇员根据各自的过错承担相应的责任。如果该雇员是受雇于用人单位，依《工伤保险条例》应该认定为工伤，则无论雇员是否存在过错，雇主及其缴费的工伤保险基金承担全部损害赔偿责任。因为工伤保险实行的是无过错补偿原则。

第二，雇员在从事雇佣活动中损害了雇主的利益，雇员应承担侵权损害赔偿责任。这里不区分雇主是个人雇主还是用人单位，只要发生了损害，根据过错相应追究雇员的侵权责任。如果是雇员故意造成雇主损害的话，由其承担全部损害赔偿责任。但雇主是用人单位的话，雇员因过错给雇主造成损害的赔偿责任应予以相应的限制。

第三，雇员在从事雇佣活动中因为第三人的原因造成了人身损害，第三人承担侵权损害赔偿责任，雇主负有不真正连带责任。第三人没有积极承担侵权损害赔

---

① 王利明：《侵权责任法研究》（上卷），中国人民大学出版社2010年版，第573～576页。

偿责任的,雇主在承担了赔偿责任后,可以向第三人追偿。但雇主基于《工伤保险条例》支付的工伤保险待遇,不在追偿之列。

第四,雇员在从事雇佣活动中致第三人损害的,雇主承担替代责任。但是由于雇员故意或者出于重大过失而导致第三人损害的,雇员与雇主应当承担连带赔偿责任。《人身损害赔偿解释》第9条对此有明确规定。①

3.2.2 归责原则多元化

3.2.2.1 雇主自己责任的归责原则

雇主自己责任的归责,与雇主的身份有密切的关系。根据《民法典》第1192条(《侵权责任法》第35条)第2句的规定,对于个人劳务关系中的个人雇主,雇主自己责任适用过错责任,由雇佣关系双方根据各自的过错分担责任。但对于产业雇佣关系中的用人单位而言,仍然适用《人身损害赔偿解释》第11条所确立的无过错原则。

对个人雇主而言,《侵权责任法》第35条确立的以双方各自过错为基础的法定化损害分担方式,转变了《人身损害赔偿解释》第11条所确立的无过错原则,但是这一转变却并非立竿见影。从2009年《侵权责任法》颁布至今,实践中仍存在为数不少的继续沿用《人身损害赔偿解释》的判例,显示出司法在认知上还存在改进的空间。

在《侵权责任法》出台前,司法实务界普遍以《人身损害赔偿解释》第11条作为解决此类争议的基本依据。由于无过错原则本身在案件处理中更易于操作,责任划分明确,法官裁判的工作量也相对较小,因此形成了实践中共识性的裁判惯例。由于这一原因,《侵权责任法》出台后仍有大量案件沿用《人身损害赔偿解释》第11条进行裁判。② 例如,在一起给付劳务一方人身损害赔偿案件中,法院认为,原告(给付劳务方)与被告(接受劳务方)虽系个人之间形成的劳务关系,但被告系经营

---

① 《人身损害赔偿解释》第9条第1款规定:"雇员在从事雇佣活动中致人损害的,雇主应当承担赔偿责任;雇员因故意或者重大过失致人损害的,应当与雇主承担连带赔偿责任。雇主承担连带赔偿责任的,可以向雇员追偿。"

② 参见(2014)象民初字第1592号、(2008)开法民初字第475号、(2014)鄂来凤民初字第00602号、(2015)安城民一初字第841号、(2010)老民初字第441号、(2012)紫民初字第00544号、(2014)策民一初字第442号、(2015)永民初字第01745号、(2012)浙湖民终字第292号、(2015)渭中民少终字第00018号。

行为，虽未办理营业执照，但应与其他商业主体同等对待，不能因其未依法办理营业执照而受益。故该案应适用《人身损害赔偿解释》第 11 条的规定，而不应适用《侵权责任法》第 35 条的规定。[①] 法院的这一判断在一定程度上具有代表性，显示出司法实务中对于如何区分适用这两项规定仍存在误区。

显然，关于《侵权责任法》与《人身损害赔偿解释》的适用在学理上的区分并没有解决现实问题。学理上《侵权责任法》既是全国人大常委会制定的法律，又是晚于《人身损害赔偿解释》的"新法"，无论从法律位阶还是时序先后上均应适用前者。尽管《人身损害赔偿解释》中规定，对于在雇佣活动中受到损害的雇员，雇主对其承担赔偿责任是不以雇主具有过错为要件的。但是"《侵权责任法》第 35 条中规定应由双方按照过错分担损失"，在事实上已经否定了司法解释确定的规则。[②] 进一步说，《侵权责任法》第 35 条第 2 句的规定，是用人者对被使用者的赔偿责任的规定，实际上变更了《人身损害赔偿解释》第 11 条的规定。[③] 据此，在案由上，原先基于《人身损害赔偿解释》的"雇员受害赔偿纠纷"也变更为依据《侵权责任法》确定的"提供劳务者责任纠纷"，以劳务给付为核心，而不再以雇佣关系为前提。

学理阐释未充分说明对劳务给付方与劳务接受方的法律界定，这是导致上文引述法院裁判出现误区的重要成因。《民法典》第 1192 条(《侵权责任法》第 35 条)以"提供劳务一方"和"接受劳务一方"的表述替代了"雇员"和"雇主"，并明确限定为"个人之间形成劳务关系"，可以认为足以涵盖个人雇佣领域，从而区别于"雇主"概念还能够囊括的劳动法领域。从这个意义上说，《侵权责任法》第 35 条确立的过错原则主要针对个人之间发生的一般民事雇佣活动，劳务给付内容简单明确，不需要或很少需要专业化的装置设备辅助，因此双方均能够依劳动惯例或生活经验理解劳务内容并予以实施，诸如农村雇佣乡邻建房、城市雇佣家政工等，亦即此条文所设想的场景是为满足生活需要的简单民事劳务活动。由于内容简单并常常存在劳动惯例，"接受劳务一方"对"提供劳务一方"不存在过多的指挥监督，"提供劳务一方"的从属性不强，因此其主观决定性增强，更具有劳务给付的自主性，此为其过错责任产生的基础。

《侵权责任法》第 35 条第 2 句针对简单民事劳务活动的判断也得到了立法机

---

① 参见(2016)京 0112 民初 20548 号。

② 王利明:《侵权责任法研究》(下卷)，中国人民大学出版社 2011 年版，第 112 页。

③ 王利明等:《中国侵权责任法教程》，人民法院出版社 2010 年版，第 489 页。

构阐释的支持。全国人大常委会法工委就依据过错分担损失的立法设计给出的理由是,因为个人用工不能适用《工伤保险条例》,因此不属于工伤保险统筹范围。同时,用工的个人通常经济能力有限,如果依据无过错责任要求其承担全部赔偿责任,则会导致其承担责任过重,不利于个人劳务关系的发展。① 此意见从责任承担能力的角度印证了《侵权责任法》以简单民事劳务活动为基本场景,以个体化的一般民事用工者为适用主体。而《人身损害赔偿解释》第 11 条所采用的"雇主"概念范围要比"个人之间劳务关系"中"接受劳务一方"更为宽泛,如上文所述,雇主是涵盖用人单位在内的上位概念,包括经营性和非经营性的各类劳务活动。联系《人身损害赔偿解释》第 11 条后两款的条文表述,②可以推知此条文制定之初所主要针对的是具有生产经营性的劳务给付活动,因此才强调"安全生产事故",并写明排除《工伤保险条例》,也可以说此条文立意以未参加工伤保险的经营性雇主为主要适用对象,故因生产经营活动中劳务给付的复杂性、雇员较强的从属性、雇主具备责任承担能力,所以应适用无过错责任。③

对于雇佣关系中因给付劳务造成损害的归责原则是适用无过错原则还是过错分担原则的问题,亦即《人身损害赔偿解释》第 11 条与《民法典》第 1192 条(《侵权责任法》第 35 条)适用范围的界定问题比单纯依据法律位阶进行区分更为复杂。问题的症结在于《人身损害赔偿解释》第 11 条的表述所能推导出的适用范围包括《侵权责任法》第 35 条,但二者又并非一般与特别的关系,后者并非能够完全替代前者,因为前者所主要针对的劳务给付应当具备生产经营内容,其雇佣活动事实上已经社会化,只是由于未能参加工伤保险,因而回归到雇主责任尚未社会化之前的

---

① 全国人大常委会法制工作委员会民法室编:《中华人民共和国侵权责任法条文说明、立法理由及相关规定》,北京大学出版社 2010 年版,第 139 页。

② 即"雇员在从事雇佣活动中因安全生产事故遭受人身损害,发包人、分包人知道或者应当知道接受发包或者分包业务的雇主没有相应资质或者安全生产条件的,应当与雇主承担连带赔偿责任",以及"属于《工伤保险条例》调整的劳动关系和工伤保险范围的,不适用本条规定"。

③ 有学者列举了适用无过错原则的几点考虑,包括雇员完成工作系为雇主创造经济利益;雇工在工作中享有劳动保护的权利是一项基本人权;雇佣活动是危险的来源,只有雇主能在某种程度上控制防范此种风险;采用无过错责任原则有利于劳动者的平等保护;适用无过错责任的归责原则是现代各国立法的通例。参见环建芬:《雇主责任的归责原则和雇佣活动的适用范围辨析》,载《政治与法律》2007 年第 1 期。笔者认为,上述认识应当首先区分一般民事雇佣活动与经营生产性雇佣活动,上述理由事实上将一般民事雇佣活动的损害分担原则与劳动法上的严格雇主责任相混淆。

严格民事责任状态,适用无过错责任原则。而对于不具有生产经营性内容的简单民事雇佣活动,鉴于不存在过多的指挥监督和显著的雇员从属性,劳雇双方地位基本平等,均可在一定范围内主动实施劳务,所以依据过错分担责任。可见,“雇主”概念的宽泛内涵导致《人身损害赔偿解释》第 11 条未能突出经营性劳务的特质,从而在外延上模糊地涵盖了简单民事雇佣活动,致使其与《侵权责任法》第 35 条产生了适用误区。因此,对于雇主自己责任归责原则的分析须在“雇佣关系”这一基本劳务给付方式基础上,结合前文关于雇佣关系分类的论述,区分民事雇佣活动与产业雇佣活动,前者适用过错原则,后者适用无过错原则。

3.2.2.2　雇主替代责任的归责原则

对于雇主替代责任的归责原则,我国法律上先后出现了两种不同的归责原则。最初是2003 年《人身损害赔偿解释》第11 条规定,雇员在从事雇佣活动中遭受人身损害,雇主应当承担赔偿责任。明确支持雇主对雇佣过程中所致雇员损害承担无过错责任,无论雇员是否存在过错。学界通说认为,此项规定关于雇主替代责任的归责原则采纳了“严格责任的规定,确定了无过错归责原则”。①

但是,2009 年《侵权责任法》部分改变了这一归责原则,在第 34 条、第 35 条中区分规定了两种雇主形态,即“用人单位”与“接受劳务一方”,以此为根据确立了不同的归责原则。其中,第 34 条承继了《人身损害赔偿解释》的立法精神,规定用人单位的工作人员因执行工作任务造成他人损害的,由用人单位承担侵权责任。此项规定明确采纳了雇主无过错责任的归责原则。此外,对于劳务派遣这种特殊的用人单位雇佣形态,该条规定劳务派遣期间,被派遣的工作人员因执行工作任务造成他人损害的,由接受劳务派遣的用工单位承担侵权责任;劳务派遣单位有过错的,承担补充责任。此项规定可视为在雇主承担无过错责任的基础上确立了双重雇主的连带责任。但是,《侵权责任法》并未延续《人身损害赔偿解释》统一的“雇主”概念,除了用人单位之外又规定了“接受劳务一方”的雇主类型,实质上是前文所述的一般民事雇佣活动中的个人雇主。该法第 35 条第 1 句规定,个人之间形成劳务关系,提供劳务一方因劳务造成他人损害的,由接受劳务一方承担侵权责任。此项规定表明因个人雇佣关系履行造成第三人损害,雇主对第三人承担无过错责任。《侵权责任法》第 34 条规定的是用人单位和用工单位的替代责任,第 35 条第 1

---

① 陈现杰:《司法为民:苛求现代法治思想的精髓——法官与学者的一次重要对话》,载《法制日报》2003 年 10 月 16 日,第 9 版。

句规定的是个人劳务的替代责任，二者共同构成了我国《侵权责任法》上用工责任的基本规定。但无论是《侵权责任法》还是《人身损害赔偿解释》，“均将所有类型的用工人责任无差别的规定为替代责任，归责原则均为无过错责任原则，承担的赔偿责任范围均为全部损失”。①

3.2.2.3 关于多元归责原则的评述

雇主责任的归责原则依据雇主责任类型的不同可以分为三种，第一种针对雇主替代责任，由雇主对雇员执行职务造成第三人损害承担无过错责任，法律依据是《民法典》第1191条（《侵权责任法》第34条）、《民法典》第1192条第1款（《侵权责任法》第35条）第1句和《人身损害赔偿解释》第9条。此项归责原则强化了雇主的责任，无论雇主为用人单位还是个人均须恪尽选任、监督和管理雇员的义务，最大限度地避免造成雇佣关系外第三人的权益损害，也强化了对第三人的保护，客观上起到维护社会交易秩序并控制风险的效果。第二种针对组织化雇主的自己责任，由用人单位对雇佣关系中发生的雇员损害承担无过错责任，法律依据是《社会保险法》第4条与第36条、《工伤保险条例》第2条及《人身损害赔偿解释》第11条，强调的是用人单位作为组织化的雇主应当具备更为完备的选任雇员及管理职务行为的能力，其经济实力亦超越普通个人，承担责任的能力更强，能够将承担损害赔偿的成本转嫁到生产经营领域中。② 第三种针对个人雇主的自己责任，即接受劳务的一方，其对于雇佣关系中发生的雇员损害承担过错责任，法律依据是《民法典》第1192条第1款第3句（《侵权责任法》第35条第2句）。之所以作此规定，是源于个人劳务关系不属于依法必须参加工伤保险的情形，不适用《工伤保险条例》，就意味着无法通过保险机制来分散风险。③ 如果要求接受劳务的一方无过错地承担责任，有失公允。④ 所以实务中根据双方的过错来处理，才比较合理公平，符合现实。⑤ 对此，有学者认为，此项规定并不合理，原因在于采取过错责任原则不利于保

① 张钢成主编：《侵权责任案件——裁判方法与规范》，法律出版社2015年版，第151页。

② 组织化雇主承担无过错赔偿责任的正当性基础之一在于“深口袋”理论，即此类雇主具有比雇员更强的责任承担能力。因此，保证赔偿作为实现侵权责任的主要方面，“归责之上”实质是为了让有赔偿能力的一方承担责任。See Joseph H. Glannon, The Law of Torts, Aspen Publishers, 2005, p. 478.

③ 王利明主编：《中华人民共和国侵权责任法释义》，中国法制出版社2010年版，第156页。

④ 王利明主编：《中华人民共和国侵权责任法释义》，中国法制出版社2010年版，第168页。

⑤ 王利明主编：《中华人民共和国侵权责任法释义》，中国法制出版社2010年版，第177～178页。

护提供劳务一方的合法权益。[①] 笔者认为,保护提供劳务一方的合法权益固然是雇佣关系中损害赔偿制度设计的重点,但是不能脱离雇佣关系的具体形态谈保护。自然人雇主选任雇员及对其指示、管理显然与用人单位存在重大差别,有关雇主承担无过错责任的报偿理论、"深口袋"理论等难以用于界定和解释自然人雇主的地位和能力,因此要求自然人雇主承担过错责任是回归个人雇佣的现实,基于具体的情形对当事人过错进行评价,据此根据过错的程度分配责任,"如此规定并非弱化对劳动者合法权益的保护,而是在个人劳务关系的框架兼顾供需双方合法权益的必然之举,符合一般民事法律关系应遵循的平等原则"。[②]

3.2.3　责任形态多样化

3.2.3.1　自己责任与替代责任并立

关于什么是自己责任? 一般认为"自己责任是指违法行为人对由于自己的过错造成的他人人身损害和财产损害由自己承担的侵权损害赔偿责任的形态"。[③] 简言之,自己责任就是责任自负,系指行为人就自己行为造成的损害承担责任,因而是侵权法的"逻辑起点"。[④] 可以说,自己责任的基础行为是建立在过错基础上的一般侵权行为,侵权行为人就是侵权责任人,侵权行为人承担损害赔偿责任。基于这一概念,针对个人雇主的自己责任,是其对于雇佣关系中发生的雇员损害承担过错责任,法律依据是《民法典》第 1192 条第 1 款第 3 句(《侵权责任法》第 35 条第 2 句)。同理,雇员自己责任是指雇员在雇佣关系中发生的对雇主的损害同样承担过错责任。而针对组织化雇主的自己责任,则由用人单位对雇佣关系中发生的雇员损害承担无过错责任,法律依据是《侵权责任法》第 34 条和《人身损害赔偿解释》第 11 条。需要注意的是,组织化雇主的自己责任承担的是无过错责任,与建立在过错基础上的一般侵权行为不同的是,它是建立在雇主特殊侵权行为基础上的。

关于什么是替代责任,元照英美法词典对此定义为,指基于当事人之间具有的

---

① 程啸:《侵权责任法》(第 2 版),法律出版社 2015 年版,第 431 ~ 432 页。

② 张钢成主编:《侵权责任案件——裁判方法与规范》,法律出版社 2015 年版,第 155 页。

③ 杨立新:《侵权损害赔偿》(第 6 版),法律出版社 2016 年版,第 154 ~ 155 页。

④ 奚懿:《用工责任中连带责任的隐退——以"自己责任"为中心》,载《江西广播电视大学学报》2014 年第 1 期。

某种关系,而由处于管理地位的一方当事人对处于从属地位的另一方当事人的可诉行为承担责任。它是因他人行为而至的间接的法律责任,它是"雇主负责(respondeat superior)""经由他人所为与本人亲自所为无异(quifacit per aliumfacit per se)"等法律格言的体现。因此,"雇主对于雇员所实施的不法行为承担责任,只要是雇员是在受雇时间内实施的"。[①] 替代责任即雇主替代责任,对于雇员在雇佣关系中执行职务造成第三人损害的,雇主须承担无过错责任。这是雇佣关系中侵权损害赔偿责任中的另一种重要责任形式。

3.2.3.2 单方责任与双方责任共生

单方责任分为加害人单方责任与受害人单方责任。加害人单方责任是指侵权行为人因自己的完全过错致受害人受到损害并依法应该承担的责任,"是一般侵权行为的最典型形式,也是最常见的侵权行为形态"。[②] 在雇佣关系中,由于雇主的原因造成对雇员的损害、由于雇员的原因造成对第三人的损害和由于雇员的原因造成的对雇主的损害,都属于单方责任。受害人单方责任,又称为非固有意义上的过失、非真正意义上的过失、对自己的过失,是指损害的发生并非基于加害人存在任何过错,而是完全由受害人的故意或过失所导致的侵权行为形态。[③] 如在雇佣活动中发生的雇员造成第三人损害的,但损害完全是由于第三人的过错引发的,雇员与雇主均无须承担责任。

双方责任在侵权法上又称"与有过失",是指侵权行为所造成的损害结果的发生或扩大,是由于受害人与行为人均存在过错,并导致损害发生的侵权行为形态。[④]《民法典》第 1173 条(《侵权责任法》第 26 条)规定,被侵权人自身有过错的,可以减轻侵权人对其侵权损害的赔偿责任。在雇佣关系中,雇主对雇员的损害、雇员对在雇主的损害、雇员对第三人的损害以及第三人对于雇员的损害,被侵权人(受害人)存在过错的,应承担相应的过错责任,侵权人的责任也因此可以相对减轻。具体承担过错责任的比例,要根据各自的过错程度而定。《民法典》第 1192 条(《侵权责任法》第 35 条)规定,根据双方各自的过错承担相应的责任。"与有过失对应的法律

---

① 薛波、潘汉典:《元照英美法词典》,法律出版社 2003 年版,第 1401 页。

② 杨立新:《侵权损害赔偿》(第 6 版),法律出版社 2016 年版,第 161 页。

③ 杨立新:《侵权损害赔偿》(第 6 版),法律出版社 2016 年版,第 162 页。

④ 杨立新:《侵权损害赔偿》(第 6 版),法律出版社 2016 年版,第 163 页。

后果是过失相抵”,因此可以减轻加害人的赔偿责任。① 过失相抵的基础系基于公平原则及信用原则,但是双方责任中还有一种例外情况,即双方对损害事实均没有过失的该如何处理,《民法典》第 1186 条(《侵权责任法》第 24 条)规定应根据实际情况,由双方公平分担损失责任。

3.2.3.3 单独责任和共同责任共存

根据承担侵权损害赔偿责任的责任主体数量来分,可以分为单独责任和共同责任。单独责任,顾名思义是指侵权人为单独一个人,并独自对其实施的侵权行为承担损害赔偿责任的侵权损害赔偿责任形态。因此“构成单独侵权行为,就构成单独责任”。② 单独责任既包括一般侵权行为,也包括特殊侵权行为。在特殊侵权行为中,为他人实施的行为承担侵权责任,只要行为人是单独的侵权行为,单独个体的行为人的责任人就应承担侵权责任。需要注意的是,“在替代责任中,两个以上的行为造成损害,但是责任人是一人的,仍为单独侵权行为,责任形态为单独责任”。③ 在雇佣关系中,不仅雇主对雇员造成的损害、雇员对雇主的损害属于单独责任,而且雇主替代责任也有属于单独责任的情形,如多个雇员在从事雇佣活动中给第三人造成了损害,但雇主作为替代责任的主体要对第三人的损害承担赔偿责任,依然属于单独责任。《民法典》第 1191 条(《侵权责任法》第 34 条)第 1 款规定的在执行公务中造成他人损害的用人单位的工作人员,就可以是多位工作人员。相对于单独责任而言,共同责任指的承担责任的一方人数为复数。④ 在多人承担共同责任的情况下,可以分为连带责任、按份责任与不真正连带责任三种方式。其中,不真正连带责任又分为四种类型:典型的不真正连带责任;先付责任;补充责任;附条件的不真正连带责任。⑤

在雇佣关系中,构成连带责任的共同责任包括以下几种情形:(1)雇主与第三人实施了危及雇员人身与财产安全的行为,但是不构成工伤并且无法确定具体侵权人的,雇主与第三人承担连带责任;(2)雇主与第三人分别实施侵权行为给雇员

---

① 杨立新:《侵权损害赔偿》(第 6 版),法律出版社 2016 年版,第 164 页。

② 杨立新:《侵权损害赔偿》(第 6 版),法律出版社 2016 年版,第 171 页。

③ 杨立新:《侵权损害赔偿》(第 6 版),法律出版社 2016 年版,第 171 页。

④ 袁秀挺:《论共同责任中补充责任的确认与适用——兼与非真正连带责任的比较》,载《法治论丛》2005 年第 6 期。

⑤ 杨立新:《侵权损害赔偿》(第 6 版),法律出版社 2016 年版,第 174 页。

造成同一损害,且每个人的侵权行为都足以造成全部损害的,雇主与第三人承担连带责任(但雇员之损害构成工伤的不在此列);(3)雇员因故意或者重大过失致人损害的,雇员与雇主承担连带责任;(4)用工单位给被派遣劳动者造成损害的,劳务派遣单位与用工单位承担连带责任。

在符合《民法典》第1172条(《侵权责任法》第12条)规定的情形下,雇主与第三人对雇员的侵权构成按份责任。如果雇主是用人单位,雇员因此受到的损害构成工伤的情形下,对于第三人而言是否还构成按份责任?作为典型的多因一果的客观共同侵权责任,"当第三人与用人单位的任一行为都不足以导致事故发生时,第三人与用人单位的责任承担仍然不能突破用人单位责任部分走工伤程序的限制"。[①] 在此种情况下,按照《民法典》第1172条(《侵权责任法》第12条)的规定,需要划分第三人与用人单位的责任比例,来最终确定用人单位与第三人的责任承担方式。第三人依据其与用人单位划分的比例来承担对雇员的赔偿责任,依然属于按份责任的范畴。那么用人单位应承担的责任比例怎么办,依据《人身损害赔偿解释》第11条与第12条的规定,用人单位按照《工伤保险条例》的规定向雇员承担赔偿责任,不得向用人单位主张人身损害赔偿责任。

此外,在符合《侵权责任法》第34条第2款规定的情形下,劳务派遣单位需要承担补充责任。

3.2.4 举证责任差异化

3.2.4.1 举证责任分配的一般规则

"举证责任"原本是经日本传入我国的德国民事诉讼术语。[②] "举证责任"与"证明责任"是日本学者对德国民事诉讼术语"Beweislast"一词的不同译法,二者之间并不存在意义上的区别。所以,从本源上看,举证责任与证明责任原本具有同一的含义。随着"证明理论"的丰富与发展,"证明责任"所指代的概念逐渐成了"结果意义上的证明责任"。[③] 所以本文所用的"举证责任"指的是广义上的"证明责任",它包含了两个方面的含义:"一方面是某要件事实真伪不明时,究竟由何方当事人

---

① 江善进、石同全:《单位与第三人共同过错致雇员人身损害的赔偿责任》,载《人民司法》(案例)2016年第14期。

② 陈刚:《证明责任概念辨析》,载《现代法学》1997年第2期。

③ 胡巧绒:《举证责任分配规则研究》,复旦大学2013年博士学位论文,第28~29页。

承担不利后果；另一方面是指在诉讼过程中，当事人对自己的主张提供证据进行证明，并达到证明标准，否则将承担该主张不能成立的不利后果。"①

关于举证责任的法律规定，我国《民事诉讼法》第 64 条第 1 款规定的非常明确。权威教科书认为这一条文设定了诉讼主体举证责任分担的一般原则，包括：(1)当事人双方都应负担举证责任；(2)谁主张事实，谁举证。② 也就是说，原告对自己提出的诉讼以及有关事实负举证责任；被告反驳原告的诉讼请求、提出反诉也要举证加以证明；第三人对自己提出的主张或请求，也应承担举证责任。③ 这一观点为我国司法实践所确认，《最高人民法院关于适用〈中华人民共和国民事诉讼法〉的解释》第 90 条明确规定了"谁主张、谁举证"的举证责任分配原则。④

在侵权损害赔偿诉讼中，赔偿权利人（受害人）需要对其提出的诉讼请求与事实主张负举证责任，如果不能提供相应的证据或者提供的证据不足以证明其主张的话，就要承担不利的后果。"赔偿权利人请求赔偿损害时，对于赔偿请求权成立之诸要件……包括构成负担赔偿义务之损害行为（如侵权行为），损害之发生及范围以及行为与损害间之因果关系"，均负有举证责任。反之亦然，即赔偿义务人（加害人）同样需要对其反驳对方诉讼请求所依据的事实主张负举证责任，否则同样要承担不利的后果。在个人雇佣关系中，雇主与雇员都要遵循"谁主张、谁举证"的举证原则，在举证义务上没有特殊之处。但在劳动关系中，由于组织化的雇主相对于一般雇员所具有的优势，法律上为了保护相对弱势一方的雇员，因而对组织化的雇主即用人单位设定了一些特殊的举证责任。

3.2.4.2　组织化雇主的特殊举证责任

根据举证责任分配原理，在一般的民事案件中，"总的举证责任"在原告一方。不仅如此原告还必须承担所有要件事实的举证责任。⑤ 但在劳动关系中，发生雇主对雇员的侵权损害时，有两个例外。

---

① 胡巧绒：《举证责任分配规则研究》，复旦大学 2013 年博士学位论文，第 32 页。

② 柴发邦主编：《中国民事诉讼法学》，中国人民公安大学出版社 1992 年版，第 335 页。

③ 刘冰、黄萍萍：《关于民事举证责任分配原则的研究》，载《学习与探索》2005 年第 4 期。

④ 《最高人民法院关于适用〈中华人民共和国民事诉讼法〉的解释》第 90 条："当事人对自己提出的诉讼请求所依据的事实或者反驳对方诉讼请求所依据的事实，应当提供证据加以证明，但法律另有规定的除外。在作出判决前，当事人未能提供证据或者证据不足以证明其事实主张的，由负有举证证明责任的当事人承担不利的后果。"

⑤ 叶自强：《举证责任的倒置与分割》，载《中国法学》2004 年第 5 期。

例外之一，源于《中华人民共和国劳动争议调解仲裁法》（以下简称《劳动争议仲裁法》）第6条的规定，[①]用人单位不提供属于其掌握管理的相关证据，应当承担不利后果。这里规定了用人单位的一种特殊举证责任，即部分的举证责任倒置规则。[②] 之所以规定劳动争议处理程序中用人单位部分的举证责任倒置，是因为范围只是涉及"与争议事项有关的证据属于用人单位掌握管理的"情况。主要是基于以下几个因素的考虑：第一，在实力对比上，用人单位亦具备人财物方面的优势，劳动者相对于用人单位处于弱势地位。第二，在掌握劳动过程的信息方面，用人单位由于组织管理等方面占据支配地位，具有举证方面的优势。第三，对于劳动关系尚在存续期间的劳动者而言，其与用人单位之间还属于管理与被管理、支配与被支配的从属关系，在劳动争议处理程序中也处于受制于人的被动状态；发生劳动争议后，劳动关系双方进入劳动争议处理程序，劳动者的弱者地位处于延续状态。第四，有些与争议事项有关的证据是用人单位所控制而劳动者本人不可能掌握的，如人事档案、用工花名册，这是劳动者无法举证的证据。在这种情况下仍然坚持"谁主张，谁举证"，对于劳动者来说就是有失公平的。[③] 这些由用人单位掌握管理的证据应当由用人单位提供。用人单位不提供的，就必然因此而承担不利的法律后果。

例外之二，源于《工伤保险条例》第19条的规定，对雇员遭受伤害是否属于工伤用人单位与职工或者其近亲属意见不一致的，用人单位要承担举证责任。在劳动关系中，工伤保险替代了雇主侵权责任，雇员向雇主主张权利时不是直接通过民事诉讼程序，而是先经过工伤认定这一行政确认程序，由劳动保障部门认定是否属于工伤。只要是雇员在从事雇佣活动中遭遇了伤害，即使雇主不认为是工伤（也不按法律规定向劳动保障部门为雇员申报工伤），雇员方也可以向当地劳动保障部门申报工伤。雇员方提交的申请材料只要满足工伤认定所需材料的形式要件即可，

---

① 《劳动争议仲裁法》第6条规定："发生劳动争议，当事人对自己提出的主张，有责任提供证据。与争议事项有关的证据属于用人单位掌握管理的，用人单位应当提供；用人单位不提供的，应当承担不利后果。"

② 这项规则最早产生于德国，德国的法官们通过判例逐步发展了这项规则。在审判实践中，法官们发现，在某些特定的情况（如公害、产品责任和医疗事故等新型侵权诉讼案件）下，适用证明责任分配的基本规则（谁主张、谁举证）往往导致了不公平的后果，需要采用特别规则来处理这些问题，即免除应由此方当事人承担的证明责任，"由彼方当事人对本来的证明责任对象从相反的方向承担证明责任"见陈刚：《证明责任法研究》，中国人民大学出版社2000年版，第247页。

③ 信春鹰：《中华人民共和国劳动争议调解仲裁法释义》，法律出版社2008年版，第25页。

即劳动合同(或其他劳动关系证明材料)、初次治疗诊断证明及遭遇伤害的基本证明材料;如果雇主不认为是工伤,雇主需要举证证明劳动者不属于工伤的证明材料,即证明劳动者所受的伤害是其他的不符合工伤认定的原因所致,这是否定工伤认定的实质要件。相对于一般侵权损害赔偿对赔偿权利人所要求的侵权行为、损害之发生及范围以及行为与损害间的诉讼因果关系负有完全的举证责任,工伤保险对于赔偿权利人的举证责任大大降低了,相对应的是加害人即赔偿义务人的举证责任被大大的加重了。

3.3 雇佣关系中侵权损害赔偿责任的核心构成要件

3.3.1 侵害行为

雇佣关系中侵权责任的发生可能基于雇主、雇员或第三人的行为,那么以主体为分类依据可以将雇佣关系中的侵权行为分为雇主对雇员的侵权行为、雇员对雇主的侵权行为、雇员对第三人的侵权行为、第三人对雇员的侵权行为。其中,雇主对雇员的侵权行为基于雇主控制和雇员从属的理论,制度及法理已将雇主承担侵权责任的基础从雇主主动实施的行为扩展到雇主控制力所及范围和雇员因执行职务所承担之风险。在此,雇员执行职务即便未经雇主事前指示,但雇员行为后果归属雇主,亦认为雇员此行为属于职务内容,未脱离雇主控制。而对于雇员对雇主的侵权行为、雇员对第三人的侵权行为、第三人对雇员的侵权行为均必须发生于雇员履行工作职责过程中,并且是雇员的职务行为超越了法律或合同设定的正当边界,导致侵权损害的发生。因此,关于雇佣关系中侵权行为的分析重点在于雇员的职务行为,职务行为乃是确定雇佣关系中侵权行为的前提性事实基础。

雇员的侵权行为是否属于职务行为,成为认定是否构成侵权责任的关键要件,学理对此存在主观说、客观说和折中说。

第一,主观说。这一学说认为,就雇佣关系中的职务行为而言,判断雇员的行为是否属于执行职务,应当以雇主或雇员的主观意思为基础。[①] 其中,雇主意思说主张雇员的某项活动是否构成职务行为应当基于雇主的许可或授权,超出许可或授权范围的行为亦得由雇主意思追认。此观点的基础在于雇佣关系的本质是雇主对

---

① 孙森焱:《民法债编总论》(上册),法律出版社2006年版,第297页。

雇员的指挥、命令和监督，雇员因其从属性而丧失自主决定和行为的权限，因而雇员的行为可视为雇主意思的延伸。随着现代市场经济的发展，雇佣主体越发以科层制的营业组织为主，雇主直接发出指令的意思表示行为减少，以岗位为代表的雇员职责体系逐步形成。为此，雇主主观意思说在某种程度上是通过对雇员岗位职责的认定来发现雇主意思的内容。《法国民法典》第1384(5)条规定，雇主仅对雇员在履行岗位职责过程中实施的侵权行为承担责任。学者 Aynès 对此的阐释是雇主对雇员行为的承担侵权责任的前提是雇员实施的致害行为与其岗位职责相关联。① 英美法系学者也有人持此观点，要求侵权行为必须在职务范围内，"只有雇员实施的侵权行为是在其岗位职责范围内实施的，那么雇主才就此侵权行为承担责任"。②

此外，主张雇员意思说的学者对此提出了批评，认为雇主意思说及其衍生的岗位职责理论过于僵化，将雇员看作只能被动执行雇主意思的"工具"，忽视了雇员自身所具有的能动性。虽然雇员在雇佣关系中处于从属地位，但是随着20世纪70年代欧美主要发达国家的劳动生产方式实现从"弹性泰勒主义(flexibler Taylorismus)"向"劳动者自主控制"转变，③雇员的自主性和能动性获得极大扩展，大量科层制营业组织也在岗位职责设置中扩大了雇员决定权的范围，所以雇员自身的意思在职务行为中占据更为重要的地位。因此，雇员意思说主张雇员作为职务行为暨侵权行为直接实施者，应当以其实施行为时的主观状态为依据予以判断，尤其适用于雇员未获得雇主明确指示、授权或者超出指示、授权范围时，以及雇员岗位职责包含较大自主性内容的情形。持此观点的 Rogers 对此阐释指出，不管雇主对雇员的相关行为是否有授权，只要雇员的行为属于其履行职务所必需，那么雇主就应当为此承担责任。④ 与之相似，Carbonnier 认为，只要雇员实施行为的后果符合雇主的利益，那么此项行为就应当被视为在其职责范围内，如雇员恶意诋毁雇主的竞争

---

① Laurent Aynès, Philippe Malaurie. *Les Obligations* (2e edition), éditions Cujas, 1990, p. 82.

② R. F. Heuston and R. A. Buckley, *Salmond and Heuston on the Law of Torts*, Sweet & Maxwell Ltd., 1996, p. 443.

③ Leisewit/Pickshaus/Reusch, *Entgrenzung der Arbeit im flexiblen Kapitalismus: Anforderungen an eine Arbeitspolitik*, VAV - Verl., 2001, s. 298f. 转引自王天玉：《劳动法规制灵活化的法律技术》，载《法学》2017年第10期。

④ W. V. Rogers, *Winfield and Jolowicz on Tort*, Sweet & Maxwell Ltd., 1996, p. 568.

对手;反之,如果雇员行为纯粹以其个人利益为目的,那么则属于职务以外的个人行为。[①]

第二,客观说。该说认为,对雇员职务行为的判断须依据此项行为的外在表现形式,即仅需具备职务行为的外观,无论此项行为是否有雇主授权、岗位等依据,亦无论是否存在雇员滥用职权、利用职务之便谋取私利或怠于履行职责,均认定其属于雇员实施的职务行为,应由雇主承担责任。相对于主观说,客观说更为侧重保护受害人利益,从雇佣关系内部的职责分配中跳脱,关注侵权行为发生的客观状态,虽然雇主的指示、命令、授权以及雇员的岗位职责、主观意思等均是判断侵权行为的重要因素,但不能唯上述要件而论,判断依据不拘泥于雇佣关系内部,亦即雇员职务行为的判断不以雇主或雇员的意思为依据。质言之,雇佣关系外部受害人无能力也无义务查明雇主与雇员的权责分配,故应从社会公众一般认识出发进行客观性评价,基于对行为外观的判断雇员行为与雇佣关系的联系。此项学说在法律效果上扩大了对雇佣关系外部受害人的保护范围,也相应地降低了受害人举证的难度。

第三,折中说。此学说是在主观说和客观说的基础上发展出来的,旨在调和前两者的分歧,提出应对雇员侵权行为进行综合性的判断,兼顾雇主雇员的主观状态以及行为的客观表现,不片面强调雇佣关系外受害人的保护,避免不当扩大雇主责任的范围,造成雇佣风险与侵权责任分配的不公平。而在主观与客观两个方面因素如何配合的问题上,折中说分化为两种观点:一种观点认为,应当以主观说中的雇员意思为主要依据判断职务行为,在雇员意思不明或与事实分歧较大的例外情况下采纳客观说。[②] 另一种观点认为,应当以客观说为原则,但应当考察雇主和雇员的主观意思和与之相关的一切因素,做出全面综合判断。[③]

我国台湾地区采纳了客观说作为构建执行职务的判断标准,并以行为外观作为主要的客观判断标准。1953 年台上字第 1224 号判例中就此阐释为,"受雇人因执行职务不法侵害他人之权利……受雇人之行为,在客观上足以认为与其执行职

---

① Jean Carbonnier, Droit Civil, *les Obligations*, Press Universifaires De France,1993, p.445.

② 张新宝:《中国侵权行为法》(第 2 版),中国社会科学出版社 1998 年版,第 161 页。

③ 最高人民法院民事审判第一庭:《民事审判指导与参考》(总第 16 集),法律出版社 2004 年版,第 94 页。

务有关，而不法侵害他人之权利者，就令其为自己利益所为亦应包括在内”。[①] 此后，我国台湾地区司法越来越强调行为外观的客观性，其“最高法院”在 2001 年台上字第 1991 号判决中强调，“初不问雇佣人与受雇人之意思如何，一以行为之外观断之，即是否执行职务，悉依客观事实决定”。[②] 显然，我国台湾地区司法已抛弃了雇主及雇员意思与侵权行为外观的内在关联，王泽鉴先生认为唯行为外观论值得商榷，“觉得雇佣人的责任范畴，乃价值判断问题，含有法政策的意涵，不能单就行为外观加以论断，行为外观理论不足以说明雇佣人应就受雇人行为负其责任的实质理由”。应当采纳“内在关联”标准，对于雇员履行与雇主授权范围有合理相关性的工作职责，雇主可以实现预见并加以防范，并可将其可能造成的损害分摊在企业的经营成本中，以为因应。[③]

和我国台湾地区一样，大陆地区也采纳了客观说，但在具体适用上有所差异。国内司法实务和民法学界主流观点都认为应当采纳客观说，该说更有利于保护受害人，符合比较法上的发展趋势。[④] 虽然客观说会造成某种程度上职务行为的扩大解释，并不符合雇主与雇员的主观意思，但在客观上更符合受害人保护的立法趋势。[⑤]《侵权责任法》对于如何判断雇员是否因执行职务造成侵权并未有明确规定，因此司法上主要参照《人身损害赔偿解释》第 9 条的规定来理解。[⑥] 现有司法实践已形成的职务判断标准包括：(1) 是否有用人单位的授权；(2) 是否在外观表现形式上足以被认为属于执行职务；(3) 是否依社会共同经验足以认为与用人单位职务有内在联系。[⑦] 综上所述，我国大陆地区采取的客观说是原则强调雇主的授权或者指示，若无明确雇主的授权或者指示，则审查雇员行为的表现形式是否属于履行职务

---

① 王泽鉴：《侵权行为》，北京大学出版社 2009 年版，第 431 页。

② 黄立：《民法债编总论》，中国政法大学出版社 2002 年版，第 314 页。

③ 王泽鉴：《侵权行为》，北京大学出版社 2009 年版，第 432 ~ 433 页。

④ 王利明：《侵权责任法研究》(下卷)，中国人民大学出版社 2011 年版，第 99 页。

⑤ 张新宝教授指出，从趋势上看，立法和实务不仅倾向于扩大对“雇佣关系”“雇主”“雇员”的解释，也倾向于扩大对“执行职务”“从事雇佣活动”等的解释，以使雇主更容易承担责任，以保护受害人的利益。参见张新宝：《侵权责任构成要件研究》，法律出版社 2007 年版，第 88 页。

⑥ 参见 (2015) 温瑞塘民初字第 599 号、(2014) 白民二终字第 296 号、(2015) 新中民一终字第 64 号、(2014) 徐民终字第 1991 号。

⑦ 参见 (2014) 渝高法民提字第 00210 号、(2015) 渝高法民申字第 00350 号、(2016) 湘民终 338 号、(2014) 鲁民申字第 137 号、(2011) 粤高法民一提字第 390 号、(2016) 渝民申 1250 号。

或者与履行职务存在内在联系。[①]

3.3.2　损害事实

损害(德 Schaden/英 Damage)一词源于拉丁文"Damnum",是侵权责任的基本构成要件,"唯有被侵权人因侵权行为遭受了损害,方能要求侵权人负损害赔偿义务,即成立损害赔偿责任"。[②] 损害本身是一个广义的概念,但是在侵权法中的损害则是指"权利或利益受到侵害时所生之不利益。易言之,损害发生前之状态,与损害发生后之情形,两相比较,受害人所受之不利益,即为损害之所在"。[③] 有学者指出,损害在概念上有狭义与广义之分。狭义的损害指的是财产损失,广义的损害则是既有财产损失也涵括精神损害。[④]

在我国民法语境下,有学者将损害事实界定为"一定的行为致使权利主体的人身权利、财产权利以及其他利益受到侵害,并造成财产利益和非财产利益的减少或灭失的客观事实"。[⑤] 依据《民法通则》的规定,"我国民法采取了广义的事实上的损害概念,既包括受害人的财产损害,也包括受害人的精神损害"。[⑥]《民法总则》承继了《民法通则》关于损害的界定以及学界通说,其第186条规定,因当事人一方的违约行为,损害对方人身权益、财产权益的,受损害方有权选择请求其承担违约责任或者侵权责任。基于此项规定可见,侵权责任针对的损害可作两种分类,即在内容上包括人身与财产两类,在属性上包括权利与利益两类。

第一,人身权损害。雇佣关系中侵权行为导致的损害类型主要是人身权损害。由于雇佣关系的主要内容是雇主通过支配雇员的人身实现劳务利用,那么在雇员执行职务过程中既可能发生自身人身权受损,也可能致使第三人人身权受损。因此,可以将雇佣关系中的人身权损害分为雇员人身权损害与第三人人身权损害,前者的侵权人包括雇主或第三人,后者的侵权人是雇员。人身权损害因客体不同又

---

① 参见(2014)渝高法民提字第00210号、(2013)洮市民初字第336号、(2014)昆千民初字第0942号、(2016)鄂03民终813号、(2017)苏01民终4175号、(2015)一中民终字第03612号、(2013)渝北法少民初字第00044号。

② 程啸:《侵权责任法》(第2版),法律出版社2015年版,第215页。

③ 王泽鉴:《不当得利》,中国政法大学出版社2002年版,第34页。

④ 王利明:《侵权责任法研究》(上卷),中国人民大学出版社2010年版,第285页。

⑤ 杨立新:《侵权法论》(第3版),人民法院出版社2005年版,第169页。

⑥ 王利明:《侵权行为法研究》(上卷),中国人民大学出版社2010年版,第350页。

可分为生命权、身体权、人格权损害等类型。其中,生命权损害是指在劳务给付过程中因不法侵害行为导致雇员或第三人死亡,如雇员在施工作业时因摔落意外死亡,[①]又如雇员在驾驶车辆过程中致自己或第三人死亡。[②] 生命权损害是雇佣关系中最严重的侵权类型,除了侵权法上的损害赔偿责任外,还可能导致行政法及刑法上的安全生产责任。身体权损害是雇佣关系中多发的损害类型,《关于确定民事侵权精神损害赔偿责任若干问题的解释》中采纳了"身体权"的概念,包括因雇员执行职务造成自身或第三人生理机能及精神健康。对于身体权造成损害的情形既包括造成身体伤残、截肢等外部伤害,也包括损害生理机能的内部伤害,如粉尘造成的尘肺病等职业病,还包括精神损害。此项精神损害可以是伴随受害人身体机能伤害产生的,[③]也可以是仅针对精神损害单独提出请求,如雇佣关系中实施的侮辱、诽谤等侵权行为造成的损害。[④]

第二,财产权损害。雇佣关系中的财产权损害包括三种类型:雇主造成雇员财产权损害、雇员造成雇主财产权损害和雇员造成第三人财产权损害,前两者为雇佣关系内部的损害,后者为雇佣关系外部的损害。其中,雇主损害雇员财产权主要是拖欠工资等劳务对价,雇员损害雇主财产权主要是不当执行职务造成雇主财产损害,包括违规操作造成机器设备损坏以及对外执行职务中由于故意或重大过失造成财物损失。由于雇佣关系缔结以合同为基础,所以雇主与雇员相互间的财产权损害会导致侵权责任与违约责任的竞合。此外,雇员造成第三人财产权损害是典型的侵权责任,此类损失主要是第三人有形的财产损失,如雇员驾驶雇主车辆造成

---

① 参见(2015)海民初字第3632号、(2015)衢杜民初字第91号、(2006)善民一初字第18号、(2016)苏0924民初2756号。

② 参见(2014)高民一初字第98号、(2015)新中民一终字第64号、(2014)渝高法民提字第00210号、(2015)长民二终字第857号、(2015)杭下民初字第00915号、(2016)陕民再46号、(2012)钦南民初字第221号、(2009)长民一(民)初字第1963号、(2015)相民初字第01356号、(2012)杜民一初字第00616号、(2013)大东民(四)初字第457号、(2015)西法民初字第746号。

③ 参见(2016)豫14民再64号、(2012)顺民初字第02736号、(2016)粤18民终863号、(2016)鄂10民终507号、(2015)鄂东西湖民初字第00977号、(2013)鄂荆门民一终字第00304号、(2016)沪0110民初8933号、(2013)淇滨民初字第1390号、(2016)浙0381民初1038号、(2013)高民一初字第869号。

④ 参见(2014)厦民再终字第6号、(2014)商民初字第1781号、(2015)岳民初字第08009号、(2017)京01民终2718、(2014)梅民初字第75号。

第三人财产损失①,雇员违规操作引发火灾造成第三人财产损害②,雇员转移公司注册资金③,雇员虚构事实诈骗第三人财务④。

侵权法上就损害的可赔偿性问题提出了财产性损害与非财产性损害的基本分类,其中财产性损害又称有形损害,是指能够用金钱加以计算的损害,主要针对财产权损害;非财产性损害又称无形损害,是指无法用金钱计算的损害,包括但不限于精神损害。⑤ 此分类的目的主要是计算赔偿标准和方式,对于财产性损害的侵权责任是赔偿损失,对于非财产性损害的侵权责任除赔偿损失以外,还包括赔礼道歉、恢复名誉、消除影响等方式。在损失计算上,对于财产性损害主要采纳差额说,即"将受害人在损害发生之前的财产状况与损害发生后的财产状况进行比较,如有差额,则有损害"。⑥ 所谓差额说又称利益说,乃是德国学者 Mommsen 于 1855 年首次提出,将损害视为受害人因特定损害事故所损害之利益,即损害等同于受害人对此损害的利益关系,在衡量利益时,以被害人在损害事故发生前后的财产状况为准确定其差额。⑦ 有学者认为,该学说应迎合了德国全部赔偿损失制度,但时至今日据此衡量损害可能违背公平观念。⑧ 有学者认为,我国司法实务对损害概念的理解仍以差额说为主导,据此判断是否存在损害有些情况下可能不适当。⑨ 究其原因,差额说针对的是受害人有价值的财产或财产利益,未考虑不属于财产范畴的利益

---

① 参见(2014)新民初字第 257 号、(2016)吉 0102 民初 3351 号、(2015)浦民一(民)初字第 16679 号、(2012)浦民一(民)初字第 34029 号、(2014)连民终字第 01718 号。

② 参见(2015)皖民一终字第 00187 号。

③ 参见(2014)沪一中民四(商)终字第 1813 号。

④ 参见(2014)牡民初字第 32 号。

⑤ 我国学界主流观点认为非财产损害的范围大于精神损害的范围,德国民法称"非财产的损害"、日本民法称"财产以外的损害"、我国台湾地区"民法"称"非财产上的损害",均没有使用精神损害的概念表述。例如,诽谤他人导致受害人社会评价降低,同时也导致其精神痛苦。但是,前者可以独立于精神损害而存在。参见张新宝:《侵权责任构成要件研究》,法律出版社 2007 年版,第 133 页。

⑥ 程啸:《侵权责任法》(第 2 版),法律出版社 2015 年版,第 216 页。

⑦ 参见张新宝:《侵权责任构成要件研究》,法律出版社 2007 年版,第 126 页。

⑧ 为了修正差额说,学界又提出客观说(组织说),意旨损害包括受害人财产上的积极损失和可得利益损失,它是行为人的行为给受害人造成的一种不利益状态,要根据受害人受到法律保护的利益受到侵害以后,客观上遭受的损失予以确定。参见曾世雄:《损害赔偿法原理》,中国政法大学出版社 2001 年版,第 120 页。

⑨ 参见胡平:《精神损害赔偿制度研究》,中国政法大学出版社 2003 年版,第 48 页。

损害。[①] 那么,对于非财产性损害而言,其与财产的增加或减少无直接关系,乃是心理或者生理上的痛苦等。[②] 对于非财产性损害的赔偿无法按照客观的市场价格予以计算,只能依据社会一般认识考虑受害人精神痛苦的程度、家庭及个人状况等因素予以估量。对此,法官在非财产性损害赔偿数额上有较大的自由裁量权。[③]

3.3.3 雇主安全照顾义务

3.3.3.1 雇主安全照顾义务的内容

雇主在雇佣合同履行过程中负有组织、实施整个劳务活动的权利与责任,既提供必备之生产资料与工具,又指挥监督雇员的劳务给付,以实现生产资料与劳动力的有效结合,产生符合合同目的的效果。鉴于雇佣合同的履行实际上包括场所、设备等硬件因素和团队组合与协调管理的软件因素,因此,为保障整个劳务活动的安全性,雇主安全照顾义务的内容也相应地在这两方面展开。

第一,雇主应当提供安全的生产经营设施与作业条件。在雇佣关系中,雇员仅是劳动力的提供方,雇主则负责提供生产经营设施并担负营业风险。雇员给付劳务须以雇主所提供的合格设备、装置及工具为前提,否则造成雇员给付劳务不能应由雇主承担相应损失。安全的生产经营设置包括生产设备、工具等硬件设置不存在安全隐患,符合标准规范,无标准规范则符合相关惯例或常规。并且,雇主负有培训雇员掌握相关设备、装置操作的义务,此为生产经营设施安全性本身所包含的内容,否则无论何种合格的生产设备对于无知者都难称安全。如若雇主或雇员发现存在安全隐患,雇主应当及时采取预防或补救措施。雇员有权就生产设施及安全条件提出改善请求,如果原有条件不符合标准规范或相关惯例,雇员有权解除合同。在非安全环境下,雇员有权拒绝雇主之命令,并可即刻解除合同。

第二,雇主应当负有团队选任义务。鉴于个体人力的天然限制,各类型雇佣活动一般均需要多个自然人相互协作。随着民事雇佣活动逐步发展到产业雇佣活动,给付劳务的雇员人数规模不断扩大,组织调配劳动力的工作也日益复杂,雇主对雇员的指挥监督也逐渐由“一对一”式的个体化管理向“一对多”式的团队化管理

---

① [德]梅迪库斯:《德国债法总论》,卢谌译,法律出版社2004年版,第432页。

② 曾世雄:《损害赔偿法原理》,中国政法大学出版社2001年版,第293~294页。

③ [德]马格努斯:《侵权法的统一:损害与损害赔偿》,谢鸿飞译,法律出版社2009年版,第139页。

转变。所谓团队是对雇员组织的概括性描述，既可以指代生产流水线上的一组工人，也可以指代营销部门中的全部销售者。那么，团队的组建和内部关系也成为雇主组织管理劳务活动的重要内容。为防止雇员在协作下的雇佣活动中遭受其他雇员的侵害，雇主负有团队选任义务，此亦为安全照顾义务的一部分。对于雇主选任义务的限度，《德国民法典》第831条采纳了过错推定原则。[①] 日本和瑞士受德国法影响也做出了同样的规定，即雇主对于雇员的选任须尽到合理的注意义务。[②] 需要说明的是，雇主因选任义务过失导致雇员还是第三人损害的责任类型是不同的。因同一单位雇员导致其他雇员损害，受害雇员请求雇主承担责任是狭义的雇主责任，依据是雇主未能尽到安全照顾义务，其与雇主之间的雇佣合同使二者存在直接关系，雇主所承担的责任乃是直接的、自己责任。而在雇员造成雇佣关系外第三人损害的情况下，雇主则是承担替代责任，二者有本质不同。

第三，雇主应当提供安全的工作环境。工作环境安全的概念是在生产经营设施安全的基础上提出的，如果从广义上理解，前者应涵盖后者。但随着劳动权益保障水平的日益提高，工作环境逐步发展出新的内涵，超越了工业时代人身安全保障的理念，越来越趋向维护和提升雇员的人格利益，雇主须为雇员提供体面劳动的工作环境。按照国际劳工组织的定义，体面劳动是指男女在自由、公平、安全和具备人格尊严的条件下，获得体面的、生产性的可持续工作机会，具体包括就业、社会保护、社会对话、工作中的权利四个部分。[③] 在实践中尤为突出的是歧视和性骚扰问题。雇员如果因长期遭受歧视或性骚扰导致精神损害或被迫离职，亦可向雇主主张损害赔偿，此为雇主安全照顾义务的扩张。

第四，雇主须适当保证产业雇佣的职业安定性。产业雇佣是现代社会绝大多数人的生存方式和生活来源，有相对安定的雇佣关系能够使雇员形成稳定的预期并稳妥地安排生活事项，也可激励雇主增加培训投入，实现全社会劳动力水平提升。这一点是一般民事雇佣合同与劳动合同的关键性区别。在一般民事雇佣合同

---

① 《德国民法典》第831条规定的具体内容，详见本书第二章“2.1.3 侵权损害赔偿归责原则的反思”。

② 王利明：《类型侵权行为法论纲》（二），载杨立新主编：《民商法前沿》（第2辑），法律出版社2004年版，第38页。

③ Decent Work, *Report of the Director - General to the 87th Session of the Inter - national Labour Conference*, Geneva, June 1999.

中，雇佣双方的联系较为松散，该雇佣活动也不存在职业性或生存利益，而是更多地包含了个人之见的信赖关系，尚未社会化，因此，雇主可以随时解除合同。但劳动合同所针对产业雇佣关系则受到公权力的干预和保护，以促使产业秩序稳定有序，《劳动合同法》将立法宗旨设定为“构建和谐稳定的劳动关系”即为此意，雇主的安全照顾义务基于法律规定再次被扩展，雇主的解雇权受到了更大的限制。雇佣关系的安定程度则是关于劳动力市场灵活性与安全性平衡的复杂问题，①有关管制与自治的取舍长期以来存在诸多争议。② 但是，可以肯定的是，职业安全已经随着公权力对雇佣关系的干预和改造而成为雇主安全照顾义务的一部分，其不适用于全部雇佣合同关系，只适用于其中占主体地位的劳动合同关系。

3.3.3.2 雇主安全照顾义务的性质

学界关于雇主安全照顾义务性质的学说主要包括附随义务说、劳动法规义务说、雇佣契约本质说、法律行为义务说，根本争议点在于此项雇主义务的法律基础及规范方式，对其观点的评述如下：

第一，附随义务说。例如，史尚宽先生认为，此项雇主照顾义务是自社会之见地所特认为的雇方的义务，当事人不得以权利约定加以排除，也不要求雇主有债务不履行或侵权行为的存在。③ 日本学界亦倾向于将雇主的义务分为主合体义务和附随义务，其中主合体义务是向雇员支付报酬，附随义务则包括对雇员的安全照顾义务。④ 对于上述学说的评价应当结合其法律背景。在史尚宽先生的时代，雇主的安全照顾义务尚未进入《民法典》成为明定条款，对于此项义务的解释只能从民法原则及基本学理出发。由于法律关于雇佣合同仅规定了雇主的支付报酬义务，因此，扩张雇主义务须以合同为前提，从合同主义务出发予以引申。而日本民法之立场如前所述，亦无雇主安全照顾义务的明文规定，因此，学界在无制定法依据的情况下只能借由附随义务予以阐释。因此，附随义务说无法克服一种缺陷在于附随义

---

① 德国学者雷蒙德·瓦尔特曼指出，从一开始，在劳动法中就涉及有利于企业的弹性与有利于雇员的安全之间（一直有争议的）“恰当”的平衡，在当代人们称为“灵活兼安全”（Flexicurity）……它首先涉及的不是对对立利益的平衡，而是为劳动法建构指明了从长远视角考虑社会需求这一方向。参见［德］雷蒙德·瓦尔特曼：《德国劳动法》，沈建峰译，法律出版社 2014 年版，第 40 页。

② 董保华：《〈劳动合同法〉的十大失衡问题》，载《探索与争鸣》2016 年第 4 期。

③ 史尚宽：《债法各论》，中国政法大学出版社 2000 年版，第 304 页。

④ ［日］井上英治：《現代の不法行為論》，日本中央大学出版部 2003 年版，第 168 页。

务是合同约定之外具有或然性的义务，并且直接源自法律的规定，以诚实信用为判断标准。[①] 但民法发展至今，德国、瑞士等国均已在法典中明确规定了雇主安全照顾义务，标志着此项义务已法定化，因此不再具有附随义务的性质。所以，“附随义务说虽然能解释安全照顾义务的理论源头之所在，但面对法律上的明文规定，它已不能自圆其说”。[②]

第二，劳动法规义务说。该说认为雇主的安全照顾义务是基于劳动法上的特别规定，属于特别法上的义务。[③] 我国台湾地区持此观点的学者将安全照顾义务称为“保护义务”，指“雇佣人依特别法之规定，对工人因工伤病、死亡，有给予津贴及抚恤之义务，因此一般的简单雇佣关系，没有专设此项规定的必要，但应将之订定于规范较大的雇佣关系的特别法即劳动法规之中”。[④] 此学说显然混淆了民法上雇主安全照顾义务与劳动法上的雇主安全生产义务。如上文所述，雇佣合同是劳动合同的上位概念，劳动合同针对对象是产业雇佣关系，而雇佣合同除此之外还包括大量的民事雇佣，在我国更有个人之间的雇佣活动。因此，劳动法对雇主组织产业化生产经营提出了更高的安全保障义务要求，形成了系统性的职业安全卫生法律规范，大量内容具有较高的专业技术要求，其复杂性远非一般民事雇佣可比。因此，应当区分劳动法上雇主安全生产义务与民法上雇主安全照顾义务，前者在我国仅针对组织化的雇主，即用人单位，而后者则适用于各类民事主体；在内容上，民法上雇主安全照顾义务显然比劳动法上雇主安全生产义务简略，通常不需要技术性指标予以说明，服务于一般社会公众可理解和掌握的低级劳动技能，专业化程度低。因此，劳动法规义务说所指之雇主义务应当是劳动法上的安全生产义务，而不是民法上的安全照顾义务，否则将无法涵盖大量个人间的民事雇佣活动，也使劳动法上的雇主义务成为无源之水。

第三，法律行为义务说。该说又称为“不法行为说”，主张雇主安全照顾义务不

---

① 附随义务为德国学者率先提出，旨在合同解释过程中阐释一组保护当事人权益的“义务网络”，其基本概念是依据合同关系发展情形且根据诚实信用原则所产生的为保障债权人给付利益的实现之义务。此项义务不是合同约定中必然存在的义务，而是在合同约定之外具有或然性的义务；其产生直接来自法律的规定，但是，其产生以诚实信用原则为其基本法律理念和是否产生的判断标准。参见费安玲：《论合同法中的附随义务》，载《当代司法》1999年第9期。

② 易军、宁红丽：《合同法分则制度研究》，人民法院出版社2003年版，第399页。

③ ［日］本城武雄、大平烋偏：《民法と現代社会》，嵯峨野书院1992年版，第198页。

④ 欧阳经宇：《民法债编各论》，台北，汉林出版社1978年版，第120页。

是基于雇佣关系,而是一种民事行为义务,因此当雇员因雇主未能予以安全保障而遭受损害时,雇主应承担的是侵权责任。如日本学者所说,雇主安全照顾义务不是针对具体的个体雇员,而是一概适用于全体雇员,因此,可视为保护不特定雇员的"一般利益"。因此,此项义务不可能以个体合同关系为基础。雇主未能履行安全照顾义务是合同义务之外的债务不履行责任,构成侵犯公共秩序中一般利益的不法行为。① 此种学说旨在将雇主安全照顾义务脱离合同基础,使其成为一般化的义务规范。但是,一旦脱离雇佣关系当事人之间的合同纽带,雇主安全照顾义务就将与公共秩序相结合,以便解决其一般性适用的要求,这一转变将导致法律对雇主义务设置的公法化,不但将雇主义务从私法领域中抽离,而且使公法获得了干预雇佣关系的路径。从这个角度看,法律行为义务说与前述劳动法规义务说有类似的错误和不同的后果,类似的错误在于二者均试图脱离私法框架阐述雇主安全照顾义务,寻求特别法(劳动法)乃至公法的资源予以支撑。不同的后果是法律行为义务说假借公共秩序之名将民事合同义务公法化,而劳动法规义务说则以特别法之名将民事合同义务非法化,即取消了民事雇佣关系中的雇主安全照顾义务。

第四,雇佣契约本质说。该说认为雇主对雇员的安全照顾义务既不是民法上的附随义务,也不是公法或特别法上的法定义务,而是基于雇佣关系的本质而形成的义务。日本学者就此指出,在雇佣契约中,被给付的劳务与劳动者的人格是分不开的,劳动者不得不把自己最为宝贵的东西冒着危险在使用人的指挥和命令下,在使用人所提供的工作场所里利用其提供的生产工具给付劳动。因此,雇佣劳动与物的给付契约是不同的。② 生命健康在雇佣关系中关联着雇员的劳动能力及附着于其上的生存利益。任何身体及健康受损都将导致雇员劳动能力受损,进而可能导致生存危机。由于雇佣关系本身就包含雇员在雇主指挥下给付从属性劳务的本质,这种从属性必然要求雇主承担审慎的安全照顾义务,为雇员给付劳务提供安全、妥善的外在条件,以便保障雇员的生命健康。

可见,雇佣契约本质说更符合现代民法以人为核心的保障理念。实际上,现代民法已经重新塑造了雇佣合同的结构,在以劳务给付为内容的合同义务之上叠加了一层雇员安全保障内容。鉴于人本身所具有的最高价值,任何民事合同目的的

---

① [日]井上英治:《現代の不法行為論》,日本中央大学出版部2003年版,第174页。

② [日]宫本健藏:《日本的安全照顾义务论的形成与展开》,金春龙译,载《清华法学》2004年第4期。

实现不应以损害人的生命健康为代价。因此,在发生雇员损害事故的情形下,即便劳务给付内容完成,也不能认为合同目的已经实现。由此可见,可以将安全照顾义务首先视为这种道德基础产生的必然结果,同时也是经济上居于优势的雇主应对其所控制的劳动力的一种内在义务,这种义务是雇佣关系的内在要求,并非从一开始就是法定的或约定的义务。①

① 易军、宁红丽:《合同法分则制度研究》,人民法院出版社2003年版,第399页。

第4章
雇主自己责任

雇主对雇员的侵权赔偿责任是在雇佣关系中产生的一种民事责任。雇佣关系的核心内容是劳务的给付,通常是雇员按照雇主的指示与要求,向雇主提供其所需要的劳务,雇主则以支付劳动报酬作为雇员的对价。雇员在履行劳务给付的过程中遭受了损害,雇主为此应当承担的是侵权责任,而非合同责任。原因是雇员主张权利不是基于雇主违反了雇佣合同的约定,而是基于雇主的安全照顾义务与其他法定义务。尤其值得注意的是,"雇主所侵犯的权利客体是雇员的人身权和财产权,而不是雇员的债权"。[①] 根据报偿理论,利之所在,损之所归;而雇佣关系中,雇员是为雇主完成工作的,雇主为受益人。所以《德国民法典》的起草者认为:"那些为了自己的利益而雇佣劳动的人,应对雇佣承担风险。"[②]

4.1 雇主自己责任的界定

4.1.1 雇主自己责任是狭义的雇主责任

在雇佣关系中,损害赔偿责任依据主体可以分为雇主责任和雇员责任。所谓雇主责任,在我国民法文献中通常意指"雇主替代责任",有学者将此二者相等同,将雇主责任界定为"在雇员因执行职务造成第三人损害且应当承担侵权责任的情况下,由雇主代为承担责任"。[③] 在民法体系中,雇主责任又称用工责任。王利明教

① 房绍坤:《论雇主对雇员的赔偿责任》,载《烟台大学学报》1997年第1期。

② 《外国法制史》编写组:《外国法制史资料选编》(上册),北京大学出版社1982年版,第10页。

③ 孙少森、尹飞:《雇主责任构成要件之研究》,载《中国青年政治学院学报》2006年第1期。

授认为,用工责任是替代责任,即用工者对被用工者的侵权行为负责。[①] 基于此,有学者认为,我国民法学者和立法者的主流观点已经将雇主责任的性质定位为替代责任。[②] 此外,亦有观点认为,雇主责任又称用人者责任,在侵权法上有狭义和广义之分。狭义的用人者责任仅指被使用人因执行工作任务或提供劳务造成他人损害时,用人者应承担的侵权责任;广义的用人者责任除狭义的用人者责任之外,还包括被使用者因执行工作任务或提供劳务而遭受损害时用人者承担的责任。[③] 广义的用人者责任可因雇主对雇员的直接侵权行为导致,也可因第三人对雇员的侵权行为导致。这些说法是否准确,值得探讨。笔者认为,雇主责任应当是一个更具包容性的概念,雇主替代责任只是其中一部分。有学者指出,"替代责任只是雇主责任的一种理解方式",[④]而指代雇主替代责任更为准确的表述应当是"使用人责任"。[⑤] 就雇主替代责任而言,其关注的重心在雇佣关系的外部,旨在确定因雇佣关系履行给第三人造成损害的责任分担问题。而雇主责任除了雇佣关系向外的一面之外,还包括向内的一面,即雇主因违约或违法造成雇员损害的赔偿责任。《元照英美法词典》关于"雇主责任(employers' liability)"的解释对此做了很好的诠释,雇主责任即雇主对雇员的责任,它是"对于因雇主对其雇员的安全缺乏合理注意[reasonable care]而给雇员造成的伤害,雇主负有普通法上的责任……此外,雇主责任还包括雇主要对其雇员的过错[faults]负责"。[⑥] 显然,雇主责任的承担逻辑应该是从内到外,从对雇员(损害)负责到对雇员的过错(造成的损害)负责;对雇员遭受的损害负责是雇主自身应该承担的侵权责任负责,对雇员因过错造成第三人的损害负责显然是雇主替代雇员承担的侵权责任。所以,从逻辑上来分析,雇主责任应当分为广义和狭义两个方面,广义的雇主责任泛指雇主因雇佣关系履行对雇员和因雇员的过错而履行对第三人应当承担的概括性责任,狭义的雇主责任为了与雇主替代责任相区别,应当仅指雇主对缔结雇佣关系之雇员承担的责任。在责任性

---

① 王利明:《侵权责任法研究》(下卷),中国人民大学出版社2011年版,第73页。

② 郑晓剑:《揭开雇主"替代责任"的面纱——兼论〈侵权责任法〉第34条之解释论基础》,载《比较法研究》2014年第2期。

③ 程啸:《侵权责任法》(第2版),法制出版社2015年版,第400页。

④ 班天可:《雇主责任的归责原则与劳动者解放》,载《法学研究》2012年第3期。

⑤ 刘士国:《使用人责任疑难问题探讨》,载《辽宁大学学报》(哲学社会科学版)2006年第6期。

⑥ 薛波、潘汉典:《元照英美法词典》,法律出版社2003年版,第469页。

质上,狭义的雇主责任是明确的雇主自己责任,故亦可称为"雇主自己责任"。

4.1.2 雇主自己责任与雇主替代责任的区分

我国立法亦承认雇主责任的不同类型。例如,《民法典》第1191条(《侵权责任法》第34条)规定了雇主(用人单位)对雇员造成第三人损害的替代责任,而《民法典》第1192条(《侵权责任法》第35条)则规定了雇主与雇员之间因劳务给付造成雇员损害的责任分担方式,即雇主自己责任。此外,最高人民法院《人身损害赔偿解释》第9条规定了雇主替代责任的基本承担方式,即雇员在从事雇佣活动中致人损害的,雇主应当承担赔偿责任。第11条规定了雇主自己责任的基本承担方式,即雇主应当对雇员在从事雇佣活动中遭受的人身损害承担赔偿责任。可见,在立法设计上,雇主替代责任与雇主自己责任是按照雇佣关系内外的标准予以区分的,二者存在严格的边界和适用范围,分别针对不同的雇佣活动。由此可以得出结论,雇主责任不是雇主替代责任的别称,而是后者的上位概念,其涵盖雇佣关系内部雇佣双方当事人之间的损害赔偿责任,以及雇佣关系外部雇佣双方与第三人之间的损害赔偿责任。因此,本书关于雇佣关系中的损害赔偿责任划分延续这一思路,将雇佣关系内部的雇主责任称为雇主自己责任,从而划定一类独立的责任类型。

4.2 雇员由于自己原因遭受损害的雇主责任

4.2.1 个人雇主不承担赔偿责任

雇员在从事雇佣活动中,违反正常的操作规程并且置雇主指令于不顾,擅自行动,最后完全由于自己的原因导致自身遭受损害的,雇主该承担何种责任呢?换言之,雇员遭受损害的责任完全在本身,雇主没有任何过错的情况下是否该承担损害赔偿责任。依《民法典》第1192条(《侵权责任法》第35条)规定,对于个人雇佣关系而言,这里适用的是过错责任的归责原则,根据雇员与个人雇主双方的过错来确定各自的损害赔偿责任。由于个人雇主没有过错,而雇员又完全是因为自己的过错遭受的损害,因此,个人雇主不需要承担赔偿责任。之所以立法规定采用"过错责任"原则,是因为个人劳务关系,不属于依法应当参加工伤保险统筹的情形,事实上也无法参加工伤保险统筹。当雇员一方受到伤害后,不能适用《工伤保险条例》处理雇员的伤害事故。如果适用无过错责任原则,要求个人雇主无条件地承担赔偿责任,对于个人雇主而言显然是承担了与自身抗击经营风险不成比例的风险责任。[①]

4.2.2　用人单位承担工伤保险责任

如上所述的情形,雇员在从事雇佣活动中完全是由于自己的过错导致的损害,作为组织化雇主的用人单位在没有任何过错的情况下,又该承担什么样的损害赔偿责任呢? 依《工伤保险条例》第 2 条的规定,[②]用人单位应该为所有雇员缴纳工伤保险费用。工伤保险的特点是所有的工伤保险费用都是由用人单位缴纳,“职工个人不缴纳工伤保险费”,缴费的目的是确保用人单位的所有雇员享有法定的工伤保险待遇。由于工伤保险实行的是无过错责任补偿,职工在工作过程中受到工伤,用人单位要承担无过错责任。用人单位缴纳工伤保险费之后,原本应由用人单位承担的雇主损害赔偿责任主要转由工伤保险基金所替代。用人单位对于具有完全过错的雇员所遭受的损害承担的是无过错责任,严格意义上来说并非侵权责任。正如王利明教授指出的,接受劳务一方(雇主)对于提供劳务一方(雇员)因劳务导致自己遭受损害所应承担的责任不符合侵权责任的构成要件,这种责任仅是因接受劳务一方没有尽到自己的注意或保护义务而使提供劳务者遭受损害,属于法定的赔偿责任,而非侵权责任。[③]

值得注意的是,虽然用人单位承担的是无过错责任,但是对于雇员完全因为自己的原因在雇佣活动中遭受的损害,也并非毫无保留的承担责任。《工伤保险条例》第 16 条规定的三种情形就不在工伤保险制度的保护范围之列,这三种情形包括故意犯罪的、醉酒或者吸毒的、自残或者自杀的。雇员在从事雇佣活动中有上述任意一种情形的不得认定为工伤,用人单位免除赔偿责任。雇员在从事雇佣活动中因为自己的原因遭受了损害,应该是在提供劳务的过程中为了雇主的利益,并且

---

① 王利明:《中华人民共和国侵权责任法释义》(第 2 版),法律出版社 2013 年版,第 197 页。

② 《工伤保险条例》第 2 条规定:“中华人民共和国境内的企业、事业单位、社会团体、民办非企业单位、基金会、律师事务所、会计师事务所等组织和有雇工的个体工商户(以下称用人单位)应当依照本条例规定参加工伤保险,为本单位全部职工或者雇工(以下称职工)缴纳工伤保险费。中华人民共和国境内的企业、事业单位、社会团体、民办非企业单位、基金会、律师事务所、会计师事务所等组织的职工和个体工商户的雇工,均有依照本条例的规定享受工伤保险待遇的权利。”

③ 王利明:《侵权责任法研究》(下卷),中国人民大学出版社 2011 年版,第 111 页。

没有违背基本的公序良俗的前提下，用人单位才承担无过错的补偿责任。

4.3 雇员由于雇主原因遭受损害的雇主责任

4.3.1 个人雇主承担过错赔偿责任

雇员遭受职务损害的类型包括两种：一种是因雇主原因导致雇员损害，如雇主未能提供适当的安全生产条件和劳动保障措施；另一种是雇员执行职务过程中遭受其他雇员损害，如由于其他雇员违章作业给雇员造成的人身损害。无论是哪一种情况下的损害，雇员遭受损害均可归责于雇主未能尽到安全照顾义务。雇主对雇员的安全照顾义务是指在从事雇佣活动中，雇主具有保障雇员的人身安全不受伤害或侵害的保护义务。这种义务不仅包括雇主本人不得违反安全照顾义务而直接导致雇员遭受人身损害，而且包括雇主应尽到安全照顾义务保证雇员不会遭受第三人损害。只要雇主未尽到安全照顾义务，就应承担相应的损害赔偿责任。① 雇主未尽到安全照顾义务给雇员造成损害该如何承担赔偿责任，我国 1986 年 4 月 12 日通过的《民法通则》对此未予明确规定，而司法判决开创了雇主对雇员的人身损害必须承担赔偿责任的先例，如“张连起、张国莉诉张学珍损害赔偿纠纷案”。② 此后，《人身损害赔偿解释》第 11 条明确规定，雇员在从事雇佣活动中遭受人身损害，雇主应当承担赔偿责任。依照这一规定的字面理解，无论是雇主原因造成的损害还是其他雇员造成损害，均应由雇主承担损害赔偿责任。也就是让雇主承担无过错损害赔偿责任，正如前面所述，对于个人雇主而言显然是承担了与自身抗击经营风险不成比例的风险责任，在实务中也引起了较大的争议。为此《民法典》第 1192 条(《侵权责任法》第 35 条)进一步修正了《人身损害赔偿解释》第 11 条的规定，建立损害分担规则，按照雇员与雇主各自对应的过错比例承担相应的损害赔偿责任。

4.3.2 用人单位承担工伤保险责任与民事赔偿责任

因为雇主未尽到安全照顾义务，雇员在从事雇佣活动中遭受损害，对于作为雇

① 洪伟：《论雇主对雇员的安全保障义务》，载《福建论坛》(人文社会科学版)2009 年第 7 期。

② 最高人民法院公报编辑部编：《最高人民法院公报全集》(1985—1994)，人民法院出版社 1995 年版，第 672 ~ 673 页。

主的用人单位而言，在承担损害赔偿责任方面显然与个人雇主有着巨大的区别。一个最重要的原因是工伤保险制度的建立，用人单位的雇主自己责任在很大程度上已经转变为工伤保险待遇给付，实现了社会化风险分担。在用人单位原因导致的劳动者损害情形下，此项损害作为典型的工伤事故，应当由工伤保险基金向雇员支付工伤保险待遇。有观点认为"《侵权责任法》第 34 条之所以没有规定用人单位工作人员自身遭受损害时用人单位的赔偿责任问题，就是因为用人单位依法必须参加工伤保险统筹，为职工缴纳工伤保险费。工作人员因用人单位的原因遭受损害的属于工伤，自然应适用工伤保险而非侵权责任"。[①]

在其他雇员导致的雇员损害情形下，就会出现工伤保险给付与用人单位侵权责任并存的问题。司法实务中有两种观点，一种观点认为，此情形仍然属于工伤保险范畴，受害雇员仅可主张工伤保险给付，不得要求用人单位承担侵权责任。[②] 另一种观点认为，加害人并非用人单位，因此，受害雇员可以同时主张工伤保险给付与侵权损害赔偿。[③] 支持第一种观点的理由是：第一，工伤保险制度的目的不仅在于补偿受害人，也是为了分散用人单位的工伤风险。[④] 第二，2010 年《工伤保险条例》修订前，存在工伤保险范围狭窄、赔偿数额低、工伤程序烦琐等缺陷，但是 2010 年修订后的《工伤保险条例》则很大程度上消除了这些缺陷，通过工伤保险所得的赔偿已经等同于侵权所获得的赔偿了。在这种情况下，再支持侵权责任与工伤保险并存，无异于支持受害人获得双重赔偿。[⑤]

雇员在从事雇佣活动中遭受其他雇员的侵害，如果侵害人从事的也是作为的雇员的职务行为，此种情形与雇主原因导致雇员受到侵害没有区别。侵害人作为雇员在雇佣活动中履行的是职务行为，可以视为雇主行为的一部分，发生这种侵害行为的根本原因还是由于雇主未能尽到安全照顾义务。因此，讨论其他雇员对雇

① 王利明：《中华人民共和国侵权责任法解读》，法律出版社 2010 年版，第 167 页。

② 最高人民法院中国应用法学研究所：《人民法院案例选》(总第 38 辑)，人民法院出版社 2002 年版，第 192 页。

③ 最高人民法院侵权责任法研究小组编：《〈中华人民共和国侵权责任法〉条文理解与适用》，人民法院出版社 2016 年版，第 255 页。

④ 来自用人单位的工伤风险包括四类：(1)用人单位因为自身的原因引起的风险，如用人单位管理不善、安全保护措施不足等原因导致雇员遭受工伤；(2)工作任务本身蕴含的风险，如职工患职业病；(3)受害人自身的原因引起的风险；(4)工作人员相互造成损害的风险。

⑤ 程啸：《侵权责任法》(第 2 版)，法律出版社 2015 年版，第 426 页。

员造成的损害，是否可以同时主张工伤保险给付与侵权赔偿责任，必须要放在雇主未尽到安全照顾义务下对雇员造成的损害要如何处理的框架下来讨论这个问题。未尽到安全照顾义务至少表明行为是违法的，那就表明"行为人主观上具有故意或者至少有过失的过错"，也就是在雇主存在过错的情况下对雇员造成的损害，雇员是否可以同时主张工伤保险给付与侵权赔偿责任？

在讨论这一问题之前，有必要对《安全生产法》第52条与《职业病防治法》第48条做一个深入考察，这是在法律层面上对工伤保险给付与雇主侵权责任的关系最早作出规定的两部法律。《职业病防治法》于2002年5月1日正式实施，《安全生产法》于2002年11月1日实施。这两部法律先于《侵权责任法》制定，《职业病防治法》在《侵权责任法》实施后又先后作过三次修改，①但第52条的内容始终未曾改动；《安全生产法》在《侵权责任法》实施前后各作过一次修改②，但第48条的内容也未曾改动。这说明立法者对于这两个条款的重要性的认识是明确的。

那么，对于上述条款究竟该作何理解呢？以《安全生产法》第48条为例，学界存在三种不同理解。第一种观点认为是补充模式，受害雇员领取的工伤保险待遇不足以补偿其人身损害及经济损失的，依照有关民事法律应当给予赔偿的，享有要求生产经营单位给付赔偿的权利。③ 第二种观点认为是有条件限制的补充模式，即受害雇员因为工伤保险待遇不足以补偿其本人因生产安全事故所受到的损害时，有权依照有关民事法律的规定，要求生产经营单位进行赔偿。④ 第三种观点认为是兼得模式，工伤保险和民事赔偿不能相互取代，受害雇员可以享受双重的保障。⑤

---

① 分别是2011年12月31日第十一届全国人民代表大会常务委员会第二十四次会议《关于修改〈中华人民共和国职业病防治法〉的决定》第一次修正，2016年7月2日第十二届全国人民代表大会常务委员会第二十一次会议《关于修改〈中华人民共和国节约能源法〉等六部法律的决定》第二次修正，根据2017年11月4日第十二届全国人民代表大会常务委员会第三十次会议《关于修改〈中华人民共和国会计法〉等十一部法律的决定》第三次修正。

② 分别是2009年8月27日第十一届全国人民代表大会常务委员会第十次会议通过《全国人民代表大会常务委员会关于修改部分法律的决定》对《中华人民共和国国家安全法》第26条、第27条、第32条作了修改，2014年8月31日第十二届全国人民代表大会常务委员会第十次会议通过《全国人民代表大会常务委员会关于修改〈中华人民共和国安全生产法〉的决定》作了修改。

③ 卞耀武等：《中华人民共和国安全生产法读本》，煤炭工业出版社2002年版，第93页。

④ 刘左军主编：《〈中华人民共和国安全生产法〉释义及实用指南》，中国民主法制出版社2002年版，第147页。

⑤ 李适时主编：《中华人民共和国安全生产法释义》，中国物价出版社2002年版，第120页。

从立法文本原意来看，笔者认为第三种观点更能反映立法者的本意。从文本上可以看出，《安全生产法》第48条包含三层意思：第一，权利人是因为生产安全事故受到损害的雇员；第二，权利人（雇员）依法应当（认定工伤）享受工伤保险待遇；第三，权利人应当依照民事法律向所属用人单位（雇主）主张（侵权）赔偿。如果立法本意属于第一种观点，那立法文本就应该是"因生产安全事故受到损害的从业人员，依法享有的工伤保险不足以弥补损失的，依照有关民事法律尚有获得赔偿的权利的，有权向本单位提出赔偿要求"。而不应该是"除……外"+"尚有（还有）"的结构，这是典型的并列结构，说明两项权利是并列存在的。对于权利人可以享有的两项完全并列的权利，非要将第二项权利理解成是附条件（第一项权利不足以弥补损失）的权利，这在逻辑上是说不通的。至于第二种观点，显然是第一种观点的升级版，所附加的条件比第一种观点还要多，也是同样存在逻辑问题的。笔者为什么赞成第三种观点呢？一说到兼得模式，往往以为是可以拿到双份赔偿。其实不然，依照该法第48条的规定，权利人在获得工伤保险待遇以外，还可以依照民事法律向用人单位主张侵权赔偿，实行的是过错归责原则。按照《安全生产法》的规定，用人单位如果严格落实法定义务的话，企业发生生产安全事故的主要责任就应该在雇员；用人单位没有过错的话，雇员是很难获得侵权赔偿的。只有在用人单位没有严格落实《安全生产法》规定的义务、自身存在过错的情况下，雇员才能获得相应的侵权赔偿。而这种情况正是立法者期望看到的，因为《安全生产法》出台的时代背景正值国内重大生产事故频发，如何遏制生产安全事故的高发就成了最重要的立法目标之一。《安全生产法》出台的前一年，陕西省省长等众多高官因重大生产事故受到处分。[①] 对于不积极落实法定义务做好安全生产工作的用人单位，立法者也希望通过加重其民事赔偿义务予以相应的惩戒，以督促其做好安全生产管理工作，尽量减少甚至避免生产安全事故的发生。《职业病防治法》第52条的规定，与《安全生产法》第48条有着异曲同工之妙。这些举措，对于遏制居高不下的安全生产事故起到了一定的积极作用。据统计，2003年全国共发生各类事故963,976起，死亡136,340人，同比分别下降10.5%和1.9%。[②] 遗憾的是，《安全生产法》的立法本意

① 中国新闻网：《陕西省长程安东等21名县处级以上干部受处分》，载新浪新闻：http://news.sina.com.cn/c/254289.html，2018年1月25日最后访问。

② 工人日报天讯在线：《关注安全生产：如何遏制"人祸夺命"》，载新浪新闻：http://news.sina.com.cn/c/2004-04-24/10172392588s.shtml，2018年1月25日最后访问。

与司法实践有着较大的落差，雇员在落实工伤保险待遇之外再去主张民事赔偿，往往在法院的立案门槛就被拦下来了。直至《人身损害赔偿解释》的出台，几乎宣告废止了《安全生产法》第 48 条与《职业病防治法》第 52 条的规定。所幸，基层法院的一线法官逐渐认识到前述司法解释第 12 条规定的不合理性，也渐渐意识到《安全生产法》第 48 条与《职业病防治法》第 52 条立法本意对于遭受职业伤害的雇员有着多么重要的意义，近年受理并判决支持的个案在不断增加。①

综上所述，对于雇主原因导致雇员在从事雇佣活动中遭受的损害，我国立法上支持的是工伤保险给付与侵权损害赔偿的兼得模式。

4.3.3 劳动合同责任与侵权赔偿责任竞合的法律适用

雇员与用人单位订立的劳动合同，应受《劳动合同法》的保护。当劳动合同约定的损害赔偿责任，与侵权损害赔偿责任相竞合的时候在法律适用上该如何处理？我国现行法律并没有相应的规定。可供借鉴的是《民法典》第 186 条（《合同法》第 122 条），规定受害方有权在违约责任或侵权责任中选择任意一种主张权利。劳动合同虽为特别合同类型之一，《合同法》的一般规则也可以作为参考，尽管调整劳动合同的规则主要还是依据《劳动合同法》。考虑到劳动合同的当事双方主体在实质上并不具有平等地位，雇员与用人单位相比居于弱势地位，所以，对于《劳动合同法》领域的责任竞合的处理必须与《合同法》有所区别。区分违约者是用人单位还是劳动者是法律适用要考虑的实质问题。

如违约者为用人单位，笔者赞成应同时承担违约责任与侵权损害赔偿责任，即两种请求权可同时选择适用。理由何在？第一，对于因雇主原因导致雇员遭受人身损害赔偿的，对雇主同时适用违约责任与侵权损害赔偿责任并不冲突。王泽鉴先生就认为，“法律之适用，非纯为概念逻辑之推演，实系价值评断及当事人间利益之衡量。再从此项观点论，亦不宜认为契约责任当然排除侵权责任，否则将产生不利

---

① 参见“侵权与工伤是否可以双赔——谭某与香港某珠宝公司、广东某珠宝公司、某经济发展总公司职业病待遇纠纷案”，判决除支持工伤保险待遇外，还支持了谭某被扶养人生活费和精神损害赔偿金。黄乐平、朱茂林：《职业病防治法实务精解》，法律出版社 2012 年版，第 241 页。另有北京市通州区人民法院（2013）通民初字第 8943 号民事判决书，判决被告北京华腾东光稀贵金属提炼有限公司给付原告（职业病人，石棉肺一期，已领取工伤保险待遇）王凤英精神损害抚慰金人民币 5 万元。

于债权人(被害人)之严重后果,此在侵害他人身体或者健康之情形最为显著。"①实践证明,用人单位违约对雇员造成的侵害,很多情况下造成了劳动者的身体或健康权益的损害,如用人单位没有按照劳动合同约定提供应有的劳动保护条件,以致给雇员造成损害。第二,从追求实质正义的角度而言,人身损害不同于财产损失可以用金钱来衡量,因此,确有必要严厉追究侵权人的赔偿责任。只要劳动者主张权利,用人单位就应该承担双重赔偿责任。用人单位违约责任与侵权责任竞合,有时不仅仅是对劳动者身体与健康造成损害,而且可能对劳动者的人格尊严、个人情感等造成精神损害。精神损害赔偿作为体现出法律人文关怀的制度设计,它往往与侵权责任配套适用,而违约责任则一般是排斥精神损害赔偿的。② 这类情况多是发生在雇佣劳动中,所以两种选择权应该允许同时适用。③

4.4 雇员由于第三人原因遭受损害的雇主责任

4.4.1 个人雇主承担无过错赔偿责任

雇员在从事雇佣活动中,因为雇佣关系以外的第三人侵权导致雇员损害。例如,雇员遭受第三人暴力侵害或者雇员在执行职务过程中发生交通事故。在个人雇佣关系中,依据《人身损害赔偿解释》第11条的规定,受害雇员既可以主张雇主承担赔偿责任,也可以主张侵权第三人承担赔偿责任。如果雇员先向雇主主张赔偿责任的话,雇主对雇员承担无过错赔偿责任,赔偿的范围以雇员的损失为限。雇主承担赔偿责任后,可以向侵权第三人主张权利,权利范围仅限于侵权第三人在侵害雇员活动中应该承担的责任比例。如果遭受侵害的雇员也要承担一定的过错比例,则这部分权利不得向第三人主张,最终的赔偿责任仍由雇主来承担。这是需要特别注意的。

---

① 王泽鉴:《民法学说与判例研究》(第1册),中国政法大学出版社1998年版,第386页。

② 也有例外情况,如《美国合同法重述》、《法国民法》与《瑞士债务法》都对在违约责任中适用精神损害赔偿的例外情形作了规定。

③ 太月:《劳动合同法中违约责任与其他法律责任关系的研究》,载《大连理工大学学报》2014年第4期。

4.4.2 工伤保险给付与民事赔偿责任竞合

由于工伤保险制度与雇主自己责任的竞合关系,因第三人致劳动者损害的主要问题就变成了"工伤保险与第三人侵权责任能否并存以及如何并存的问题"。①

4.4.2.1 兼得模式是我国当前司法主流

关于第三人侵权所致的工伤,雇主与侵权人各自承担怎样的法律责任,工伤保险给付与侵权损害赔偿责任如何协调,在法律上并没有特别明确。为此《人身损害赔偿解释》第12条对此作了相应规定,因用人单位以外的第三人侵权造成劳动者人身损害,赔偿权利人请求第三人承担民事赔偿责任的,人民法院应予支持。当时的司法意见是支持"受害人既能获得工伤保险赔偿,还能要求第三人承担侵权赔偿责任"。② 尽管司法解释的制定者们一开始就坚定地认为,第三人侵权所致的工伤应该适用兼得模式,也确实有很多省份也是按照该解释的意见来执行,这方面山东省走在全国的最前列。2005年《山东省高级人民法院关于印发全省民事审判工作座谈会纪要的通知》(鲁高法〔2005〕201号)在第6条"关于工伤保险待遇纠纷案件的处理问题"中明确提出了双重赔偿的概念。③ 但有些省份对该解释就并不完全认同。此后,最高人民法院多次作出批复或下发文件,以统一认识。2006年《最高人民法院关于因第三人造成工伤的职工或近亲属在获得民事赔偿后是否还可以获得工伤保险补偿问题的答复》给予了肯定的回答,因第三人造成工伤的职工或其近亲属,从第三人处获得民事赔偿后,可以向工伤保险机构申请工伤保险待遇补偿。《最高人民法院关于审理工伤保险行政案件若干问题的规定》(法释〔2014〕9号,以

---

① 程啸:《侵权责任法》(第2版),法律出版社2015年版,第427页。

② 陈现杰:《〈最高人民法院关于人身损害赔偿案件适用法律若干问题的解释〉的若干理论与实务问题解析》,载《法律适用》2004年第2期。

③ 《山东省高级人民法院关于印发全省民事审判工作座谈会纪要的通知》(鲁高法〔2005〕201号)规定:"如果劳动者的工伤系第三人侵权所致,按照我国现行法律和最高人民法院司法解释的规定,用人单位仍应承担劳动者的工伤保险待遇,但劳动者也可追究第三人的侵权赔偿责任,即劳动者可以在工伤事故中获得双重赔偿,但因工伤事故产生的直接费用,原则上不予重复计算。"

下简称《工伤保险行政案件规定》)第8条第2款规定,[①]则进一步强化了对兼得模式的支持。

最高人民法院的系列规定,推动了我国在事实上确立了第三人侵权致劳动者工伤的工伤保险待遇与民事赔偿责任兼得模式。但是,此种模式随着《社会保险法》的颁布而引发了不同的看法。该法第42条规定,工伤保险基金先行支付工伤雇员医疗费用后,有权向侵权第三人追偿。有学者就此解读为"就医疗费用而言,如果受害人已经从工伤保险赔偿金中获得了赔偿,就不能要求第三人再行承担医疗费用的赔偿责任;反之亦然"。原因在于医疗费用数额明确且医疗费用的凭据只有一份,事实上"受害人不能兼得"。[②]《工伤保险行政案件规定》第8条第3款规定,[③]也明确了工伤医疗费用只能赔偿一份,在医疗费已经获得赔偿后,不得再次主张。2015年全国民事审判工作会议纪要提出在第三人已经支付"医疗费、护理费、营养费、交通费、住院伙食补助费、残疾器具辅助费和丧葬费等实际发生的费用"后,受害劳动者不能就此向工伤保险主张赔偿。事实上,这些规定并不影响兼得模式的成立。因为"医疗费、护理费、营养费、交通费、残疾器具辅助费、丧葬费"等都是实际发生支付的费用,从财务上来说,这些原始票据都只能一次性报账使用,在实践中也无法同时要求两家单位报销。更何况这些费用都是实际发生的,如果允许受害人获得双份赔偿,那就有违侵权损害赔偿的填平原则,构成了事实上的不当得利。所以,对这些实际支出费用只允许向侵权责任人主张一次,并不影响当前兼得模式的成立。

4.4.2.2　第三人侵权所致工伤的赔付模式之辩

如前所述,关于第三人侵权所致的工伤,受害人有权利同时主张工伤保险待遇给付与侵权损害赔偿,共涉及工伤保险待遇给付与侵权损害赔偿责任之间的四种模式。那么究竟何种模式最适合我国国情呢?

---

① 《最高人民法院关于审理工伤保险行政案件若干问题的规定》(法释〔2014〕9号)第8条第2款规定:"职工因第三人的原因受到伤害,社会保险行政部门已经作出工伤认定,职工或者其近亲属未对第三人提起民事诉讼或者尚未获得民事赔偿,起诉要求社会保险经办机构支付工伤保险待遇的,人民法院应予支持。"

② 程啸:《侵权责任法》(第2版),法律出版社2015年版,第428页。

③ 《工伤保险行政案件规定》第8条第3款规定:"职工因第三人的原因导致工伤,社会保险经办机构以职工或者其近亲属已经对第三人提起民事诉讼为由,拒绝支付工伤保险待遇的,人民法院不予支持,但第三人已经支付的医疗费用除外。"

有学者认为应当建立选择模式，即“受害人可以选择取得工伤赔偿还是针对第三人提起侵权赔偿之诉，二者可选其一，但不能并存，更不能就同一损害项目重复”。① 这种模式虽然强调了受害职工有就工伤保险赔偿和民事侵权赔偿进行选择的权利，但是两种赔偿方式的适用相互排斥，并不利于保证受害职工实现合法权益。受害职工必须保证享有双重请求权，但双重请求权的保证使得受害职工很难从抉择的尴尬境地中解脱出来，快速地获得补偿，渡过难关。②

还有学者支持建立替代模式，即“在适用工伤保险赔偿的场合，排除普通人身损害赔偿的适用。工伤保险给付替代侵权损害赔偿。”③这种模式在程序上处理起来非常简便，有助于减轻受害人的讼累。但问题是，用工伤保险给付取代侵权损害赔偿，在我国目前工伤保险给付水平尚处于较低水平的情况下，可能大大损害受害人的权益，以致最终赔偿无法填平受害人的实际损失，这对受害人无疑是显失公平的。

兼得模式是我国目前现行的模式。赞成这种模式的观点认为，“这种救济模式最大的优点在于充分体现了对受害职工的保护，雇员可以因工伤事故同时获得工伤保险给付和侵权赔偿双重救济，特别是在工伤保险待遇和民事赔偿标准偏低的情形下，有效地保障受害职工的利益”。④ 因为保障水平低就要支持双份赔偿，这个逻辑根本不成立，有学者认为“将工伤保障待遇和民事赔偿标准偏低作为双份利润的理论基础并不是逻辑的必然，因为既然工伤保险和民事赔偿标准偏低，就应该努力设法将其标准予以提高，而不应通过建立‘双份利益’制度来予以救济”。⑤ 另外，兼得模式与当今世界的潮流南辕北辙，已为世界具有代表性的国家如美国、德国和日本的法律所否定。⑥ 此外，第三人侵权所致的工伤在赔付上采用兼得模式，“与生产安全事故所导致的传统意义上的工伤相比较，前者所获得的赔偿明显高于后者，

---

① 程啸：《侵权责任法》（第 2 版），法律出版社 2015 年版，第 429 页。

② 唐芸霞、杨绪峰：《第三人侵权引发的工伤事故救济模式探讨——写在〈社会保险法〉施行之时》，载《四川师范大学学报》（社会科学版）2011 年第 6 期。

③ 张新宝：《侵权责任法立法研究》，中国人民大学出版社 2009 年版，第 318 ~ 319 页。

④ 唐芸霞、杨绪峰：《第三人侵权引发的工伤事故救济模式探讨——写在〈社会保险法〉施行之时》，载《四川师范大学学报》（社会科学版）2011 年第 6 期。

⑤ 王利明：《民法典 · 侵权责任法研究》，人民法院出版社 2003 年版，第 607 页。

⑥ 谢增毅：《工伤保险赔偿与第三人侵权赔偿关系的再认识——基于实体和程序的双重视角》，载《法商研究》2011 年第 3 期。

这样的结果对于后者极不公平。第三人侵权特别是通勤途中的交通事故所导致的工伤，与生产事故所导致的工伤相比较，与工作的关系显然不如后者密切，对职业安全造成的危险性远不如后者高，却可以获得更高的补偿”。①

补差模式又称补充模式，这种模式的特点是受害职工可同时主张侵权损害赔偿和工伤保险赔偿，但其最终所获得的赔偿金或保险金总额，不得超过其实际遭受之损害。正如有的学者所言：“它是现代侵权责任制度与公司保险制度长期磨合的产物，相对前述三种模式逻辑更为严密，也更符合社会公平正义的观念。”另外，兼得模式最为人所诟病的是人为地在工伤职工中制造不平等，而补充模式则能够最大的体现公平原则，既能够实现法的公平，也能够实现对劳动者的基本人权保障。因此，补充模式是更为合理的选择。② 另外，从操作上来说，补差模式更符合社会大众的思维习惯，更容易为工伤保险经办机构与雇主所接受，《试行办法》适用多年的经验，证明了“损害填平”原则是大家普遍接受的一种公平原则。尤其是在当前众多生产安全事故致害的工人也只能拿到一份赔偿的情况下，“补差模式”对于众多劳动者感受到平等的劳动权利是极为重要的。在补差模式下，雇主更有积极性去帮助受害人及时落实相应的赔偿待遇。因为对雇主而言，他只是承担一个垫付的义务，在取得代位追偿权以后，他可以向第三人主张他已经支付给受害人的工伤保险待遇。

4.5 完善雇主自己责任之立法建议

4.5.1 雇主损害赔偿责任之立法审视

4.5.1.1 雇员遭受第三人损害之雇主责任的不平衡

对于雇员在从事雇佣活动中遭受第三人侵权造成损害该如何处理，我国现行法律制度中唯有《民法典》(《侵权责任法》)与《人身损害赔偿解释》对此有规定。《民法典》第1192条(《侵权责任法》第35条)的规定针对的是个人雇佣关系，不包括劳动关系。另外，这一规定也是针对雇员在从事雇佣活动中遭受损害的，应该以过错原则作为归责原则，根据雇主与雇员的过错程度来划分责任。对于第三人侵

① 黄乐平：《传统职业伤害的工伤赔偿处理》，载《现代职业安全》2010年第8期。

② 林嘉：《工伤保险与民事损害赔偿竞合问题之检讨》，载《中国医疗保险》2016年第10期。

权造成雇员损害的,《侵权责任法》没有明确规定。但《人身损害赔偿解释》第 11 条作了规定,明确了个人雇佣关系下雇员在从事雇佣活动中遭受第三人损害的,雇主要承担无过错责任。等同于将个人雇主视为用人单位,但用人单位可以通过参加工伤保险,将事故风险转嫁给工伤保险基金来承担,这就大大加重了个人雇主的用工风险。《民法典》第 1192 条对此做了较大的调整,明确规定了提供劳务一方因劳务受到损害的,根据提供劳务一方与接受劳务一方各自的过错承担相应的责任。此外,对于因第三人的行为造成提供劳务一方损害的,还规定了提供劳务一方既有权请求第三人承担侵权责任,也有权请求接受劳务一方给予补偿。特别值得肯定的是,《民法典》规定了接受劳务一方补偿后,可以向第三人追偿,也就是说个人雇主在给雇员作出补偿后,可以向导致雇员损害的第三人追偿。对于用人单位的雇员遭受第三人侵权损害的,《人身损害赔偿解释》第 12 条规定受害雇员可以向侵权第三人主张民事赔偿,没有明确工伤保险待遇给付与侵权损害赔偿的关系。依《工伤保险条例》的规定,雇员在从事雇佣活动中遭受损害的可以认定为工伤,用人单位与工伤保险基金应按照无过错补偿原则在各自的职责范围内向雇员支付工伤保险待遇。这就是雇员在事实上获得了"工伤保险待遇给付"与"侵权损害赔偿"即双份赔偿的"兼得模式"。很遗憾《民法典》第 1191 条回避了这一问题。

综合上述分析不难看出,针对雇员在从事雇佣活动中遭受的损害,我国目前实行的是两种模式。一种是针对个人雇佣关系,实行的是过错责任原则;对于第三人侵权所致的损害,雇主可以先行赔付,在取得代位求偿权以后,即可启动对侵权人的索赔。另一种是针对劳动关系,实行的是无过错责任原则,雇主与工伤保险基金分别向雇员支付工伤保险待遇;雇员向第三人主张赔偿,权利并没有发生转移,雇主不得以代位求偿名义向第三人主张已经支付的赔付款项。很明显,在同一制度坐标体系下,个人雇主与用人单位在法律上的义务是有很大差别的。

4.5.1.2 多部法律存在立法冲突

现行法律体系涉及雇主对雇员的损害赔偿责任的法律(含司法解释)共有六部,分别是《安全生产法》、《职业病防治法》、《民法典》(《侵权责任法》)、《社会保险法》、《人身损害赔偿解释》与《工伤保险行政案件规定》。无论是对于个人雇佣关系,还是劳动关系下的雇主责任而言,都存在不同程度的法律冲突问题。

对个人雇主而言,对于雇员的损害赔偿究竟是适用无过错责任原则还是过错责任原则一直是雇主责任的一大困扰。《人身损害赔偿解释》确立的是无过错责任原则,而《民法典》(《侵权责任法》)确立的是过错责任原则,二者之间明显存在冲突。尽管从法律适用来说,《侵权责任法》特别是《民法典》作为位阶更高、内容更新的法律应该优先适用,但《人身损害赔偿解释》作为最高人民法院发布的司法解释,且各地法官已经习惯于在司法审判中信手拈来了。只要司法解释不被废止,法律与司法解释冲突的问题就会长期存在。

于用人单位而言,对于雇员的损害赔偿究竟是适用兼得模式,取代模式,还是适用补差模式也是一个悬而未决的问题。单从立法文本上来看,无论是因为雇主的原因导致雇员的损害,还是因为第三人的原因导致雇员的损害,都是适用兼得模式。从这个角度上来说,现行法律制度文本的价值取向基本是一致的。但是法律的生命力在于实践,《人身损害赔偿解释》第 12 条的规定,宣告了雇主对于雇员的损害赔偿责任仅限于落实工伤保险待遇,等于是以“工伤保险待遇给付”完全取代了“侵权损害赔偿责任”。但是,对于第三人侵权的所致的工伤,《人身损害赔偿解释》《社会保险法》《工伤保险行政案件规定》三部法律文件等于在事实上认可了兼得模式(工伤保险待遇给付 + 侵权损害赔偿,由于我国的工伤保险待遇支付模式是工伤保险基金支付与雇主补偿相结合)只是在医疗费方面允许工伤保险基金对侵权第三人的追偿权,由于医疗费作为“财产损失”本来就是据实开支,不影响兼得模式的成立,这就人为地造成了雇主责任的不平衡。对于雇员而言更是显失公平,一方面是因为雇主过错而在生产安全事故中遭受损害,只能拿到一份工伤保险待遇这一最低的基本保障;另一方面是因为雇主以外的第三人侵权(如上下班途中由于第三人侵权发生的交通事故),却可以在拿到工伤保险待遇之外,还可以拿到另一份完整的侵权损害赔偿(除去据实开支的部分)。

4.5.2　建立雇主损害赔偿责任之统一标准

如前所述,无论是基于雇主过错导致的生产安全事故与职业伤害而给雇员造成的损害,还是基于第三人的过错给雇员造成的损害,都会涉及雇员主张工伤保险待遇给付与侵权损害赔偿的问题,涉及雇主对雇员损害赔偿的标准的确定。在所有四种模式中挑选一种适合我国国情的模式,以实现雇员损害赔偿的“同工同权”。如前所述,最适合我国当下国情的毫无疑问是“补差模式”。要实现这一目标,相关法律的条款都需要作出修改。

第一,《职业病防治法》第 58 条与《安全生产法》第 53 条必须明确主张民事赔偿的“过错责任”与“以弥补人身损害赔偿与工伤保险待遇的差距为限”的原则。《职业病防治法》第 58 条可以修改为:“职业病病人除依法享有工伤保险外,依照有关民事法律，尚有获得赔偿的权利的，有权对存在过错的用人单位提出赔偿要求，但赔偿数额须扣除已经给付的工伤保险待遇。”同理，《安全生产法》第 53 条也可以作类似修改。

第二，《民法典》应该明确雇主向第三人的追偿权。可以在第 1191 条增加一款：“用人单位的工作人员在执行工作任务时，因用人单位以外的第三人造成损害的，由第三人承担侵权责任；用人单位因此承担赔偿责任的，可以向第三人追偿。”

雇员因为第三人侵权所致损害应该如何行使自己的权利主张，笔者认为可以赋予雇员选择权，借鉴欧洲各国的做法。即“如果受害人的雇主在伤害发生后依据法律在受害人养伤期间必须继续向受害人支付工资，该雇主是否有权就该损失向加害人索赔？”面对这样的问题怎么办？《荷兰民法典》规定，“依法必须持续支付其受伤的雇员工资的雇主可以将这些支付作为自己的损失，并从责任方得到赔偿”。[①] 在雇主持续向雇员支付了工资以后，雇主就取得了对加害人的代位请求权，在雇主持续支付的工资范围内的雇员赔偿请求权，雇主可以向加害人主张权利。[②] 因此，有学者主张“借鉴其他国家的立法和司法的实践经验，雇主在雇员受伤期间依照法律的规定须继续向员工支付工资的，对加害人的索赔应该属于雇主，而不应属于雇员”。主张的理由是“首先，雇员再从雇主得到工资的补偿后已经没有损失，允许员工对加害人起诉会使员工不当得利。其次，雇主在继续向雇员支付工资的情况下，作为实际的受害人对于加害人应当拥有代位求偿权”。[③] 笔者赞同此观点，通过雇主先行支付雇员遭受损失的工资及相关利益，在雇员损失获得填补后，雇主在其赔偿的范围内取得代位求偿权向侵权的第三人主张权利，对于未获赔偿的部分，雇员仍旧有向侵权人主张损害赔偿的权利。

第三，《社会保险法》应明确规定“工伤医疗费”以外的工伤保险待遇的追偿权。第 42 条可以修改为：“由于第三人的原因造成工伤，第三人不支付工伤医疗费用或者无法确定第三人的，由工伤保险基金先行支付。工伤保险基金先行支付工伤医疗费及其他工伤保险待遇后，有权向第三人追偿。”

---

① 王军：《侵权损害赔偿制度比较研究》，法律出版社 2011 年版，第 169 页。

② ［德］克里斯蒂安·冯·巴尔：《欧洲比较侵权行为法》，焦美华译，法律出版社 2005 年版，第 35 页。

③ 王军：《侵权损害赔偿制度比较研究》，法律出版社 2011 年版，第 172 页。

第5章
雇主替代责任

5.1 雇主替代责任的界定与源流

所谓替代责任乃是为他人行为的责任，是指加害人与赔偿义务人相分离的侵权责任形态，[①]在学理上又称转承责任，代为责任，代理责任，间接责任，准侵权责任等。[②] 之所以会对一类侵权责任产生这诸多的称谓，在于该责任类型在普通法与大陆法均有法理根基，各自发展出独立的概念及理论体系，进而实现交流融汇。所谓替代责任是普通法上的概念，在《布莱克法律词典》中的解释是责任人本身无过错，但因特定的关系对他人的行为承担责任。[③] 一般认为，这种特定关系的范围包括雇佣、合伙、代理等具有紧密人格联系的关系。[④] 对于替代责任的起源，有学者指出，在普通法的历史上，替代责任乃是源自宗教上教士对信徒的责任，但其发展至今仅指一人为另一人的行为承担责任，并且该责任类型已为全部普通法国家所采纳。[⑤] 还有学者认为，替代责任实际上源自普通法国家中的主仆关系，主人有义务对仆人的侵权行为承担连带责任。基于此，现有法律中的替代责任是一人取代另一人的

---

① 尹飞：《为他人行为侵权责任之归责基础》，载《法学研究》2009年第5期。

② 参见刘士国：《现代侵权损害赔偿研究》，法律出版社1998年版，第310页；徐爱国：《英美侵权法》，法律出版社1999年版，第247页；周友军：《交往安全义务理论研究》，中国人民大学出版社2008年版，第31页；张新宝：《侵权责任法原理》，中国人民大学出版社2005年版，第18页。

③ Bryan A. Garner, *Black's Law Dictionary*, New York West Group, 2004, p. 2913.

④ John Hodgson and John Lewthwaite, *Tort Law Textbook*, Oxford University Press, 2007, p. 270.

⑤ Richard A. Epstein, *Cases and Marerials on Torts*, Little Brown and Company, 1990, p. 819.

地位承担责任。①

在替代责任的诸种情形中,②国内通说认为,雇主就其雇员的侵权行为承担的侵权责任是最典型的替代责任。③ 就替代责任的本质而言,学者 Peter Cane 认为其为"以关系为基础的严格责任",雇员实施的侵权行为不以雇主知悉为前提,亦不要求雇主能够对雇员之行为危险性予以防范,即便雇主已有对雇员相关行为作出禁止性指示,一旦发生相关侵权后果,雇主仍然应当承担责任。④ 关系基础理论广为学界所采纳,Clerk 提出只要有雇佣关系存在,雇主承担替代责任的要件仅是雇员实施了侵权行为。⑤ W. V. H. Rogers 提出的替代责任要件亦是由雇佣关系和雇员侵权行为构成。⑥ Prosser 则强调了替代责任包含的"强加过错内容",认为雇主承担雇员侵权行为造成的责任乃是基于雇佣关系,法律推定雇主亦有过错,实际上仍是严格责任。⑦ 基于学说的梳理可见,普通法强调从雇佣关系出发解释雇主替代责任的形成,即便是提及过错,也是为了与传统过错归责理论相衔接,推导出雇佣关系中的严格责任。

而大陆法系并不使用"替代责任"这一表述,相对应的概念是"对他人行为的责任"。⑧ 法国主流学说认为侵权责任可以基于三种致害行为而产生:因个人行为、因物的行为和因他人的行为,其中,因他人的行为而产生的侵权责任是指行为人应当就其控制的第三人实施的侵权行为对受害人承担的侵权责任。⑨ 这种致害行为的三分法对应《法国民法典》不同的归责原则,个人侵权对应过错责任、物的行为侵权对应严格责任、他人行为侵权对应过失推定或过失责任。德国亦秉持大陆法系依据过错归责的传统,学者坚持过失主义是侵权法的伦理基础,当然适用于雇佣关系

---

① R. F. Heuston and R. A. Buckley, *Salmond and Heuston on the Law of Torts*, London, Sweet & Maxwell Ltd., 1996, p. 430.

② 一般认为,替代责任的范围包括国家对公职人员的替代责任、监护人对被监护人的替代责任、雇主对雇员的替代责任。

③ 张民安:《侵权法上的替代责任》,北京大学出版社 2010 年版,第 169 页。

④ Peter Cane, *The Anatomy of Tort Law*, Hart Publishing, 1997, p. 46.

⑤ R. W. Dias, *Clerk & Linsell on Torts*, Sweet & Maxwell, 1982, p. 156.

⑥ W. V. H. Rogers, *Winfield and Jolowics on Tort*, Sweet & Maxwell, 1990, p. 560.

⑦ W. Page Keeton, *Prosser and Keeton on Torts*, West Publishing Co., 1994, p. 499.

⑧ Paula Giliker, *Vicarious Liability in Tort*, Cambridge University Press, 2010, p. 5.

⑨ 张民安:《侵权法上的替代责任》,北京大学出版社 2010 年版,第 169 页。

中的责任分担。因此,雇主承担雇员侵权责任应当以其自身过失为基础,“雇佣人虽无过失而应负责,势必导致工业不振、商业停顿、经济不景气,其结果对被害人亦会产生严重不利益”。[①] 因此,德国、日本民法也均采纳过失推定责任。

我国民法立法和相关司法解释中均没有使用“替代责任”的表述,但此概念已成为学界已通行的术语。由于对雇主替代责任的源流缺乏妥当的分析,一些学者“一边使用‘替代责任’的术语一边主张过错责任或过错推定责任的学说在逻辑上不免有自相矛盾之嫌”。[②] 如上一章所述,我国《人身损害赔偿解释》和《民法典》侵权责任编关于职务行为致第三人损害的规定均体现了普通法中替代责任的主旨,即以雇佣关系和雇员侵权行为为要件,不考虑雇主的过错。这一立法设计无疑吸纳了先进的立法经验,“综观英美法系与大陆法系关于替代责任的历史发展与归责原则,英美法以令人信服的价值判断和利益衡量稳固地确立了雇主的无过错责任。此制度运作一个多世纪以来,并未发现有阻碍经济发展及其他当时学者顾虑的问题出现……大陆法系也有相当数量的国家如荷兰及北欧诸国采雇主无过失责任”。[③]

综上所述,通过对雇主替代责任概念的产生及源流的考察可以发现,此项责任深植于普通法的价值观念及体系之中,自可考据的宗教及主仆关系起就施加雇主无过错责任,正如其概念所包含的“替代”一词说表征,雇主事实上替代了雇员承担侵权责任,而不问雇主自己的过错程度及相关行为。而大陆法系所以也使用无过错责任的概念,但其发展及流变与普通法仍有深刻的差别,如德、日仍围绕雇主的过错推进制度设计,其在根本逻辑上与普通法语境下的替代责任是不同的。由此,讨论雇主替代责任的立法体例、性质学说等均应当在普通法与大陆法相区隔的二分法结构下展开,不致出现主张替代责任为过错责任或过错推定责任的逻辑错误。

5.2 雇主替代责任理论学说评析

我国学界关于雇主替代责任理论基础的阐释包含多种理论,主要有报偿理论、

---

① 王泽鉴:《民法学说与判例研究》(第1册),中国政法大学出版社1997年版,第5页。

② 班天可:《雇主责任的归责原则与劳动者解放》,载《法学研究》2012年第3期。

③ 毛兆瑞:《论雇主的替代责任》,载《政法论坛》2004年第3期。

控制理论、“深口袋”理论、收益与风险一致理论、代理理论、公共政策理论等。[①] 上述学说名称各异，但在内容上多有交叉，如报偿理论、代理理论、收益与风险一致理论的主要观点近似，“深口袋”理论与公共政策理论相互趋同。有学者就此指出，用人者为何要为被使用者在执行工作任务中给他人造成的损害负责，学说上由多种理论加以解释，最具有说服力的理论有三项，即控制理论、报偿理论与“深口袋”理论。[②]

第一，控制理论。其主旨是雇员由雇主选任并接受雇主的指挥监督。由于存在雇主的控制，雇员的独立意思受到拘束，在执行职务过程中以雇主下达的命令或设定的任务为目标。因此，对于职务行为所包含的风险要素，雇主因其处于控制地位则产生了特定义务，即不仅要指示雇员完成劳务给付，还要就人员选任、职务执行等行为过程予以充分注意并合理防范。有学者指出，“控制理论是早期侵权法采取的理论，也是有关雇主替代责任方面的第一个理论，它认为，雇主之所以要就其雇员的侵权行为对受害人承担侵权责任，是因为雇主在选任雇员和监督雇员方面存在过失，应当根据一般过错侵权责任制度对受害人承担侵权责任。”[③]据此，雇主对雇员承担责任的因由主要有两个方面，一个是雇主在选任雇员时存在过错，未尽到合理注意义务，未充分审查雇员的能力、心智等因素，由此导致侵权责任的发生，如雇主雇用了有精神疾病的雇员，其在劳动间歇发病致使第三人死亡；[④]另一个是雇主对雇员执行职务过程中缺乏应尽的监督和管理，以致雇员实施侵权行为，如大厦停车场的保安人员私开客户车辆，造成交通事故。

基于控制理论的梳理可以发现，学界对控制理论的作用仍存有分歧，有学者认为，控制理论是早期两大法系国家学说和法律采取的一种理论，能够适用于早期市场经济不发达的社会，作坊式产业模式下工人较少，雇主能够亲力亲为，自主对雇员进行选任、管理和监督，但时至现代社会，控制理论已难以适应庞大的企业化组

---

① 参见程啸：《侵权责任法》（第2版），法律出版社2015年版，第402～403页；曹艳春：《雇主替代责任研究》，法律出版社2008年版，第114～124页；张民安：《侵权法上的替代责任》，北京大学出版社2010年版，第188～199页。

② 程啸：《侵权责任法》（第2版），法律出版社2015年版，第402页。

③ 张民安：《侵权法上的替代责任》，北京大学出版社2010年版，第188页。

④ 人民法院案例与理论编写组：《人民法院案例与评注》（民事第8卷），中国法制出版社2006年版，第52页。

织用工状态。[①] 因而,该理论是雇主过错责任或过错推定责任的基础,亦即如果雇主得以通过证明不存在选任或监督雇员的过错主张免除对雇员侵权行为的责任。不应在使用雇主替代责任的表述、主张无过错责任的同时,亦将控制理论作为雇主对雇员侵权行为承担责任的理论基础。然而,有学者认为雇主对雇员的控制非但因企业规模的扩大而削弱,反而在大企业、大公司中表现得更为突出,“大企业或大公司实行严格的科层制,它们不仅有严密的组织管理体系,还拥有非常完美的技术化程序和管理手段”。[②]

笔者认为,主张控制理论在当今社会已失去解释力的学说对于“控制”的理解有失狭隘。对于控制的理解应当依据雇佣关系的本质,即雇员在雇主的指挥监督下给付劳务,这种以选任、指挥、监督为主要内容的控制并不局限于自然人之间面对面式的行为,也就是说,雇员在雇佣关系中所受到的控制是广义的,只要能够对其意思、行为自主性产生拘束,使其以雇主利益为目的行事,即可认为存在控制。上文已论及雇主“控制圈”理论,据此,雇主的控制早已不以直接发布的指示和命令为限,在组织化用工模式的席卷下,雇员受到控制的方式已然在组织化雇主中通过科层制和岗位职责等制度予以固定或者说强化。相对于自然人雇主零散的直接指示命令,服务于组织化雇主的雇员受到的控制更为全面和严密。所以说,控制理论已随着市场化用工模式的发展而演进,对控制的阐释更具有抽象性和包容性,对当下雇佣实践仍具有解释力。

第二,报偿理论。其主旨在于雇主对雇员劳动力的使用在于实现自身目的及利益,那么雇员执行职务的过程也即是增进雇主获利机会的过程,那么“如果一项法律允许一个人——或者是为了经济上的需要,或者是为了他自己的利益——使用物件、雇佣职员或者开办企业等具有潜在危险的情形,他不仅应当享有由此带来的利益,而且也应当承担由此危险对他人造成任何损害的赔偿责任;获得利益者承担损失”。[③] 据此,雇员的地位乃是雇主能力在法律上的延伸,为此雇主不能仅享有雇员给付劳务创造的利益,也必须对此间隐含的风险乃至实际发生的损害后果负责。换言之,这种侵权的损害是从事这种经营活动的不可避免的副产品,这是经营

① 张民安:《侵权法上的替代责任》,北京大学出版社 2010 年版,第 189 页。

② 程啸:《侵权责任法》(第 2 版),法律出版社 2015 年版,第 403 页。

③ [德]克里斯蒂安·冯·巴尔:《欧洲比较侵权行为法》,张新宝译,法律出版社 2005 年版,第 10 页。

的代价（在广泛意义来讲）。因此，雇员的行为可以视为企业的行为，侵权责任也应该被列为企业成本的一部分。①

报偿理论侧重从雇员行为的收益与风险角度阐释，亦可以称为“收益与风险一致理论”；而代理理论则从雇主与雇员的相互关系角度出发，认为雇主对雇员侵权行为承担责任的依据在于雇员是雇主的代理人，因此，将雇员执行职务的行为视为基于雇主明示或默示的授权，那么雇员在此代理关系中的过失有雇主承担责任。②代理理论的出发点虽然与报偿理论有所差别，但目的都是确立雇主无过错情况下与雇员侵权行为的责任关系，在此有别于控制理论。控制理论强调雇主基于对雇员的控制承担责任，但控制仍是两个人格独立之间的相互关系，而代理理论则进一步对“控制”的概念进行发展，主张在雇佣关系中，雇主的人格吸收了雇员的人格，在这个意义上，雇员执行职务的行为与雇主亲自执行没有人格上的差别，因此，雇员的过错也被视为雇主的过错，并且雇主不能通过自己没有过错主张免责。③ 可见，报偿理论（收益与风险一致理论）与代理理论都是对雇主承担无过错责任的论证，只是前者更具有普通法色彩，后者则体现了大陆法的固有逻辑。

第三，“深口袋”理论。其主旨是雇主通常比雇员具有更强的经济实力，能够承担雇员造成的第三人损害。同时，由于雇主通常基于雇佣关系实现营业目的，因此，雇主有渠道通过其营业之商品或服务向社会分散损害成本，而雇员既缺乏责任承担能力，又没有分散风险的渠道，因此，“为了更好地保护受害人，防止出现被使用人赔偿能力不足的情形，有必要令用人者承担侵权责任”。④ 可见，“深口袋”理论是从受害人保障角度进行的经济计算，“替代责任不过是提供一个更高资历的被告来承担原告损失的策略，既然雇主比雇员更有能力赔偿损失，适用替代责任就会达到填补损害的目的”。⑤

但是，如果在损害发生的时候，仅是因为雇主比雇员更具有经济实力就要求其承担责任显然难以服人。实际上，在“深口袋”理论背后是更高位阶的“公共政策”

① ［美］爱德华·J. 科卡恩：《侵权法》（影印本），法律出版社 1999 年版，第 230 页。转引自曹艳春：《雇主替代责任研究》，法律出版社 2008 年版，第 123 页。

② 张民安：《侵权法上的替代责任》，北京大学出版社 2010 年版，第 190 页。

③ Jean Carbonnier and Droit Civil, *Les Obligations*, Press Universifaires De France, 1993, p. 247.

④ 程啸：《侵权责任法》（第 2 版），法律出版社 2015 年版，第 402 页。

⑤ 曹艳春：《雇主替代责任研究》，法律出版社 2008 年版，第 120 页。

理论,如Prosser所言,雇主替代责任是公共政策层面对社会风险有意识的分配,因为雇主能够通过侵权责任转嫁来分散风险,“通过价格和责任保险等方式将其责任转移给社会和公众”。[①] 此外,Rogers指出,当今社会的雇主通常不是单个的自然人,而主要是大型营业组织,它们既具备强大的经济实力,能够妥善地承担责任,也形成了完备的责任应对和管理机制,其雇员侵权行为造成的损害能够以社会化的方式承担。[②] 可见,在以受害人保障为主旨的制度设计中,雇主替代责任具有最大的经济效益,因此,“深口袋”理论侧重阐释责任承担能力在雇佣关系侵权责任分配中的重要性,而公共政策理论则说明了要求强者承担责任的社会整体考量,雇主替代责任实际上作为社会风险整体分配机制的一环,受公共政策指引,以法律强制的方式将雇员职务行为风险分配给雇主。正如Pearce所言,雇主替代责任的理论基础并不是按照逻辑推导的方式从法律原则中得出的,它实际上基于社会对朴素正义、安全及效率的共识。[③]

5.3 雇主替代责任的域外立法例分析

5.3.1 德国法

《德国民法典》第831条规定,[④]确立起了德国关于雇主对雇员侵权责任的过错推定原则,并成为此类立法模式的典型,直接影响了奥地利、日本等国雇主责任的制度设计。

在此制度模式下,雇主承担侵权责任的基础不是雇员侵权行为本身的过错,而是雇主使用雇员过程中存在过错,换言之,法律视雇主与雇员为两个人格独立的主体、各种对自身行为负责,雇员固然实施了侵权行为,但雇主并不因此当然承担责任,而是因雇主未尽到其负有选任、管理、监督雇员的义务。在发生雇员职务行为致第三人损害的情况下,为保护受害人利益,减轻其举证责任,由法律推定雇主未能尽到选任、管理、监督雇员的合理注意义务,因此要求雇主承担侵权责任。因雇主承

---

① W. Page Keeton, *Prosser and Keeton on Torts*, West Publishing Co., 1994, p. 431.

② W. V. H. Rogers, *Winfield and Jolowics on Tort*, Sweet & Maxwell, 1990, p. 589.

③ Inperial Chemical Industries Ltd. v. Shatwell [1965] A. C. 656.

④ 参见《德国民法典》第831条规定的具体内容,详见本书第二章“2.1.3 侵权损害赔偿归责原则的反思”。

担侵权责任系以其自身过错为基础，那么雇主得以通过举证证明已尽到合理注意义务，不存在过错为由主张免责，“雇主的侵权责任是基于对受雇人选任监督的过失推动而确立的，但雇主可基于反证推翻过失的推定而免责”。[①]

当前学界对德国模式的雇主过错推定制度颇多批评，认为其出发点是保护雇主的利益，牺牲对受害人的保护，造成不公平的结果，不符合雇主无过错责任的世界立法趋势。但对德国法的评价不能脱离其立法所处的独有背景，事实上在确立雇主过错推定责任制度之前，立法者从更为保守的立场提出雇主过失责任制度，《德国民法典》草案一稿和二稿关于雇主责任的规定均为过失责任，即只有受害人能够证明雇主在选任、管理和监督雇员过程中没有尽到合理的安全注意义务情况下，才由雇主承担责任。[②] 由于此项规定对受害人极为苛刻，招致广泛批评，司法对其予以否定，才进而确立了雇主过错推定责任。[③] 可见，即便是雇主过错推定责任能够在德国确立，也已是一种艰难的进步，无过错责任在当时德国并不具备立法基础，具体成因包括：第一，德国民法固守19世纪过失责任理论，侵权责任务须以行为存在过失为根基，雇主过错推定责任仍在过失责任的大范畴内，因而能够得到当时学界所支持；第二，相对于无过错责任，过错推定责任更有利于保护中小企业的利益，此间的名言为Leonard教授主张的“在雇主没有过失的情况下仍要负责，势必导致工业不振、商业停摆、经济不景气”。[④]《德国民法典》制定之时也是德国经济快速发展的时期，中小企业是主要的营业组织形态，因此在风险分配上，立法者显然以中小企业利益为优先，过错推定责任实际是将责任风险转嫁给实施侵权行为的雇员。[⑤]

随着时代的发展，加强受害人保护已成为各国雇主责任制度设计的共识，在此背景下，《德国民法典》偏向雇主利益保护的出发点显然需要修正，但德国并未通过

---

① 王泽鉴：《民法学说与判例研究》（第1册），北京大学出版社2009年版，第5页。

② Vgl. Seiler, Deliktische Gehifenhaftung, JZ 1967, S. 525.

③ Vgl. Sachregister zu dem Entwurfe eines bürgerlichen Gesetzbuches für das Deutsche Reich und den dazuherausgegebenen Motiven nebst Inhaltsübersicht über die fünf Bände der Motive/bearbeitet vom Ober – Amtsrichter Jatzow, Bd. Ⅱ, S. 736.

④ 王泽鉴：《民法学说与判例研究》（第1册），北京大学出版社2009年版，第5页。

⑤ 张民安：《侵权法上的替代责任》，北京大学出版社2010年版，第202页。

立法引入无过错责任制度，[①]而是在实务中采取各种方法排除《德国民法典》第831条关于举证免责的规定，其中最主要的策略是由司法强化对雇主免责的证明标准，对免责举证提出了非常高的要求，使其难以推翻过错推定，"通说认为，雇主不仅要证明其在选任事务辅助人的时候尽到了注意义务，而且有必要在其后继续对该事务辅助人进行考察，以便确定在发生损害行为的时候，其是否仍然有能力执行事务"。[②]

5.3.2 法国法

《法国民法典》第1384条第1款规定，"任何人不仅因自己的行为造成的损害负赔偿责任，而且对应由其负责之人的行为或由其照管之物造成的损害负赔偿的责任"。第5款明确指出，雇主对雇员"在履行他们受雇的职责中造成的损害"承担赔偿责任。[③] 我国学界一般认为，法国此项规定确立了雇主对雇员侵权行为的无过错责任，即只要雇员职务行为造成了他人损害，雇主无论是否存在选任、监督和管理方面的过失都要承担赔偿责任。

法国学界通说认为，法国民法关于雇主对雇员职务行为侵权承担责任的规定是一种担保性质的无过错责任，"主人及业主不能证明对其仆役或受雇人的选任及监督，以尽必要的注意义务而免责"。[④] 有学者指出，《法国民法典》的此项规定直接受益于学者Pothier的论述，他认为"作为主人，他们应当采取措施防止其仆人、佣人实施侵权行为，否则应当对他人遭受的损害承担侵权责任"。[⑤] Cabrillac认为雇主责任包括两个方面，一方面，雇主确实在选任、监督和管理雇员方面存在过错，就此而言雇主责任包含过错的内容，雇主应当就其过错承担侵权责任；另一方面，雇主责任也是一种危险责任，也就是说，雇主从雇员的活动中受益是显而易见的，那么其应当承担此项活动带来的危险，因此，在雇主没有过错时仍应当承担责任。[⑥] 其

---

① 德国曾于1967年由联邦司法部提出的损害赔偿法草案明定采无过失责任，但此草案并未完成立法程序。参见王泽鉴：《民法学说与判例研究》(第1册)，北京大学出版社2009年版，第5页。

② [德]马克西米利安·福克斯：《侵权行为法》，齐晓琨译，法律出版社2006年版，第176页。

③ 《法国民法典》，罗结珍译注，法律出版社2005年版，第1096~1097页。

④ 王泽鉴：《侵权行为法》，北京大学出版社2009年版，第111页。

⑤ 张民安：《侵权法上的替代责任》，北京大学出版社2010年版，第190页。

⑥ 张民安：《现代法国侵权责任制度研究》，法律出版社2004年版，第249页。

中,关于危险责任的论述成为司法上否定雇主免责事由的主要依据,据此无须对雇主过错进行推定或免责抗辩。①

受法国立法模式影响,比利时、希腊、意大利、匈牙利、西班牙等国民法也采纳了雇主无过错责任制度。② 其中最典型的是《意大利民法典》第 2094 条规定,主人和雇主对他们的仆人和雇员在履行职务时的不法行为导致的损害承担责任。据此,主人和雇主要承担直接的严格责任,法院认为,此种责任的基础在于雇主的运营风险。③

5.3.3 日本法

《日本民法典》第 715 条规定:"(一)因事业雇佣他人者,对受雇人因执行其职务而加于第三人的损害,负赔偿责任。但是,雇佣人对受雇人的选任及其事业的监督已尽相当注意时,或即使尽相当注意损害仍会产生时,不在此限。(二)代雇佣人监督事业者,亦负有前款责任。(三)前二款规定,不妨碍雇佣人或监督人对受雇人行使求偿权。"④日本法借鉴了德国立法模式,将雇主责任规定为过错推定责任。在《日本民法典》制定之时,立法者及学界分别考察了法国模式和德国模式,最终选择了后者,确认雇主承担责任的依据是其未尽到选任、监督雇员的注意义务,存在主观过失。⑤ 但到了 20 世纪 20 年代,鸠山秀夫教授提出雇主责任应为替代责任,其核心观点是日本民法制定过程中虽然参考了德国模式,但是二者仍是不同的。日本法上的雇主责任因雇员的侵权行为产生,本质是雇主对雇员侵权行为的替代责任,《日本民法典》第 715 条所规定的雇主免责事项应解释为替代责任的例外情形。因此,该学说又称为"鸠山说"或"附免责条件的替代责任说"。该学说获得学界的广泛支持,称为通说。依照我妻荣先生的说法,日本法上的雇主责任是"加重了的过失责任","但与一般的侵权行为在两点上不同。一个是其过失是对针对被使用

---

① [德]克里斯蒂安·冯·巴尔:《欧洲比较侵权行为法》,张新宝译,法律出版社 2005 年版,第 233 页。

② 除了《法国民法典》第 1384 条以外,《比利时民法典》第 1384 条、《卢森堡旧民法典》第 1403 条、《希腊民法典》第 922 条、《葡萄牙民法典》第 500 条均作出相同的规定。参见曹艳春:《雇主替代责任研究》,法律出版社 2008 年版,第 59 页。

③ 程啸:《侵权责任法》(第 2 版),法律出版社 2015 年版,第 405 页。

④ 《日本民法典》,王书江译,中国法制出版社 2000 年版,第 127 页。

⑤ [日]田上富信:《使用関係における責任規範の構造》,有斐阁 2006 年版,第 37 页。

人的选任和监督,另一个是由使用人承担举证责任”。[①]

随着此项学说为司法所接受,不少学者认为《日本民法典》第715条中雇主免责的规定事实上已经失去效力,自“二战”后未有雇主能够就选任监督过失提出抗辩而免责的判例。[②] 结合这一观点来理解日本民法上关于雇主责任性质的规定及转变可以发现,一方面,雇主责任显然已与《日本民法典》制定之初的过错推定责任相去甚远,虽然法条规定仍然存续,但基于学说对司法的强大影响,雇主免责条款已在实施中被摒弃,雇主基本上无法基于证明尽到了选任、监督的注意义务而免责;另一方面,虽然日本法上的雇主责任发生了转变,但对于此项责任转化的程度及目前的性质尚存有争议,有观点认为,雇主不能基于尽到注意义务而免责,但这并不意味着雇主就此丧失了全部免责的事由。在日本最高法院态度不甚清晰的情况下,大多数地方法院虽然未直接援引《日本民法典》第715条雇主免责条款,但是“在考察雇主的注意义务及其履行可能性之后,否定雇员加害行为的职务执行性”。因此可以说,“司法实践中,雇主的免责抗辩并未消失,其功能只是转移到职务执行性要件上而已”。[③] 据此,雇主责任在选任及监督过失之外创设了职务行为否定免责事由,虽然免责举证的角度有所变化,但仍可实现雇主免责的法律效果,因而仍然不能认为此项雇主责任已完全转变为雇主替代责任,亦即严格责任。笔者认为,此项观点混淆了雇主责任的免责事由与构成要件。无论是过错推定责任还是雇主替代责任均须以第三人损害因雇员职务行为侵害导致为前提,雇员职务行为乃是责任的构成要件,如果不能证明此项损害是雇员职务行为导致的,那么无论何种雇主责任均不能成立。继而,过错推定责任与雇主替代责任的根本性差别在于责任成立后雇主能否主张免责,前者可因雇主尽到选任和监督的注意义务而免责,后者则无雇主免责事由。因此,日本司法上通过否定雇员职务行为而否定雇主责任的判例应视为雇主责任构成要件的缺失,而不能解读为此项责任仍为过错推定责任,应看到的是法院未援引《日本民法典》第715条雇主免责条款的共识,也就表明雇主责任成立之后事实上已无免责可能,因此可认为日本法上的雇主过错推定责任已经转化为雇主替代责任。

---

① 于敏:《日本侵权行为法》,法律出版社1998年版,第212页。

② [日]内田贵:《债権各论》,东京大学出版会2007年版,第456页。

③ 班天可:《雇主责任的归责原则与劳动者解放》,载《法学研究》2012年第3期。

5.3.4 英美法

正如“替代责任”一词源自英美法,雇主对雇员侵权行为的责任承担在英美法上有深厚的历史内涵,亦即一直强调雇主与雇员在地位及权利上的差异,基于这种差异而导引出雇主的严格责任。通说认为,在英国法和美国法中,“雇主本身不必有过失,雇员的过失由法律推在他身上”。①《美国代理法重述(第二次)》第219条规定,雇主就其雇员执行职务过程中发生的侵权行为承担责任,显示出美国法不要求雇主承担替代责任须考察其自身过错,“总的原则是,如果雇员在其履行职务行为的过程中造成了损害,雇主就要承担责任”。② 在英国,“雇主责任为严格责任,雇主承担责任,这与其在选任其雇员或对他们进行监督中有无过错无关”。③此外,斯堪的纳维亚地区也采纳雇主严格责任,“即使雇主在选任和监督其雇员方面没有过错,他也可能要(对雇员的加害行为给第三人造成的损害)承担责任”。④

英美法虽然始终强调雇主的严格责任,但是在责任认定上曾经历重要转变。18世纪末期之前,英美法遵从“发号施令”理论作为雇主对雇员侵权行为承担责任的基础。这一时期工业生产方式仍以手工作坊为主,雇佣人数较少,并且雇主得以亲力亲为,因此,法律上一般要求雇主对其明确发布指令导致的雇员侵权行为承担责任。⑤ 此后,英国大法官 Holt 在此项理论的发展中起到了至关重要的作用,他提出“主人、雇主不仅要就其明确命令其仆人、佣人或者雇员实施的侵权行为对他人承担侵权责任,而且还要就其默示命令他们实施的侵权行为对他人承担侵权责任。这种默示命令源于他们对其仆人、佣人或者雇员的一般授权”。⑥ 这一雇主替代责任的基本准则将雇主对雇员的命令做了极大的拓展,默示指令逐步超越明示指令成为司法认定雇主替代责任的依据。例如,英国 Brougham 法官在 Duncan v. Finlater 案中提出,雇主应当为自己以及其雇佣的雇员行为承担责任,雇主通过雇佣关系

---

① [英]弗莱明:《民事侵权法概论》,何美欢译,香港中文大学出版社 1992 年版,第 142 页。

② 徐爱国:《英美侵权行为法学》,北京大学出版社 2004 年版,第 251 页。

③ [德]克里斯蒂安·冯·巴尔:《欧洲比较侵权行为法》,张新宝译,法律出版社 2005 年版,第 420 页。

④ [德]克里斯蒂安·冯·巴尔:《欧洲侵权行为法中的替代责任》,张新宝译,载《民商法论丛》(第 15 卷),法律出版社 2000 年版,第 520 页。

⑤ Wigmore, “Responsibility for Tortious Acts: Its History”, *Harvard Law Review*, 1984 (7) p. 315.

⑥ 张民安:《侵权法上的替代责任》,北京大学出版社 2010 年版,第 173 页。

实现业务的运营。[①] 美国联邦首席大法官 Show 认为,个人事务的执行不应当伤害他人,不管该行为是由其自己还是代理人或雇员实施。如果雇主未能尽到此项义务,并且实际发生了损害,那么其应当为此负责。[②] 经过司法对雇主默示指令概念的解释,只要是雇员在其岗位或职务范围内实施的侵权行为,均应由雇主承担责任,而无论其是否发布了具体而明示的指令,"这样,现代意义上的替代责任根据因此产生了"。[③] 直到1849年,英美法系国家司法彻底超越了指令的范畴,不再考察是否存在明示或默示的雇主指令,仅依据雇主与雇员之间的雇佣关系即可要求雇主就雇员的侵权行为承担责任。至20世纪初,英美法确立起雇主替代责任的原则:"雇主就其雇员实施的侵权行为承担的侵权责任不是建立在虚拟的命令基础上,而是建立在他们此种侵权行为是雇员职务范围内的侵权行为的基础上。"[④]

在现代侵权法的发展中,英美法成为雇主责任发展的重要推力,其关于替代责任的论证及严格责任的执行,适应了现代社会风险分配机制,在以营业组织为主要组成部分的市场机制中最优地实现了法律对于受害人的保护,客观上亦促进了雇主强化雇员选任、监督和管理,使职务危险成为专业化管理项目,并且与责任保险制度相对接,实现雇佣关系中侵权责任分担的社会化。

5.3.5 比较分析

梳理世界主要法律体系中雇主替代责任的立法模式可以发现,雇主对雇员职务侵害第三人的责任立法起点分为两类:一类是以德日为代表的过错推定模式,另一类是以法国和英美为代表的无过错责任或雇主替代责任。德国作为雇主过错推定责任的发源地,在立法之初将法律保护的天平向雇主利益一方倾斜,意图通过部分免除雇主责任来降低工商业成本。日本采纳了德国立法模式应该说也是对此项立法理由有相当程度的认同。[⑤] 但是,世界范围内私法的发展乃是不断提升对第三人的保护,以此构成社会整体风险分配及控制的一环。基于这种需要,控制理论、报偿理论等得以提出,主旨在于论证雇主承担替代责任的必要性。

---

① Duncan v. Finlater, 6 CI. &F. 894, t p.910.

② John Mubkman, *Employer' s Liability at Common Law*, Butterworth, 1962, p.5.

③ W. V. H. Rogers, *Winfield and Jolowics on Tort*, Sweet & Maxwell, 1990, p.561.

④ 张民安:《侵权法上的替代责任》,北京大学出版社2010年版,第174页。

⑤ [日]加藤一郎:《不法行為》,有斐阁1974年版,第167页。

法国及英美由于在立法之初就以严格责任模式确立雇主责任，因此，在后续的发展中不存在过大的制度转变，仅有局部调整。同时，法国及英美雇主严格责任的多年实施并未影响社会经济的发展，工商业成本并未因此发生显著变化，这一事实直接否定了德日采纳雇主过错推定责任的经济理由。因此，德日在雇主过错推定责任已经不适应社会需要的情况下，难以通过修改《民法典》实现责任制度的彻底转变，因此，司法必须不断寻求其他路径限制直至排除雇主免责事由，对此德国采取了提高雇主免责证明标准的方法，日本则通过论证雇主免责是例外情形，事实上在司法上排除了免责的认定。可以说，德日在此雇主责任的立法上均经历了较为曲折的过程，以至于不得不通过司法和学说的诸多努力予以扭转，最终在实践中仍采纳了雇主替代责任。据此，雇主责任的严格化已被证明是世界通行的立法趋势，既有成熟经验，又有前车之鉴，当为我国立法及学理所借鉴。

5.4 我国现行立法之评析

雇主替代责任的性质实际上是此项责任理论基础和立法比较的提炼和总结。前文所述之雇主替代责任的理论基础和立法例均是在不同层次阐释此项责任的性质，或者说是人们就此项责任性质的认识在理论和制度层面的外化。关于雇主替代责任性质的分歧主要包括此项责任是雇主的自己责任还是替代责任，归责原则是过错推定原则还是无过错原则。学界具有代表性的学说包括：

第一，雇主责任在性质上属于替代责任或者转承责任，表明雇主不是对自己的直接加害行为造成的损害承担责任，而是对他人的加害行为造成的损害承担责任。雇主承担此等责任适用无过错原则，即不考虑其在选任、设备提供、监督等方面有无过错，均应承担责任。①

第二，雇主替代责任是过错推定责任，“雇佣人（雇主）的过错内容，表现在对受雇人的选任、监督、管理上的疏于注意义务……只要雇佣人在选任、监督或者管理上有疏于注意义务的心理状态，即应当承担替代赔偿责任”。② 据此学说，雇主替代责任由两个行为构成，一个行为是雇员的侵权行为，另一个是雇主未尽到注意义务的行为。“在用人者责任中，对过错的直接要求，是用人者的过错。没有用人者的

① 张新宝：《侵权责任构成要件研究》，法律出版社 2007 年版，第 89 页。

② 杨立新：《侵权行为法》（第 3 版），人民法院出版社 2005 年版，第 429 页。

过错，就不可能构成用人者责任。”[①]可见，雇主替代责任本质是雇主自己责任，雇主未尽到注意义务是其承担责任的基础，具体表现是其在选任、监督、管理雇员过程中存在过错。

第三，主张雇主责任同时包含替代责任与自己责任。持此观点的学者主张雇主责任不完全是一种代位责任或替代责任，也不完全是自己责任，而是二者兼而有之。就雇主责任内部而言，雇主承担责任而向雇员追偿，其追偿的基础是已代位或替其承担了相应的责任；就雇主与被侵权人之间的关系而言，雇主必须首先承担责任，此为自己责任的表现形式。从总体上看，雇主责任就其根本而言是自己责任。[②]

目前学界主流学说认为，我国立法采纳了雇主替代责任，即此项责任是替代责任，归责原则为无过错原则。《人身损害赔偿解释》第9条，《民法典》第1191条、第1192条均规定雇主对雇员的侵权行为承担赔偿责任，没有关于雇主基于尽到注意义务免责事由的规定。基于上文的理论基础梳理和各立法例比较，笔者认为对于我国目前立法的评析应当从法律逻辑、立法趋势和社会状况三个方面展开。

第一，法律逻辑方面，学者引入控制理论、报偿理论、“深口袋”理论等论证雇主责任的性质，这些理论相互之间并无严密的承接关系，或者可以说是法律自身逻辑以外的学术资源。因此，这些理论虽然对于阐释雇主责任的性质有一定的作用，但是仍无法做出充分彻底的解释。就法律逻辑而言，应当回到“法律是国家强制力表现形式”的基本立场，雇主对雇员行为承担责任归根到底是法律对于职务风险在雇佣关系内部做出的分配。就雇佣关系本质而言，要看到无论哪个时期，雇佣关系不变的内涵是雇主通过对雇员的指示实现自己的利益，而各个时代不同的是雇佣关系的形态，从早期的个人雇佣为主发展到现代社会以组织化雇佣为主，雇主指示的方式发生了巨大的变化。因此，法律逻辑要解决的是雇主与雇员之间、雇主与受害人之间、雇员与受害人之间的风险分配问题，从宏观层面可以说是社会用工的风险控制。因此，从社会整体利益出发，任何人都可能成为因履行雇佣关系而受到损害的第三人，那么为保护此种整体性利益，必须强化对受害人的保护，这是法律逻辑的出发点。为了实现这种保护，法律逻辑必然回到“归责至上”，相应的结果必然是要求更具责任承担能力的雇主担责，并限制雇主的免责事由。而是否留出免责的空间，乃是过错推定责任与无过错责任的根本差异，这一差异的形成根本上不在于

① 杨立新：《侵权损害赔偿》（第6版），法律出版社2016年版，第288页。

② 班天可：《雇主责任的归责原则与劳动者解放》，载《法学研究》2012年第3期。

法律逻辑,而是社会公共政策对于受害人保护程度的判断,如果是最大限度地保护受害人,则采纳无过错原则;如果适当减轻雇主责任,则采纳过错推定原则。

第二,立法趋势方面,在保护受害人具有正当性的前提下,雇主替代责任已为大部分国家所采纳,形成今日世界立法趋势。即便是德国、日本等立法规定过错推定的国家均在司法实践中不断减少雇主免责事由并提高举证责任,变相地排除雇主免责的可能性,“结果使法律条文上的过错推定责任实际中已演变为无过错责任”。[①] 在他国已有成熟立法和司法经验的背景下,笔者认为,我国立法当借鉴后发优势,引入雇主替代责任,规定雇主对雇员的侵权行为承担无过错责任。

第三,社会状况方面,随着市场机制的发展,组织化雇佣已成为我国社会用工的主要形式,劳动法层面的用人单位与劳动者之间的雇佣关系应当是雇主替代责任设计考虑的重点。对于这种组织化雇佣,控制理论、报偿理论和“深口袋”理论均具有解释力,可以妥当说明雇主对雇员基于岗位职务的控制以及雇主更强的责任承担能力。并且,在市场化发展的当下,我国民事立法已没有《德国民法典》制定之时保护中小企业利益,减轻其风险及责任,以发展经济的任务。相反,民事立法的主旨是确立更公平的私人间利益关系,就雇员侵权行为而言,则是通过保护受害人维护社会整体利益,实现社会用工风险的合理分配。因此,对以劳动关系为代表的组织化雇佣适用无过错责任具有充分的正当性。另外,我国雇佣社会化程度仍然不高,个人雇佣行为大量存在。在《侵权责任法》立法过程中,对于是否延续《人身损害赔偿解释》所确立的统一雇主无过错责任问题,个人雇佣是一个重要的议题,“有的地方、法院和专家提出,现实生活中因雇保姆、家庭装修等在个人之间形成劳务关系的较多,提供劳务一方造成他人损害或者自己受到伤害的,由谁承担责任,草案对此应当作出规定”。[②] 从这一考量出发,《侵权责任法》实际上将《人身损害赔偿解释》确立的统一雇主概念拆分为组织化雇主与个人雇主,但是这一区分并未对雇主替代责任产生影响。《侵权责任法》的立法理念完全被《民法典》所吸收。虽然前述诸理论对于个人雇主承担无过错责任的解释力不足,但法律将保护受害人利益置于更高的位阶,要求个人雇主承担替代责任相当于给受害人提供了法定责任担保。

---

① [日]圆谷峻:《判例形成的日本新侵权行为法》,赵莉译,法律出版社 2008 年版,第 303 页。

② 《全国人民代表大会法律委员会关于〈中华人民共和国侵权责任法(草案)〉修改情况的汇报》,2009 年 10 月 27 日第十一届全国人大常委会第十一次会议。

综上所述,我国现有关于雇主替代责任的立法模式无疑是成功的,顺应世界立法趋势,充分保障受害人的利益,促进雇主加强选任、监督、管理雇员的义务履行。未来的制度发展应坚持组织化雇佣与个人雇佣区别对待的“二分法”:对组织化雇主坚持雇主替代责任,对个人雇主则应推动其责任承担的社会化,亦即引入个人雇主为雇员办理短期劳务保险义务,既能够分散个人雇主的责任承担风险,也能够强化对受害人的保护,此亦是民法社会化的一种体现。

第6章
劳务派遣中的雇主责任

6.1 劳务派遣中的雇主责任界定

6.1.1 劳务派遣的本质是特殊雇佣关系

劳务派遣,在日本和我国台湾地区称为“劳动派遣”,在美国称为“人力租赁”,以两个合同关系为基础,首先是劳务派遣单位与被派遣劳动者签订劳动合同,建立劳动关系;其次是劳务派遣单位与用工单位签订劳务派遣协议;最后是劳务派遣单位根据派遣协议将与其签订劳动合同的劳动者派遣至用工单位,由用工单位对被派遣劳动者进行指挥、监督和管理,被派遣劳动者向用工单位给付劳务。在此三方关系中,劳务派遣单位是劳动法意义上的用人单位,亦即传统意义上的雇主;用工单位,是实际领受劳务的主体。可见,劳务派遣打破了传统劳动关系“雇佣与使用”相结合的模式,将对劳动者的雇佣与使用分置给两个单位,由此二者依据具有民事合同性质的劳务派遣协议确定劳动者派遣的人数和期限,能够满足多种劳动力需求,实现劳动力配置的灵活化。

我国劳务派遣的缘起是20世纪60年代末,我国为适应外国驻华机构和外资企业的人力需求,引入了劳务派遣的用工形式。[①] 到20世纪90年代中后期,随着国有企业人事制度改革,劳动中介市场逐渐兴起,此后一些营利型劳动中介机构逐步发展为专业劳务派遣企业。对于劳务派遣这种用工形式,有学者评价“毁誉参半”,“一方面使企业的用工形式更加灵活,满足企业的多种需要;另一方面,三方主体的

---

① 林嘉、范围:《我国劳务派遣的法律规制分析》,载《中国人民大学学报》2011年第6期。

法律关系混乱不清，派遣机构和要派机构之间相互推诿，劳动者的权益容易受到侵害”。[①]及至《劳动合同法》实施前后，劳务派遣实现了飞速增长，被媒体称为“非正常繁荣”。[②] 实践中出现了大量不当劳务派遣问题，主要包括：将劳务派遣单位以人力咨询、劳务外包等其他名义从事劳务派遣业务的“隐名派遣”；用人单位自己设立劳务派遣企业，向本单位派遣劳动者的“自设派遣”；用人单位强迫本单位劳动者在不离岗的情况下与派遣机构签订劳动合同的“虚拟派遣”等。[③] 这些现象的产生主要由于法律规定不完善与用人单位意图规避《劳动法》两方面的原因。在法律规定方面，2008 年《劳动合同法》对劳务派遣的规制力度显著不足，一是对于劳务派遣单位的设立几乎没有门槛，该法第 57 条仅要求依据《公司法》有关规定，注册资本为 50 万元，这也就造成了劳务派遣单位的大量不规范设立及运行；二是对于劳务派遣适用范围的规定存在严重缺陷，该法第 66 条规定，劳务派遣“一般”在临时性、辅助性或者替代性的工作岗位上实施。但对于何为“一般”、何为“特殊”，该法没有任何规定，以致劳务派遣在实践中缺乏有效规制。由于《劳动合同法》加大了对标准用工的管制力度，尤其是无固定期限劳动合同和解雇保护制度的强化，大量用人单位为保持低成本用工并规避强制性规范而采用劳务派遣的用工形式，导致劳务派遣的大行其道。面对劳务派遣领域的诸多乱象，全国人大常委会于 2012 年 12 月 28 日修订了《劳动合同法》中劳务派遣的相关规定。修订后的第 57 条将劳务派遣单位的设立规定为行政许可事项，并提高了注册资本、劳务管理制度等准入条件，同时第 66 条明确劳务派遣是标准劳动关系的补充形式，强调“只能”在临时性、辅助性或者替代性的岗位上适用劳务派遣，并且确立了此三性的具体标准。[④]

依据《劳动合同法》的规定，劳务派遣关系应当包括以下三个要件：第一，劳务派遣单位与被派遣劳动者之间建立劳动关系，其中劳务派遣单位应当符合第 57 条

---

① 董保华：《劳务派遣的法学思考》，载《中国劳动》2005 年第 6 期。

② 关于劳务派遣规模的材料主要是全国总工会向全国人大常委会法工委提交的《国内劳务派遣调研报告》。报告显示，2010 年全国劳务派遣总数超过 6000 万人，占全国职工总数的 20%。使用劳务派遣的单位主要是机关事业单位和国有企业。参见王天玉：《劳务派遣的规制重点与法律对策——兼评〈劳动合同法〉的修订》，载《社会科学研究》2013 年第 5 期。

③ 郑尚元：《不当劳务派遣及其管制》，载《法学家》2008 年第 2 期。

④ 《劳动合同法》第 66 条第 2 款规定，临时性工作岗位是指存续时间不超过 6 个月的岗位；辅助性工作岗位是指为主营业务岗位提供服务的非主营业务岗位；替代性工作岗位是指用工单位的劳动者因脱产学习、休假等原因无法工作的一定期间内，可以由其他劳动者替代工作的岗位。

规定的法定设立条件，其与劳动者签订的劳动合同应当符合第58条规定的2年以上固定期限以及用工单位、派遣期限、工作岗位等内容。第二，劳务派遣单位与接受派遣单位（用工单位）订立劳务派遣协议，约定派遣岗位、人员数量、派遣期限、劳动报酬和社会保险缴费基数等内容以及违约责任。第三，附随义务，包括劳务派遣单位告知劳动者派遣协议相关内容、被派遣劳动者接受用人单位的指挥监督、用工单位对被派遣劳动者进行岗位培训以及工资调整等。

6.1.2 劳务派遣中的雇主责任法理基础

《侵权责任法》第一次明确规定了劳务派遣致第三人损害的雇主责任。由于《侵权责任法》是2009年颁行的，在此之前劳务派遣已经进入大发展时期，对于由此产生的职务侵权缺乏明确的法律依据，可供参照的仅有《人身损害赔偿解释》第9条关于雇主替代责任的规定，但此项规定的适用范围明确限定在"雇员从事雇佣活动中"，以标准雇佣关系为模型，雇主对雇员进行直接的指挥监督，仅有雇主与雇员两方主体，不存在雇佣与使用的分离。因此，在此项规定能否适用于劳务派遣的问题存在争议，有法院系统的读本认为"该《解释》第9条雇主责任中所称雇佣关系是指排除劳动法调整的劳动关系以外的狭义雇佣关系"。[①] 但是，此观点未明确说明劳动关系中劳动者致第三人损害的雇主责任承担问题，亦未说明雇佣活动因何排除劳动关系，显然难以解释问题的症结。《人身损害赔偿解释》适用于劳务派遣侵权最大的难题在于并非雇佣活动的认定，而是雇主的认定。在劳务派遣中，被派遣劳动者的雇佣活动是在用工单位的指挥监督下实施的，而劳务派遣单位又是名义上的雇主。此情形是此前民事司法解释并未考虑的。例如，《最高人民法院关于适用〈中华人民共和国民事诉讼法〉若干问题的意见》第45条规定，个体工商户、农村承包经营户、合伙组织雇佣的人员在从事雇佣活动中造成他人损害的，其雇主是当事人。此项规定仍是限定在单一雇主的传统民事雇佣关系中，亦无法适用于劳务派遣。

《侵权责任法》以专项条文的形式解决了劳务派遣致人损害的责任分配问题，其第34条第2款规定了劳务派遣中的雇主责任，即劳务派遣期间，被派遣的工作人员因执行工作任务造成他人损害的，由接受劳务派遣的用工单位承担侵权责任；劳

---

① 唐德华：《人身损害赔偿司法解释及相关法律疑难释解》，人民法院出版社2004年版，第245页。

务派遣单位承担补充责任。有学者认为,劳务派遣责任是一种独立的用人者责任,与第34条第1款规定的用人单位责任和第35条规定个人劳务责任并列。[①] 笔者认为,劳务派遣中的雇主责任是一种特殊的用人单位责任,不应成为一种独立的责任类型,理由在于:第一,从法律体系上看,劳务派遣的基本规定是《劳动合同法》第5章"特别规定"第2节,作为一类特殊的劳动合同关系予以规定。劳务派遣的主体包括用人单位(劳务派遣单位)、用工单位、劳动者,其中用人单位与劳动者之间建立劳动关系。可见,劳务派遣在现有法律体系中是劳动合同中的一种特殊形式,由此产生的雇主责任是一种特殊的用人单位责任,而不是一类独立的责任形态。《侵权责任法》第34条、第35条的立法理念为《民法典》所吸收,并在对应的《民法典》第1191条、第1192条规定中得到了充分的体现。第二,从《侵权责任法》的条文设置上可以看出,第34条与第35条分别规定了组织化雇佣与个人雇佣两种用工形态下的雇主责任,亦即劳动关系与个人雇佣关系,雇主分别是用人单位与自然人。在此分类的基础上,第34条两个条款规定了用人单位的一般责任与劳务派遣的特殊责任,应当认为第1款是劳动关系中用人单位承担雇主责任的一般性规定,确立了雇主替代责任;第2款是劳动关系中用人单位承担雇主责任的特殊形态,针对劳务派遣中名义雇主与实际雇主的分离予以特别规定。因此,劳务派遣责任不是一种独立的雇主责任形态,而是劳动关系下用人单位承担雇主责任的一种特殊责任类型。

6.2　劳务派遣中的雇主责任特殊规则

劳务派遣区别于普通劳动关系的特点在于实际雇主与名义雇主相分离。在普通劳动关系中,用人单位作为雇主与劳动者订立劳动合同,实际领受劳动者给付的劳务,对劳动者进行指挥监督和管理,此时仅有用人单位这一单一雇主。而在劳务派遣关系中,劳务派遣单位作为用人单位与劳动者订立劳动合同,继而通过与用工单位之间的劳务派遣协议,将劳动者派遣至用工单位,由用工单位对劳动者进行指挥监督和管理,并实际领受劳动者给付的劳务,由此形成了雇主在名义上与实际上的分离:用人单位通过劳动合同成为劳动者的名义雇主,但是用工单位通过对劳动

---

① 杨立新:《侵权损害赔偿》(第6版),法律出版社2016年版,第288页。

者的实际指挥监督成为实际雇主,事实上的劳务给付发生在用工单位与劳动者之间,而作为劳务对价的工资则由用工单位转给用人单位,由用人单位实际发放给劳动者,因此劳务派遣是"雇佣与使用相分离"的劳动形态。① 在劳务派遣中存在名义雇主与实际雇主相分离的情况下,一旦在雇员履行职务过程中发生雇主责任的问题,应当如何认定雇主,这是劳务派遣中雇主责任的首要问题。学界就此存在"一重劳动关系说"和"双重劳动关系说"两种观点。

6.2.1 一重劳动关系说

"一重劳动关系说"又称"单一雇主模式",主张在劳务派遣中仅存在一个劳动关系,即被派遣劳动者与用人单位之间订立了劳动关系,用工单位不是雇主,但依据合同安排有权接受劳动者给付的劳务,并在实际劳动过程中对劳动者进行指挥监督和管理。② 对于在单一雇主模式下为何会实现劳动者雇佣与使用的分离,则形成了三种观点。第一,劳务给付请求权让与说,即在劳务派遣中,用工单位不仅领受被派遣劳动者给付的劳务,更为主要的是其有权对派遣劳动者进行指挥监督,此为雇主指示权的一部分。因此,劳务派遣单位实际上是通过派遣协议将雇主指示权让与用工单位,从劳动者的角度说就是雇主对其劳务给付请求权发生转让。③ 第二,真正利他契约说,即劳务派遣单位将本可以自己使用的劳动者派遣至用工单位,使派遣劳动者向用人单位给付劳务,已属于利他合同的一种。台湾地区学者黄程贯指出,"作为第三人的要派机构(用工单位)对派遣劳工有直接的履行请求权,要派机构在真正利他劳动契约的法律结构下,对派遣劳工享有独立的、原始的劳务请求权。"④第三,双层关系说,即以劳动者与生产资料相结合的标准判断劳动关系的属性,在劳务派遣中,被派遣劳动者仅与用工单位的生产资料相结合,因此只有一重劳动关系。由于劳务派遣的合同结构,涉及的三方主体实际是在一个劳动关系中的两个层面运行,其中用工单位对劳动者进行指挥监督,实际领受劳务并支付

---

① 张玲、朱冬:《论劳务派遣中的雇主责任》,载《法学家》2007 年第 4 期。

② 在仅承认被派遣劳动者与用人单位之间存在劳动关系的前提下,劳动者与用工单位之间的关系有"劳务给付请求权让与说"、"真正利他契约说"和"双层关系说"。参见董保华:《劳务派遣的法学思考》,载《中国劳动》2005 年第 6 期。

③ 曹艳春:《劳务派遣关系中的雇主替代责任研究》,载《法律科学》2006 年第 3 期。

④ 董保华:《劳务派遣的法学思考》,载《中国劳动》2005 年第 6 期。

工资、福利报酬；劳务派遣单位负责其他事项，因此，派遣单位的地位相当于用工单位委托的劳动事务管理代理人。①

"一重劳动关系说"是大陆法系国家普遍采纳的观点，德法等国均采纳了"单一雇主模式"，但因规制力度的不同分为"雇佣型劳务派遣"和"登录型劳务派遣"。德国适用"雇佣型劳务派遣"，由劳务派遣单位作为用人单位与劳动者订立无固定期限劳动合同，依据德国联邦政府及劳动法院观点，无固定期限劳动合同带来的不确定性属于经营风险范围，用工单位不能通过订立固定期限劳动合同的方式将此项风险转嫁给派遣劳动者。② 在此模式下，由于劳动者与劳务派遣单位之间存在稳定的合同关系，劳动者对于派遣单位的依赖程度超过用工单位，因此，劳务派遣中的雇主责任主要由派遣单位承担。③ 法国适用"登录型劳务派遣"，其主要特点是派遣单位与劳动者订立固定期限劳动合同，其劳动关系随派遣期限届满而消灭。例如，《法国劳动法典》第L122－1－1条规定，劳务派遣只能适用于临时工作岗位，在长期性、持续性的工作岗位上禁止使用劳务派遣。④ 在登录型劳务派遣中，劳动者对于用工单位的依赖程度大于对派遣单位的依赖程度，因此，由用工单位承担主要的雇主责任。⑤ 有学者分析指出，欧盟大多数国家均采取登录型劳务派遣制度，纯粹采取雇佣型劳务派遣的国家很少。⑥ 大陆法系的劳务派遣模式虽然有差别，但在雇主责任方面并未因登录型与雇佣型而有明显差异，其共同点在于派遣单位作为当然雇主，对派遣劳动者承担着劳动立法上的雇主义务；而用工单位作为实际用工人，在其直接指挥命令中承担提供劳动条件和劳动保护之义务。⑦ 可见，大陆法系的单一雇主模式只承认派遣单位是唯一雇主，承担雇主责任。"一重劳动关系说"的实质是在名义雇主与实际雇主之间做出了选择，确立派遣单位的雇主责任意味着采取了形式标准，以劳动合同为依据，使名义雇主地位优于实际雇主地位，作为

---

① 王全兴、侯玲玲：《劳动关系双层运行的法律思考——以我国的劳动派遣实践为例》，载《中国劳动》2004年第4期。

② 蔡和平：《德国雇员转让法及其发展》，载《中国劳动》2006年第7期。

③ 王全兴：《劳动法》（第3版），法律出版社2008年版，第190页。

④ 郑爱青：《法国劳动法对劳动力派遣行为的规范及其对我国立法的启示》，载周长征主编：《劳动派遣的发展与法律规制》，中国劳动社会保障出版社2007年版，第187页。

⑤ 王全兴：《劳动法》（第3版），法律出版社2008年版，第190页。

⑥ 杨通轩：《台湾劳务派遣法立法之刍议——机会与风险的平衡》，载《万国法律》2004年第12期。

⑦ 王林清：《劳务派遣中雇主责任的分配》，载《清华法学》2016年第3期。

实际雇主的用工单位仅对劳务给付过程中的劳动条件和劳动保护负责。

6.2.2 双重劳动关系说

“双重劳动关系说”又称“共同雇主模式”，主张劳务派遣中存在两个雇主，亦即派遣单位和用工单位均为被派遣劳动者的雇主。“共同雇主”是以美国、英国为代表的普通法国家和地区采取的立法模式。① 美国劳务派遣发展过程中，为了规制雇主逃避劳动法义务，司法经由裁判发展出了“共同雇主”规则，最早是阿拉斯加最高法院马修法官提出将派遣单位和用工单位认定为共同雇主或联合雇主。② 随后此项规则被引入到成本法体系中，并分散在多项联邦法律中。③ 根据《国家劳资关系法》，如果两个及以上雇主对同一雇员存在“主要控制”，则可以认定上述雇主构成共同雇主，能够共同决定或实施雇员的雇佣条件。④ 对于如何认定共同雇主对雇员的控制，司法考察的主要因素包括：该推定共同雇主在日常劳动过程中实施对雇员的指示和监督；该推定共同雇主享有决定雇佣或解雇劳动者的权利；该推定共同雇主有权决定雇佣条件、规章制度。⑤ 上述因素中最重要的是雇员的工资报酬、工作地点等雇佣条件是否为该推定共同雇主所控制。法院宣称此类雇佣条件为雇佣关系中最为核心的要件，对其进行控制就意味着对雇员的控制，因此构成认定共同雇主的主要依据。⑥

美国司法依据共同雇主规则，考察“用工单位日常对劳动者指挥控制的程度”，判定用工单位应当与派遣单位对劳动者承担连带责任。⑦ 司法在共同雇主的判断中实际上确立了超越一般雇主控制权的特殊控制权理论，也就是说一个雇员要受到来自两个或以上雇主的控制，在此控制过程中一个雇员的行为使得多个雇主受

---

① 张帆：《劳务派遣的法律规制模式、理念与规则——基于〈侵权责任法〉对劳务派遣雇主责任规定的考量》，载《北方法学》2011 年第 5 期。

② 徐爱国：《英美侵权行为法学》，北京大学出版社 2004 年版，第 253 ~ 254 页。

③ 谢增毅：《美国劳务派遣的法律规制及对我国立法的启示——兼评我国〈劳动合同法〉的相关规定》，载《比较法研究》2007 年第 6 期。

④ NLRB v. Browning Ferris Indus., 691 F. 2d 1117 (3rd Cir. 1982).

⑤ Rivas v. Federacion de Asociaciones Pecuarias de Puerto Rico, 929 F. 2d 814 (1st Cir. 1991).

⑥ EEOC v. Sage Realty Corp. 507 F. Supp. 599 (SDNY, 1981).

⑦ 郑津津：《国际社会劳动派遣法制之比较分析——兼论我国劳动派遣法制之现况与未来发展》，载《万国法律》2004 年第 12 期。

益。因此,根据连带和补偿的原则,被派遣雇员因职务行为致第三人损害的赔偿责任不是单一的,而是双重的,应当由共同雇主承担连带责任。共同雇主模式下的雇主责任主要包括:用工单位承担的共同雇主责任主要是最低工资保障、职业安全卫生、公平就业、工伤补偿等;派遣单位作为派遣劳动者的直接雇主,在几乎所有事项上均承担雇主责任。①

6.2.3　派遣单位与用工单位的特殊共同雇主责任

我国现有立法实际上采纳了"双重劳动关系说",确立派遣单位与用工单位的共同雇主地位。《劳动合同法》第 58 条明确规定劳务派遣单位是要履行用人单位对劳动者的义务,此派遣单位的雇主地位无须赘述。此外,该法第 62 条规定用工单位义务,包括提供劳动条件、劳动保护;告知工作要求、劳动报酬;支付加班费、奖金以及相关福利待遇;进行岗位培训;正常调整工资机制等,已经涵盖了一般意义上雇主义务的各个方面,除了其与劳动者之间不存在名义上劳动关系之外,已经具备实质上劳动关系的各项要素。此外,该法第 92 条规定,用工单位给被派遣劳动者造成损害的,劳务派遣单位与用工单位承担连带赔偿责任。《职业病防治法》第 88 条第 2 款规定,"劳务派遣用工单位应当履行用人单位的义务。"《安全生产法》第 58 条规定,生产经营单位(用工单位)使用被派遣劳动者的,被派遣劳动者享有法定从业人员的权利,并应当履行法定从业人员的义务。这些规定则强调了用工单位对于被派遣劳动者的职业安全卫生的劳动保护权利,负有与单一雇主(用人单位)同等的义务,这是尤其需要注意的。此外,对于派遣劳动者因职务行为造成第三人损害的,依据《侵权责任法》第 34 条第 2 款,由用工单位承担侵权赔偿责任;派遣单位在有过错的情况下承担补充责任。据此,用工单位对派遣劳动者侵权行为承担的是无过错雇主替代责任,而派遣单位承担的是过错责任。

---

①　郑津津:《国际社会劳动派遣法制之比较分析——兼论我国劳动派遣法制之现况与未来发展》,载《万国法律》2004 年第 12 期。

6.3 《民法典》第1191条之检讨

《民法典》第1191条第2款①确立了两种雇主责任形态,一是用工单位的雇主替代责任,二是派遣单位的过错责任。劳务派遣将雇佣与使用劳动者相分离的后果是传统雇佣关系中完全由雇主实施的雇员选任、监督、管理职责分别由派遣单位和用工单位实施,其中派遣单位负责派遣劳动者的选任,而用工单位负责派遣劳动者日常工作中的监督和管理。从这个角度来看,《民法典》的规定实际上认为用工单位应承担责任更大,其对派遣劳动者日常职务行为的注意义务与普通雇主等同,因此也承担同样的雇主替代责任;但对于派遣单位则以其过错为承担责任的前提。在《民法典》侵权责任编编纂过程中,针对劳务派遣单位的责任归纳有三种情形:一是用工单位是第一顺位的责任人,劳务派遣单位是第二顺位的责任人,在用工单位承担了全部赔偿责任的情况下,劳务派遣单位被侵权人就不再承担赔偿责任;二是在用工单位财力不足,无法全部赔偿的情况下,剩余的部分由劳务派遣单位来承担;三是劳务派遣单位存在过错,劳务派遣单位应当按照过错程度直接承担侵权责任。由于《侵权责任法》第34条第2款规定"承担相应的补充责任"涵盖不了上述全部三种情形,所以有建议修改为"承担相应的责任",立法机关最终吸纳了这一立法建议并在《民法典》第1191条中做了调整。② 由于派遣单位对劳动者的行为一般是选任,因此,派遣单位的过错主要是选任派遣劳动者的过错。由此,派遣单位可以通过举证证明其在选任劳动者过程中不存在过错而主张免责,这事实上造成了三处矛盾:

第一,《民法典》侵权责任编将雇佣关系的全过程割裂并赋予了不同的意义,即将劳动者的选任与监督、管理差别对待,强调选任的过错而不要求实际用工管理的过错。德国法上雇主过错推定责任中,雇主选任过错是其中主要的内容,其重要程度并不弱于雇主对雇员的监督管理,甚至可以说选任是整个雇佣关系的起点,如果

---

① 《侵权责任法》第34条第2款规定:"劳务派遣期间,被派遣的工作人员因执行工作任务造成他人损害的,由接受劳务派遣的用工单位承担侵权责任;劳务派遣单位有过错的,承担相应的补充责任。"与之相比,《民法典》第1191条第2款只是将《侵权责任法》第34条第2款规定的"承担相应的补充责任"修改为"承担相应的责任"。

② 黄薇:《中华人民共和国民法典释义及适用指南》,中国民主法制出版社2020年版,第1818页。

未能对劳动者选任予以充分地把握,后续的雇主监督管理也很难完善。

第二,要求派遣单位仅承担过错责任不符合雇主替代责任的整体逻辑。在现有立法已经采纳“双重劳动关系说”的背景下,派遣单位作为派遣劳动者的雇主是明确的。而《民法典》对于雇主替代责任亦已确立无过错原则,由此导致的法律逻辑问题是派遣单位既是雇主,但当就劳动者侵权行为承担责任时仅负过错责任,与整体雇主替代责任的理念与规则相去甚远。既然派遣单位与用工单位均为法律上之共同雇主,其对于该劳务派遣关系外部受害第三人显然应当承担同等责任形式,至于派遣单位与用工单位在承担连带责任后如何依过错承担责任则属于共同雇主内部的按份责任,不是雇主替代责任的范畴。

第三,派遣单位的过错责任不利于受害人保护。依据《劳动合同法》第92条与《民法典》第1191条第2款之规定,派遣单位对于派遣劳动者与劳动者侵权损害第三人承担不同的责任形态:依据前者其与用工单位承担无过错连带责任,依据后者其仅承担过错补充责任,由此造成派遣劳动者与受害第三人保护程度的差异。虽然派遣劳动者与受害第三人分属劳务派遣关系的内外部,但是据此不能推论出应当给予二者不同程度的保护。并且,要求派遣单位仅承担过错责任也就意味着受害第三人既需要举证证明派遣单位存在过错,还需要举证证明用工单位不能承担全部损害赔偿责任,而作为派遣单位外部的受害第三人显然难以证明派遣单位选任劳动者的过错,举证责任过重,不利于受害人保护。

因此,笔者主张确立派遣单位的真正雇主替代责任,要求其与用工单位就派遣劳动者侵权行为造成的第三人损害承担无过错连带责任。派遣单位承担无过错连带责任与“双重雇主说”一致,符合派遣单位的雇主身份,并且可以加强对被害人的保护,有利于实现派遣单位与用工单位的利益平衡,还有利于规范劳务派遣行业的发展。① 基于此,期望在适当的时机,《民法典》第1191条第2款能够修改为“劳务派遣期间,被派遣的工作人员因执行工作任务造成他人损害的,由接受劳务派遣的用工单位与劳务派遣单位承担连带责任。一方承担赔偿责任后,可以向有过错的单位或工作人员追偿”。

---

① 郑志峰:《劳务派遣中雇主替代责任之检讨——兼评“不真正补充责任”》,载《法学》2015年第9期。

第7章
雇员赔偿责任

雇员因自身过错造成雇主的损失是雇佣关系中损害赔偿体系的组成部分,其特点是在雇佣关系内部解决职务行为风险及实际损害的分配问题。雇员在执行职务过程中造成雇主损害分为三种类型:第一种是雇员不当执行职务,造成雇主财产损失,如雇员驾驶雇主车辆过程中造成交通事故,致车辆损毁;第二种是雇员执行职务过程中因加害行为造成第三人身体或财产损害,雇主就第三人所受损害承担替代责任而造成的财产损失,如雇员在维修雇主房屋过程中将第三人砸伤;第三种是雇员执行职务过程中因实施侵权行为既直接造成了雇主财产损失,又造成了第三人损害,雇主就此承担替代责任,亦即前两种雇主损害类型的叠加,如雇员驾驶雇主车辆造成交通事故,既致使雇主车辆损毁,又导致第三人人身或财产损失。

从雇佣关系的特点来看,雇员执行职务是基于雇主的选任,并在雇主的指挥监督下,雇主乃是此项行为的获益者。因此,上文以阐明雇员职务行为造成第三人损害的雇主替代责任,其实质是雇主与雇佣关系外部的关系问题。那么,雇员的赔偿责任则是在雇佣关系内部,探究雇员职务行为造成雇主损害的情形是否应当承担赔偿责任,是全部赔偿责任抑或部分赔偿责任?有学者认为,上述问题是现实中颇具争议但又没有法律明确界定。[1] 反映在司法实践中,既有案例判决雇员承担过错责任,但考虑到雇员的职务过错的特殊性以及劳雇双方地位和经济能力的差异,由雇员承担适当的损害赔偿责任。[2] 也有案例判决指出,雇员因故意侵权应负有全部

---

① 朱军:《雇员在工作中致雇主损害的责任减轻规则——基于案例分析》,载《清华法学》2015年第6期。

② (2007)信中法民终字第958号。

赔偿责任;因重大过失或通常过失,可依照过错程度,确定分担损害;仅有极轻微过失时,不承担责任。[①] 我国法律文本中有关雇员就其职务侵权向雇主承担责任的规定,最早见诸《人身损害赔偿解释》第9条第1款,即雇员在从事雇佣活动中致人损害的,雇主应当承担赔偿责任;雇员因故意或者重大过失致人损害的,应当与雇主承担连带责任。雇主承担连带责任的,可以向雇员追偿。这一规定所确立的雇员赔偿责任,并没有为后来的《侵权责任法》所吸纳,由此也造成了"人民法院在审判实践中根据具体情况处理,容易造成裁判尺度不统一"的困扰[②],因此《民法典》最终采纳了《人身损害赔偿解释》的规定,在第1191条规定中增加了"用人单位承担侵权责任后,可以向有故意或者重大过失的工作人员追偿"的规定、第1192条规定中增加了"接受劳务一方承担侵权责任后,可以向有故意或者重大过失的提供劳务一方追偿"的规定。据此,在解决雇员职务行为侵权与雇佣关系外部第三人损害的关系上,法律完全采纳了"故意或重大过失"的标准,从而确立雇员与雇主的连带责任,由此亦可解释,雇员因轻微过失导致第三人损害的情况下,雇员个人不承担责任,仅由雇主承担替代责任。那么,结合雇员职务侵权造成雇主损害的三种情形,雇员轻微过失造成雇主直接损害或承担替代责任的,雇主是否有权向雇员追偿;雇员因故意或重大过失造成雇主直接损害,雇主是否有权向雇员追偿;雇员因故意或重大过失致第三人损害并由雇主承担替代责任的,雇主在多大程度上可向雇员追偿,雇员承担的是全部赔偿责任还是部分赔偿责任。此类问题在法律上均无明确规定,尚需在理论上深入探讨之。

7.1 雇员赔偿责任的承担

雇员就职务行为承担侵权赔偿责任可以分为两种类型:一种类型是雇佣关系内部,雇员对雇主的损害赔偿责任,针对职务行为造成雇主财产损失,包括侵权行为导致的直接财产损失和雇主就第三人损害承担替代责任的损失;另一种类型是雇佣关系外部,雇员对其侵权损害第三人承担的损害赔偿责任。此二者都是雇员在职务履行过程中造成的损害,但考虑到雇员虽然处于雇主的指挥监督之下,但其行为能力并未受到限制,具备分析和预见行为后果的能力,因此,笔者认为,雇员应

---

① (2005)沪一中民一终字第2018号。

② 江必新:《民法典重点修改及新条文解读》(下册),中国法制出版社2020年版,第995页。

当就其故意侵权行为承担全部赔偿责任，就其过失侵权行为造成的损害承担赔偿责任，但此项责任应当受到限制，或适用责任减轻规则；雇员就其因轻微过失造成的损害不应当承担责任，此为雇佣关系履行的固有风险，应当由雇主承担。

7.1.1 因其故意所致损害承担全部赔偿责任

何谓侵权行为的“故意”，梅迪库斯明确指出是明知（Wissen）并想要（Wollen）发生依法定构成要件（Tatbestand）为决定性的事态。① 国内学者对此研究的著述较少，比较有代表性的观点有：（1）“如果雇员明知构成违约或侵权行为之事实并有意使其发生，或预见其发生的可能并容忍其发生，则属故意为之”。② （2）认为侵权法的“故意”的类似于刑法上的“故意”，即在意识因素上，行为人能够认识到其行为的性质和行为会产生的结果，并且认识到该行为发生的可能性比较大；在意志因素上，对行为的结果抱着一种积极追求、期许或者是放任的态度。③ （3）从构造的角度分析什么是“故意”，认为故意是行为人“明知”、“预见”或“确信”损害结果或危险性会或基本上会发生，并且对结果采取“欲求”、“默许”或“接受”的态度。④ 应该说这三种观点大同小异，共同的特征是都认为行为人对于侵权行为的发生持有意放纵的态度，对于损害结果的发生是可预见并确信会发生的，行为人对于结果的发生是一种积极期待的态度，可以说是一种明显的计划性行为。从道德评价来说，故意侵权的行为人具有主观恶性，违背了最低限度的道德标准。

“这种反道德性深层次地体现于行为人的认识和意志上：对‘恶’的认识是基础，意志上的追求或纵容‘恶’是根本。”⑤

雇员必须对其故意造成的损害承担全部责任，“因为经营风险根本不是损害发

---

① Dieter Medicus, SchuldRecht I, Allgemeiner Teil (11Aufl.), C. H. Beck, ScheVerlagsbuchandlung, 1999, S. 249.

② 朱军：《雇员在工作中致雇主损害的责任减轻规则——基于案例分析的比较研究》，载《清华法学》2015 年第 6 期。

③ 项婵娟：《追偿权的行使——从雇主责任的角度分析》，载《安徽警官职业学院学报》2016 年第 1 期。

④ 叶名怡：《侵权法上故意与过失的区分及其意义》，载《法律科学》2010 年第 4 期。

⑤ 叶名怡：《侵权法上故意与过失的区分及其意义》，载《法律科学》2010 年第 4 期。

生的诱因”。[①] 雇员承担赔偿责任的理论基础之一是法律行为，雇员在“故意”的心理状态下实施了致人(雇主)损害的行为，其行为已经脱离雇主对其的控制与管理，其行为所体现的意志完全是雇员自主的、独立的行为，因而不是雇主行为的一部分。雇主责任的理论基础一般将雇员行为视为雇主行为的延伸，而雇员故意实施的侵权行为完全背离雇主的行为，所以需要雇员自担其责。在雇主已经先行承担责任的情况下，雇主依然有权向雇员进行追偿，并且在无混合过错的场合下，得以全额追偿。[②]

7.1.2　因过失所致损害对用人单位承担限制性赔偿责任

在侵权行为中，与故意形成对比的是过失。过失侵权的构成不要求行为人有引起损害的主观故意，在典型的过失侵权案件中损害只是一种可能性而非必然性。只要行为人知道或者应当预见到损害的可能，并且本可以通过采取合理预防措施去除或减少这种可能而未采取任何措施，即可成立过失。认定有无尽到合理注意应当考虑的基本要素包括行为导致损害的可预见性、可预见的损害程度以及消除或降低损害风险给行为人造成的负担。[③] 例如，对于用人单位的储存易燃物的仓库，雇员将点燃的香烟往里面扔就是故意，雇员离开仓库时忘了将吸完的香烟掐灭就是一种过失。

重大过失与一般过失相比，在认识上与行为上都有较大的区别，具体表现在：重大过失是一种有认识的过失，即行为人知道行为的危险性和非正当性；并且，行为人客观上制造了一种巨大的危险，其危险的巨大性体现在危险转化为损害的盖然性与损害的可能规模。此外，重大过失在性质上是一种主观过错，是一种具有较强道德可责难性的过错。[④] 重大过失与故意相比较最大的区别是，重大过失不积极追求损害结果的发生。

---

① 朱军：《雇员在工作中致雇主损害的责任减轻规则——基于案例分析的比较研究》，载《清华法学》2015 年第 6 期。

② 项婵娟：《追偿权的行使——从雇主责任的角度分析》，载《安徽管理职业学院学报》2016 年第 1 期。

③ 刘文杰：《侵权行为法上的故意、过失与重大过失》，载《贵州师范大学学报》(社会科学版)2007 年第 1 期。

④ 叶名怡：《重大过失理论的构建》，载《法学研究》2009 年第 6 期。

雇员就其重大过失造成的损害承担赔偿责任,其依据为雇员的主观可归责性。雇员的侵权责任属于过错责任,重大过失表明行为人未能尽到其应有谨慎履职和注意义务,不能免除其应当承担的侵权责任。在一起雇主指示雇员倾倒污染物造成水体污染的案件中,法院判决指出,雇员对“未经处理的废酸倾倒至雨水井可能造成的危害后果应当具有明显的预见能力,然其并未能对此不法行为及时予以提醒或制止,而是盲目听从雇主指派,故意将废酸倒入雨水井中导致河水严重污染,因此雇员对于损害后果的发生具有重大过错,应当与其雇主承担连带责任”。[①] 可见,雇员虽然是在雇主的监督管理下给付劳务,但这并未免除雇员的独立判断和行为控制,其自身对于此项劳务应当有相当的认识,可以判断其是否会造成侵权的后果。如果雇员因重大过失而造成损害,则表明雇员未能尽到其应有的注意和合理判断,具有可归责性。在仅有雇主损害的情况下,雇员因重大过失实施侵权行为意味着其违反了雇员应有的忠实和谨慎义务,这两项义务同时也是雇佣合同附随义务,因此雇员的侵权行为实际上导致违约责任与侵权责任的竞合,雇主可以自主决定救济方式。在雇员侵权导致第三人损害的情况下,雇员是直接侵权人,应当就其侵权行为承担赔偿责任。但由于此时雇员的侵权行为乃是雇佣关系履行的一部分,因此,受害人实际上面对的是雇佣关系整体,既有雇员的侵权赔偿责任,亦有雇主的替代责任,由此产生此两项责任的关系问题。对此,欧洲许多国家以往的观点认为,雇主替代责任是次要的、间接的责任,其主要目的是保护受害人利益,而非免除侵权雇员的个人责任。在此情况下,受害人既可以要求雇员承担侵权责任,也可以要求雇主与雇员承担连带责任。但新的发展趋势是,雇主的责任不是次要的、派生的责任,而是首要的、直接的责任,因为雇主从雇员为其从事的工作中获得了利益,并且因为从事这种工作雇员才被置于加害人的地位。[②]

关于重大过失的司法裁判,究竟是适用全部责任为原则抑或限制责任为原则?有学者在对重大过失与故意经过认真比较研究得出结论认为“重大过失等同于故

---

① “上海市松江区叶榭镇人民政府诉蒋荣祥等水污染责任纠纷一审案”,载《中华人民共和国最高人民法院公报》2014 年第 4 期(总第 210 期)。

② [荷]J. 施皮尔:《侵权法的统一:对他人造成的损害的责任》,梅夏英、高圣平译,法律出版社 2002 年版,第 403 页。

意”,[1]依前文分析故意侵权行为“应承担全部赔偿责任”,那么重大过失如果适用限制责任原则是否会造成逻辑失当。毕竟,“重大过失行为不属于雇主通常所能控制和防范的组织领域”,若苛求雇主将工作场所安排得足以抵御由此造成的一切损害,则超越了经营风险的合理界定。[2] 但考虑到雇员与作为用人单位的雇主在风险控制与赔偿能力方面的差距,对有重大过失的雇员可以追究全部赔偿责任,但基于社会保护思想可被例外地适用限制责任原则,据以减轻雇员的赔偿责任,才符合法律公平价值观的追求。同理,在一般过失情况下,对雇员适用限制责任原则,但在追偿时可以免除雇员的赔偿责任。由此不难看出,前述的案例对于雇员责任的判定显然不符合公平的价值观,雇员听从雇主指派将废酸倒入雨水井中导致河水严重污染,法院认定雇员对于损害后果的发生具有重大过错,判决雇员应当与其雇主承担连带责任,显然对雇员过于苛刻。毕竟,雇员之行为是在雇主授意下所为,系雇主行为的组成部分,在此种情况下,理当适用限制责任原则,减轻雇员的赔偿责任。

7.1.3 因过失所致损害对个人雇主承担过错赔偿责任

需要特别注意的是,个人雇佣关系中的雇主,与雇员一样都是自然人,个人主体之间的经济实力与风险承担能力的差距不大,所以对于因过失侵权行为造成雇主损害的雇员应适用过错赔偿责任的原则,不适用社会保护的限制性赔偿责任的原则。依照控制理论,与作为用人单位的组织化雇主相比较,个人雇主对于雇员的零散的直接指示命令,远不及用人单位对其雇员的控制来的全面和严密,尤其是那些具有较大规模的大企业或公司。有学者对此一针见血地指出,“大企业或大公司实行严格的科层制,它们不仅有严密的组织管理体系,还拥有非常完美的技术化程序和管理手段”。[3] 此外,基于“深口袋”理论的分析,由于雇主通常基于雇佣关系实现营业目的,因此雇主有渠道通过其营业之商品或服务向社会分散损害成本;与雇主相比较,雇员既缺乏责任承担能力,又没有分散风险的渠道。雇主通过提高商品或服务的价格,直接吸收因雇员损害带来的商品或服务提升的成本,或是通过责任

---

① 刘文杰:《侵权行为法上的故意、过失与重大过失》,载《贵州师范大学学报》(社会科学版)2007年第1期。

② 朱军:《雇员在工作中致雇主损害的责任减轻规则——基于案例分析的比较研究》,载《清华法学》2015年第6期。

③ 程啸:《侵权责任法》(第2版),法律出版社2015年版,第403页。

保险的方式来消解雇员过失侵权带给雇主的损失。但值得注意的是，这里所说的雇主通常不是单个的自然人，而主要是大型营业组织，因为只有它们具备如此强大的经济实力，能够妥善地承担责任，可以形成完备的责任应对和管理机制，其雇员侵权行为造成的损害能够以社会化的方式承担。① 显然，与作为组织化雇主形式的用人单位而言，个人雇主接受雇员的服务主要是自用，即使对外销售商品或提供服务，相对于“大型营业组织”的用人单位而言也是微不足道的，根本不足以向社会转移分散损害成本，因而不具备使用社会化的方式承担雇员过失侵权行为造成的损害。如城市居民普遍雇佣的小时工提供家政服务、农村广泛存在的自建房屋或装修住宅雇佣建筑工人提供的劳务，都是属于自用，根本不存在向社会转移分散损害成本的可能。不考虑个人雇主的实际情况，只是拘泥于传统的雇主与雇员之间的雇佣关系的思维定式，显然对个人雇主而言显然是不公平的。

7.2 雇员赔偿责任的减免规则

7.2.1 因一般过失致雇主损害适用责任减轻规则

在雇员因一般过失致雇主直接财产损失或间接替代责任损失的情况下，其应当承担全部赔偿责任抑或适当减轻，此为雇主追偿权与雇员损害赔偿义务之间的关系，本质上仍是雇佣关系内部对于风险及损害的分担问题。基于上文分析的雇员侵权造成损害的类型，雇员须承担赔偿责任的对象包括雇主和受害第三人，其中第三人就其损害提出损害赔偿请求的对象主要是雇主，由雇主承担首要责任，亦即在雇主不能承担对第三人的损害赔偿责任情况下由雇员承担连带责任。在这个意义上，基于雇主替代责任的规定，雇员与第三人之间因侵权产生雇佣关系外部损害赔偿责任基本转变为雇主与第三人之间的雇佣关系外部损害赔偿责任以及雇主与雇员之间在雇佣关系内部的雇主追偿与损害责任分担，那么雇主承担替代责任后，其与雇员之间的追偿及赔偿与雇员造成雇主直接财产损失之情形没有差别。那么，雇员责任主要是雇员对雇主承担的损害赔偿责任。回到雇佣关系的本质，雇员侵权行为造成雇主损害乃是因执行职务导致的，且雇员经过雇主的选任并接受监督管理，那么当雇主行使对雇员的追偿权时，雇员的过错不应成为唯一考量因素，

---

① W. V. H. Rogers, *Winfield and Jolowics on Tort*, Sweet & Maxwell, 1990, p. 589.

还应包括用人单位的经济效益、劳动条件、工资福利待遇及损害事实发生的原因等。①

从我国关于雇员赔偿责任的立法规定来看也经历了一个否定之否定的过程，《人身损害赔偿解释》第9条第1款规定了雇主对雇员因故意或重大过失造成损害的追偿权，但《侵权责任法》第34条、第35条并未延续此项规定，立法资料显示的理由是由于相关立法部门没有形成共识。② 有学者认为，《侵权责任法》第34条第1款的主旨是雇员在内部追偿关系中，无须对执行工作任务中因任何过程致他人的损害承担全部赔偿责任，且雇主行使追偿权与雇员的过错程度关联。③ 直至2020年通过的《民法典》第1191条与第1192条正式确定了雇主对雇员因故意或重大过失造成损害的追偿权，结束了学界与司法实务界长久以来的争论。

从比较法的角度看，雇主的追偿权往往受到诸多限制。例如，奥地利《雇佣责任法》第4条第3款规定，如果雇员仅有轻微过失时，雇主不得行使追偿权。荷兰和比利时的法律规定，只有当雇员是故意或重大过失时，雇主才可以行使追偿权。④ 日本司法实践是通过对信义原则的解释来限制雇主对雇员的追偿权。⑤ 因此，有学者概括为，“虽然法律或者学说承认雇主享有的追偿权或者代位权，但雇主在实际生活中很少会行使其追偿权或代位权。这在大陆法系国家如此，在英美法系国家也是如此”。⑥

因此，笔者认为对于雇员侵权行为造成雇主损害的赔偿责任应当根据雇员的过错程度确立责任分担规则，减轻雇员的责任承担范围，具体包括三个方面：

---

① 张民安：《雇主替代责任在我国未来侵权法中的地位》，载《中国法学》2009年第3期。

② 在立法过程中，“法律委员会经同有关部门反复研究任务，在什么情况下可以追偿，情况比较复杂。根据不同行业、不同工种和不同劳动安全条件，其追偿条件应有所不同。哪些因过错、哪些因故意或者重大过失可以追偿，本法难以作出一般规定。用人单位与其工作人员之间以及因个人劳务对追偿问题发生争议的，宜由人民法院在审判实践中根据具体情况处理”。参见《全国人民代表大会法律委员会〈关于中华人民共和国侵权责任法（草案）〉审议结果的报告》，2009年12月22日十一届全国人大常委会第十二次会议。

③ 朱军：《雇员在工作中致雇主损害的责任减轻规则》，载《清华法学》2015年第6期。

④ ［荷］J. 施皮尔：《侵权法的统一：对他人造成的损害的责任》，梅夏英、高圣平译，法律出版社2002年版，第404页。

⑤ ［日］圆谷峻：《判例形成的日本新侵权行为法》，赵莉译，法律出版社2008年版，第301页。

⑥ 张民安：《侵权法上的替代责任》，北京大学出版社2010年版，第297页。

第一,雇员因重大过失实施的侵权行为具有可归责性,应当承担责任,但是此项赔偿责任不应是全部责任,而应根据雇员的过错程度承担比例责任。雇员实施侵权行为的重大过失是造成损害的重要原因,但并非是损害发生的唯一原因,雇主在雇员选任、监督、管理上的疏漏也是造成侵权损害发生的间接原因,因此在雇员与雇主之间进行责任分配时,应当进行综合考量。此外,雇员作为劳务提供者,其责任承担能力通常有限。依据一般社会认识,凡以体力智力劳务为生者通常获取的收入报酬有限,更须以此工资作为个人和家庭生存的基础。相比较之下,雇主(主要是用人单位)通常为资本或生产资料所有者,在责任承担以及风险抵御能力上显然强于雇员。因此,如若要求雇员承担全部赔偿责任,则可能使其本人及家庭生活陷入困顿,增加新的社会风险。因此,无论从侵权行为过错与损害之间的因果关系看,还是从社会公共政策关于风险的分配与控制看,均应当限制雇主的追偿权,减轻雇员承担责任的比例。

第二,雇员承担赔偿的比例应当由司法在个案中确定。如同立法机关对于《侵权责任法》的说明一样,雇员造成雇主损害的情形因社会用工的复杂性而无法在成文法中予以全面概括,不同行业及岗位的差异性使得雇员职务行为方式及其主观状态的认定存在极大差别。由司法进行个案裁判并续造规则乃是各国构建雇员责任减轻规则的通例。例如,德国帝国劳动法院和联邦劳动法院先后发展并完善了劳动者解放请求权的判例法理,在司法实践中纠正了《德国民法典》的立法实务……劳动者解放的制度是劳动法院建立的。日本则由其最高法院在著名的最高裁昭和五十一年7月8日判决中采纳了诚信原则,以此限制雇主追偿权,从而确立了日本法上的雇佣责任减轻标准。①

第三,雇员责任减轻规则的发展方向应当是超越雇佣关系,寻求通过保险的方式分散雇主损失,实现雇佣风险的社会化分担。有关雇主追偿权限制与雇员责任减轻规则的讨论仍是局限于雇佣关系内部,那么为了保障雇员的基本生存利益,必然要在劳雇之间进行风险和损失分配时适当偏向雇员一方,由雇主承担更大比例的损失。随着社会风险管理与分配制度的发展,雇佣关系的风险亦应当通过保险机制向社会分散,主要就是雇员责任险,此项保险给了减轻雇员责任更为充分的理由。在欧美等成熟雇佣规则体系下,"现实生活中,雇主几乎不行使追偿权,因为雇

---

① 班天可:《雇主责任的归责原则与劳动者解放》,载《法学研究》2012年第3期。

主一般均为雇员购买了职业保险,在发生雇员侵权损害时,由保险公司向受害人承担赔偿责任”。[①]

7.2.2 因轻微过失致雇主损害适用责任豁免规则

应当免除雇员因轻微过失导致损害的赔偿责任,依据是经营风险和组织风险理论。人之行为实施必然以对其结果的预见为基础,法律对此种预见的要求应当以一般人的理性及社会认识为基础,由此认定雇员故意或重大过失乃是其未尽到一般人所能尽到的注意和谨慎义务,但是对于雇员轻微过失是否可归责应审慎对待,原因在于雇员造成损害的行为乃是职务行为,须根据雇佣关系的本质和特点予以考虑。就此,经营风险理论提供了雇员免责的有力支撑。经营风险包括两个方面,一个是工作的危险性,意指雇主的生产经营活动本身就包含风险,此项风险基于职务行为转嫁给雇员,雇员未能妥当给付劳务则会导致损害的实际发生。[②] 因此,雇员轻微过失导致损害本质上工作危险性的结果,不应对雇员做出过高的要求。另一个是组织风险性,亦即雇员给付劳务的过程除了其自身工作岗位的危险性之外,还因其处于雇主的生产经营场所内部,由雇主决定劳务给付的条件及环境,换言之,雇主的“指挥圈”决定了雇员责任风险的来源。在德国法上,雇员因轻微过失产生的侵权损害可以向雇主主张免责,其中包括三种情形:首先是雇员可以就雇主的追偿权主张抗辩,又称为“雇员责任的限制”;其次是雇员侵权行为致第三人损害时,雇员可以主张雇主承担责任,以便自己免责,此为“免责请求权”;最后是雇员如果先行对第三人损害予以赔偿后,可以向雇主追偿,此时“免责请求权”转化为“偿还请求权”。[③]

7.3 雇员损害赔偿的限额

如前所述,个人雇佣关系的雇主与雇员均为自然人,雇员对雇主的损害赔偿责

---

① R. F. Heuston and R. A. Buckley, *Salmond and Heuston on the Law of Torts*, Sweet & Maxwell Ltd. ,1996, p. 518.

② BAG (GS) (27. 09. 1994).

③ Vgl. Canaris, Risikohaftung bei Schadensgeneiter Tätigkeit in fremdem Interesse, Recht der Arbeit, 1966, S. 41f.

任完全取决于雇员的过错程度。于彼此经济实力与风险承担能力的差距不大，所以不存在雇员对雇主的赔偿限额的问题。雇员故意实施侵权行为给雇主造成损害的，已经脱离了雇主控制的范围，应予承担全部赔偿责任。此外，作为用人单位的雇主，在确定已经购买雇员保险的情况下，雇员给其造成的损害都可以通过保险公司的赔偿来弥补，雇主是否需要行使追偿权都可以探讨。所以上述问题不在此议题的探讨范围之列。接下来需要重点探讨的是，对于劳动关系中的雇员由于过失给雇主造成损害的，鉴于劳动关系中的雇员与雇主之间的赔偿能力的差距，雇员应该如何承担赔偿责任，赔偿的限额是什么？

7.3.1 约定赔偿责任的限制

在雇员存有过失对雇主造成损害的情况下，雇主如何行使追偿权？易言之，雇员该在多大范围内承担赔偿责任，是全额赔偿还是部分赔偿。《人身损害赔偿解释》仅规定雇主承担连带责任后可向雇员追偿，但对追偿的范围没有规定。对于追偿的范围，如果雇主和雇员做了约定的，是否就以合同的约定来确定雇员的赔偿限额。这得看合同约定是否具有公允性，是否符合雇主与雇员双方对应的过错程度、履责能力。以连带责任为例，如合同中约定雇员承担100%或者50%以上的赔偿份额，即使合同在形式上是合法有效的，这样的条款在法律上也不应认定为有效。除非是雇员出于故意造成的损害，否则雇员如何承担赔偿责任还是应该综合考量，包括雇员的过失程度、雇员自身的赔付能力、雇员造成的损害对于雇主的影响以及雇主在损害中的责任等多种因素。

如果雇员因为承担赔付责任而严重影响个人及其家庭的正常生活，那也是极其不合理的。毕竟，雇员和雇主的法律地位不同，雇主既是用人单位财产的所有人、管理人，又是用人单位内部的管理者和监督者，一旦发生雇员造成雇主损害的情况，雇主就同时具有受害人和加害人的管理者这双重身份，如果让雇员承担所有的赔偿责任，那么用人单位作为管理者的责任就无从追究。另外，雇主支付给雇员的对价即劳动报酬往往低于雇员所创造的利润，根据报偿原则，雇主承担的风险也应大于雇员。更何况，雇主还可以通过保险或者将赔偿费用纳入成本来提高商品或服务价格，从而将损害转嫁给全社会①。所以，合同约定的雇员赔偿责任，应以其承

---

① 曾培芳、李宗明：《论雇主追偿权》，载《南京理工大学学报》（社会科学版）2007年第1期。

担的赔偿总额不影响雇员家庭的正常生活需要为原则。

7.3.2　雇员合理赔偿额度的确定

雇员因为过失致雇主造成损害需要承担赔偿责任,雇员的赔偿额度以多少合适?我国现有立法上没有确定的标准。最早规定雇员赔偿责任的是1982年颁布的《企业职工奖惩条例》(已失效)第17条的规定,[①]该规定针对玩忽职守造成人民生命与财产损失的以及工作不负责任造成企业经济损失的员工,可以责令其赔偿经济损失。但赔偿金额不得超过本人月工资的20%。在20世纪80年代政企不分的年代,企业与职工之间还没有签订劳动合同,企业对职工的管理是一种行政管理。但从当时的规定也能看出来,对于职工过失造成企业财产和人身损害的,职工的损害赔偿责任以每个月扣除20%的工资为限度。具体的赔偿总额为多少或者扣降的截止时间,《企业职工奖惩条例》并没有规定。但是该条例规定,只要职工本人能够迅速改正错误、表现良好,赔偿金额就可以酌情减少。显而易见,这种扣降工资的做法是典型的行政机关的做法,实行行政处罚与道德教育相结合的方法。无论如何,以当时的经济发展水平,对员工实行扣减月工资20%的处罚,对于员工本人与家庭的生活应该是有一定的影响。但之所以规定20%而不是更高的处罚水平,就是不至于根本影响职工和家庭的生活状况。

《企业职工奖惩条例》规定的最高扣减月工资20%的规定,为劳动部颁布的《工资支付暂行规定》第16条所吸收,并作了类似规定。[②] 雇员给雇主造成经济损失的,雇主可以要求雇员进行赔偿,但是雇主每月扣减雇员的工资份额最高不超过20%。对于工资水平低的雇员,扣减之后必须保留不低于当地月最低的工资标准。

---

① 《企业职工奖惩条例》第17条规定:"对于有第十一条第(三)项和第(四)项行为的职工,应责令其赔偿经济损失。赔偿经济损失的金额,由企业根据具体情况确定,从职工本人的工资中扣降,但每月扣除的金额一般不要超过本人月标准工资的20%。如果能够迅速改正错误,表现良好的,赔偿金额可以酌情减少。"该条例第11条规定:"……(三)玩忽职守,违反技术操作规程和安全规程,或者违章指挥,造成事故,使人民生命、财产遭受损失的;(四)工作不负责任,经常产生废品,损坏设备工具,浪费原材料、能源,造成经济损失的……"

② 《工资支付暂行规定》第16条规定:"第十六条因劳动者本人原因给用人单位造成经济损失的,用人单位可按照劳动合同的约定要求其赔偿经济损失。经济损失的赔偿,可从劳动者本人的工资中扣除。但每月扣除的部分不得超过劳动者当月工资的20%。若扣除后的剩余工资部分低于当地月最低工资标准,则按最低工资标准支付。"

《工资支付暂行规定》确立了一个重要的原则，就是雇员的赔偿责任要建立在赔偿能力的基础上。无论如何，雇员的生存权要优先于雇主的财产权。

此后，由于《立法法》的通过，涉及公民民事权利的内容都需要通过制定法律来确定，有关雇员对雇主承担赔偿责任的规定迟迟未有新法出台。《人身损害赔偿解释》规定了雇员因故意或者重大过失致人损害的，应当与雇主承担连带赔偿责任。同时也规定了雇主承担连带赔偿责任后可以向雇员追偿。但是对于雇主可以向雇员追偿的限额没有规定，把这个任务交给了司法实践。《侵权责任法》如前所述的原因，立法者们回避了这一问题的规定。立法可以回避这一问题，但在司法实践与理论探讨方面这是一个无法回避的问题。

对于《企业职工奖惩条例》规定的每月扣减工资不得高于本人工资20%，《工资支付暂行规定》又增加了一个底线，就是扣减工资后的雇员工资不得低于当地最低工资的标准。雇员及其家庭的生存权要优先于雇主的财产权，这是毫无异议的。对于这一点，笔者是赞成的。鉴于这一规定行之有年，已为大众所接受，所以笔者认为将雇员每个月的最高赔偿上限确定为本人工资的20%是合适的。接下来的问题是，员工的工资要扣减多少年为限？这里有两个数据可参考。一个是《工伤保险条例》（借鉴的《人身损害赔偿解释》的规定）规定的，对于工亡职工支付的一次性工亡补助金为上一年度全国城镇居民人均可支配收入的20倍，就是最高赔偿以20年为限。另一个是《劳动合同法》规定的劳动者在用人单位连续工作满10年的，应该签订无固定期限劳动合同。以10年为界，表明此雇员不仅完全可以胜任雇主的工作，而且可以成为雇主事业发展的重要贡献者。依《企业职工奖惩条例》的处罚与教育相结合的原则看，连续10年的工作经历足以发挥教育的效果。20年或10年，应该以哪个作为上限合适？《俄罗斯联邦劳动法典》的相关规定或许可以给予我们应有的启示。该法第238条规定“员工必须赔偿给雇主造成的实际损失”，但“不得要求员工赔偿未取得的收入（预期收益）”。至于何为“直接实际损失”，是指雇主现有财产的实际减少或上述财产（包括雇主保管并承担责任的第三人财产）状况恶化，以及雇主必须支出的费用或为获得、恢复财产的不必要支出或赔偿员工给第三人造成的损失。同时该法又规定了雇员的一般赔偿限额为“员工在自己一个月平均工资的限度内对所造成的损失承担物质责任”。对于雇员赔偿责任的追究从轻处理应是各国通例。由此看来，作为雇员赔偿的上限最多只能选择10年，相当于雇员两年的工资。如果雇员提前离开公司，雇主可以要求雇员在2年工资的限额内赔偿其必要的损失。

由于《侵权责任法》对此未作任何规定，未来《劳动法》修改的时候可以借鉴《俄罗斯劳动法典》的规定，对雇员的赔偿限额作出规定："因劳动者本人原因给用人单位造成经济损失的，用人单位可按照劳动合同的约定要求赔偿经济损失。经济损失的赔偿，可从劳动者本人的工资中扣除。但每月扣除的部分不得超过劳动者当月工资的20%。若扣除后的剩余工资部分低于当地月最低工资标准，则按最低工资标准支付。劳动者累计赔偿的年限不得超过10年。劳动者提前离开用人单位的，用人单位可以要求劳动者支付一次性赔偿，但赔偿总额不得高于其本人离职前两年的工资总额。"

第8章
雇佣关系中侵权损害赔偿制度完善之展望

通过对雇佣关系中侵权损害赔偿责任的类型化分析,不难看出现行雇佣关系中侵权损害赔偿制度还存在诸多需要改进的空间。尽管前述章节基于各自类型的分析而揭示了现行制度的弊端与不足,并在此基础上提出了对应的完善立法的建议。这些建议虽然并非无的放矢,但毕竟是就事论事。要从根本上解决雇佣关系中侵权损害赔偿制度之不足,还需从源头入手,并针对现行制度之不足提出系统的立法解决方案。如前所述,雇佣关系中侵权损害赔偿制度兼具《民法典》与《劳动法》的内容,除分立之外,亦有竞合之处。此外,该制度既包括实体方面的制度,也包括程序方面的制度。而劳动法与民法的历史渊源,则是无论如何也不能忽视的。正是基于这些特色,所以对于完善雇佣关系中侵权损害赔偿制度的未来展望,必须建构在遵循制度发展的历史脉络与发展趋势的基础上。倘若《民法典》能确立雇佣合同的一般规则与特殊规则,则可处理好有关雇佣合同规则下的侵权损害赔偿制度的侵权责任法与劳动法的立法分工,再通过《工伤保险法》解决雇员赔偿标准并提高雇员保障水平,优化雇佣损害赔偿救济程序以利于雇员权益保障,以实现雇佣关系中侵权损害赔偿制度的全面完善。可惜新通过的《民法典》最终没有纳入雇佣合同的相关规则,对于雇佣合同规则下的侵权损害赔偿制度而言是遗憾地错过了历史性的机遇。

8.1 《民法典》未能纳入雇佣合同规则之立法反思

8.1.1 雇佣法律制度发展的社会化趋势

随着人类进入工业化社会,产业雇佣关系下的雇员相对于雇主出于绝对的弱势，因产业雇佣所导致的职业伤害问题不可避免地成为严重社会问题，并逐渐演变成巨大的社会风险。随着社会主义思想广泛传播，19 世纪 80 年代后的工人运动风起云涌，通过集体力量来维护自己的权益成了众多产业工人的主动选择；控制和减少职业伤害，为遭受职业伤害的劳动者提供合理的赔偿，成为当时欧美主要资本主义国家不得不面对的社会难题。因为依靠传统侵权法个体化的救济方法，根本不足以解决雇主对雇员的损害赔偿问题。为了有效地解决工业化过程中所带来的职业伤害问题，两大法系不约而同地实现了民事侵权法从过错责任向无过错责任发展的转变。为了彻底解决雇员的职业损害赔偿问题，最后在政府的主导下推行强制保险，实现雇主损害赔偿责任社会化转移。最早确立这一制度的立法，乃是德国 1884 年的《工伤事故保险法》。法国与英国也紧随其后相继出台了类似的工伤保险制度。① 类似的公法性规制的注入带来了私法社会化的法制变迁，一些特殊规则开始从民法典中分化出来成为单行法，如职业伤害补偿法，不同于民法典一般侵权责任的规定，而是基于特殊的政策性考量而将归责原则确定为无过错责任原则。② 随着劳动契约时代的到来，国家制定了越来越多的劳动保护法规保护劳动者；发展到后来劳动关系则完全受劳动法律的调整。“劳工被纳入企业组织之内，居于从属地位为他人提供劳务，必须服从雇主之指示，纯靠工资谋生，须特别加以保护，整个劳工法系以保护劳工为目的。”③

劳动法体系的形成是雇佣关系社会化发展到新阶段的产物——意味着劳动关系已经成为雇佣关系的主流，对于雇佣关系法律规制的发展具有历史性意义，也直接影响了民法典对于雇佣关系的态度。1804 年《法国民法典》有关雇佣关系的内容还被列入租赁契约的内容之中，到 1896 年《德国民法典》问世时，雇佣契约已经被置于第二编“债务关系法”之第八章“各种债务关系”之中，成为该章第八节“雇佣合同和类似的合同”的内容，并与承揽合同等类似合同并列。雇佣合同在民法典中获得独立法律地位的意义在于，雇佣合同中涉及人身属性的内容在法律上得以确立。作为《瑞士民法典》重要组成部分的债法部分，在 1911 年规定了雇佣合同，并于 1971 年将“雇佣合同”修改为“劳动合同”。“此一重大修正在‘民法社会化’的发展上具有划时代的意义，盖雇佣合同系以个人主义为基则的有关劳务给付之法律，而

① 冯彦君：《民法与劳动法：制度的发展与变迁》，载《社会科学战线》2001 年第 3 期。

② 张铁薇：《侵权责任法与社会法关系研究》，载《中国法学》2011 年第 2 期。

③ 王泽鉴：《民法学说与判例研究》（第 2 册），台北，三民书局 2009 年版，第 359 页。

劳动合同则系以社会为出发点对劳动关系之规范，两者间不论质、量上皆有很大区别。”[①]瑞士债法中有关劳动合同的规定篇幅大、内容多、体系全，仅法律条款就超过120条，不仅对个体劳动合同及特殊劳动合同关系作了规定，对集体合同、标准劳动合同与强行法的内容也作了规定。[②] 可以说，《瑞士债法典》关于劳动合同的规定已经完全取代了劳动法的规定。《瑞士债法典》这种独特的立法体例，“一方面反映了劳动法理念和内容的变迁，另一方面也与《瑞士民法典》尤其债法的体系结构较为灵活和开放，以及民商合一的立法体例有关”。[③]

8.1.2 雇佣合同规则的设置

在《瑞士民法典》的立法模式下，有关劳动合同的规定将大量劳动法规则直接纳入民法典的债法之中，其内容虽不乏先进之处，但体系结构并不可取，大量的劳动法规则纳入合同法之后，“导致劳动合同的内容过于庞杂，并与其他类型合同规则数量严重不相匹配”。[④] 相较于瑞士模式，德国模式似乎更值得借鉴。《德国民法典》在第二编“债务关系法”第八章“各种债务关系”下专设一节，将雇佣关系（含劳动关系）通用的一般规则与劳动关系的特殊规则合并在一节规定，可谓言简意赅，要言不烦。内容固然简洁，然结构失之凌乱，亦并非最佳之立法例。只是考虑到瑞士、德国的民法典均是历经百年变迁，几度修改，至今仍在发挥作用，不由得让人肃然起敬。

由于各种原因，《民法典》最终并没有规定与雇佣规则相关的任何内容。现在没有规定，不意味着《民法典》永久都不需要相关规定。考证民法典发展的历史，结合我国的国情，笔者认为《民法典》可以参考瑞士、德国的立法模式，未来在适当时候将雇佣合同规则纳入其中，但一定要做好以下几点：

第一，雇佣合同与劳动合同分立，各自单设一节。雇佣合同作为劳动合同的上位概念，主要阐述作为个人雇佣关系的一般规则，侧重于法律地位完全平等的雇主与雇员的一般权利义务关系。劳动合同作为特殊雇佣合同，雇主为用人单位，侧重于用人单位与劳动者之间的特殊合同规则，针对的是劳动者在合同中需要特殊保

---

① 黄越钦：《从雇佣契约到劳动契约》，载《政大法律评论》1981 年总第 24 期。

② 《瑞士债法典》，吴兆祥、石佳友、孙淑妍译，法律出版社 2002 年版。

③ 谢增毅：《民法典编纂与雇佣（劳动）合同规则》，载《中国法学》2016 年第 4 期。

④ 谢增毅：《民法典编纂与雇佣（劳动）合同规则》，载《中国法学》2016 年第 4 期。

护的权利义务关系。

第二,雇佣合同一般规则的设置,应借鉴其他有名合同,涵括个人雇佣关系的一般规则的全部内容。《德国民法典》关于雇佣合同的一般规则的设置其实是值得借鉴的,它包括雇佣合同的标的、报酬、劳务给付的不可转让性、支付报酬的期间、特定情形下的劳务报酬的领取、雇主照顾雇员病患的义务、雇主安全照顾义务、雇佣关系的终止及通知、通知终止的格式要求、长期合同的通知终止期间、雇佣合同默示的延长、特定情形的即时通知终止及其损害赔偿以及雇佣合同的附随义务等。除上述内容外,笔者认为在雇佣合同的一般规则设置中必须加上一条,就是在《劳动合同法》确定的规则不敷适用时,劳动合同可以适用雇佣合同的一般规则。

第三,劳动合同特殊规则的设置。《德国民法典》关于"雇佣合同和类似的合同"中涉及劳动关系的特殊规则仅仅3条,内容分别为"在企业转移的情形下的权利义务"(第613a条)、"在受雇人负责任的情形下的证明责任"(雇主举证责任倒置的规定,第619a条)与"劳动关系的通知终止期间"(第622条)。[①] 这显然是非常不够的。除了参照前述雇佣合同规则中关于雇主对雇员保护的内容,在劳动合同的特殊规则设置中可以加重用人单位对劳动者的保护义务。此外,正如其他有名合同对于合同双方的权利义务求全务尽一样,对于劳动合同中关于合同规则的设置也应该尽可能的完备,尤其是考虑用人单位与劳动者的实际力量对比的差距。当然,属于劳动基准法规制的内容就不宜在此规定了,以免造成不必要的立法资源的浪费。

8.2 雇佣侵权损害赔偿制度的立法协调

8.2.1 雇佣侵权损害赔偿制度的立法反思

关于雇佣关系中的侵权损害赔偿问题,《民法典》在侵权责任编第1191条[②]、第

① 《德国民法典》,陈卫佐译注,法律出版社2015年版,第23页。

② 对应的是《侵权责任法》第34条,增加了"用人单位承担侵权责任后,可以向有故意或者重大过失的工作人员追偿"的规定。

1192条[①]作了规定，其中第1191条是关于用人单位承担雇主替代责任以及用人单位追偿权的规定，第1192条是关于个人雇主承担雇主替代责任以及雇主追偿权的规定。至于雇员在雇佣活动中遭受损害的雇主赔偿责任、雇员造成雇主损害的赔偿责任、雇员基于故意与过失的损害赔偿责任的区分、雇员损害赔偿责任的减免规则及雇员赔偿责任的限额等都没有规定。不仅基于劳动关系的损害赔偿特殊规则没有规定，即使是基于个人雇佣关系的一般规则也没有规定，导致司法实践中的法律适用极其混乱。对于同样认定雇员属于重大过失的案件，判决支持承担侵权责任的形式竟然包括四种，分别是"全责"、"通常全责但有减责可能"、"减责"与"免责"。[②] 如此同案不同判，对司法公信力无疑是重大损害。也可见立法缺位带来了严重的司法后果与消极影响。

8.2.2 《民法典》与《劳动法》的协调

《侵权责任法》关于雇佣损害赔偿制度规定的缺失，其所带来的社会困扰已被司法实践验证，但新通过的《民法典》回避了这一问题。要最终解决司法实践的难题，仅靠司法解释是远远不够的，最终还是需要推进《民法典》与《劳动法》妥善分工、各守其分，以为因应。即个人雇佣关系中的损害赔偿的一般规则及劳动关系中损害赔偿的特殊规则由《民法典》之侵权责任编规定，劳动关系中涉及用人单位与雇员的赔偿责任由劳动法规定。《民法典》应当对个人雇佣关系的一般规则作出规定，包括雇主（员）在雇佣活动造成雇员（主）损害的一般归责原则、雇主对雇员的损害赔偿责任、第三人侵权致雇员损害赔偿的雇主追偿权、雇员致雇主损害的赔偿责任以及雇员损害赔偿责任的减免规则作出规定。此外，对于劳动关系中损害赔偿的特殊规则，如雇主对雇员损害赔偿适用无过错责任原则、雇员赔偿责任的限制及减免的范围也应该作出规定。而劳动法主要是对于用人单位与雇员的具体赔偿责任与赔偿数额及限额进行规定，尤其是雇员相对于用人单位的实质弱势地位，对于

---

① 对应的是《侵权责任法》第35条，增加了"接受劳务一方承担侵权责任后，可以向有故意或者重大过失的提供劳务一方追偿"与"提供劳务期间，因第三人的行为造成提供劳务一方损害的，提供劳务一方有权请求第三人承担侵权责任，也有权请求接受劳务一方给予补偿。接受劳务一方补偿后，可以向第三人追偿"的规定。

② 朱军：《雇员在工作中致雇主损害的责任减轻规则——基于案例分析的比较研究》，载《清华法学》2015年第6期。

雇员承担损害赔偿责任必须始终贯穿倾斜保护劳动者利益的原则。尤其是赔偿限额的确定,因为涉及劳动者的工资及社会保障问题,通过劳动法做出相应的规定更具有合理性。

参照前述国际上有关民法典立法模式应该坚持的立法原则,《民法典》与《劳动法》才能更好地在完善雇佣损害赔偿立法的分工合作,实现坚持民法典的一般规则与兼顾劳动法特殊规则的有机统一。虽然本次《民法典》编纂对于现行法律制度的调整幅度不如预期,相信假以时日,随着《民法典》的不断发展完善,一定可以解决苦民已久的法律问题,毕竟法律的重要生命力就是对于现实问题的回应。

8.3 制定《工伤保险法》

8.3.1 确立同工同权的补差模式

正如第4章所论述的,无论是基于雇主过错导致的生产安全事故与职业伤害而给雇员造成的损害,还是基于第三人的过错给雇员造成的损害,都会涉及雇员主张工伤保险待遇给付与侵权损害赔偿的问题,在所有四种模式中最适合我国当下国情的是补差模式。在现行立法模式下,要实现这一目标,涉及《职业病防治法》、《安全生产法》、《社会保险法》与《侵权责任法》四部法律的修改。即使能够同时启动这四部法律的修改工作,也无法确保各部法律最终修改的法律文本能够保持一致;更何况同时启动四部法律的修改工作几乎是不可能完成的任务。唯有制定《工伤保险法》,吸纳各部法律原有的合理规定并进行立法整合,才能在立法上确定工伤保险的补差模式。包括至少整合以下三项内容:

第一,对《职业病防治法》第58条与《安全生产法》第53条的内容进行整合,明确主张民事赔偿的"过错责任"与"以弥补人身损害赔偿与工伤保险待遇的差距为限"的原则。文本内容可变更为"因生产安全事故或职业病受到损害的从业人员,除依法享有工伤保险外,依照有关民事法律尚有获得赔偿的权利的,有权对存在过错的本单位提出赔偿要求,但赔偿数额须扣除已经支付的工伤保险待遇"。

第二,明确雇主向第三人的代位追偿权,以《侵权责任法》第34条的文本为基础,增加一款作为第1款:"用人单位的工作人员在执行工作任务时,因用人单位以外的第三人造成损害的,由第三人承担侵权责任;用人单位因此承担赔偿责任的,可以向第三人追偿。”

第三，明确雇主与工伤保险基金“工伤医疗费”以外的工伤保险待遇的代位追偿权，以《社会保险法》第42条的文本为基础，该条文本可以修改为：“由于第三人的原因造成工伤，第三人不支付工伤医疗费用或者无法确定第三人的，由工伤保险基金先行支付。工伤保险基金先行支付工伤医疗费及其他工伤保险待遇后，有权向第三人追偿。”

8.3.2 实现劳动者全员参保与工伤保险基金全负担

20世纪经济的迅速发展与福利国家制度的广泛发展，全球各国社会保险的保障水平也获得普遍提升。以德国、日本及我国台湾地区为例，工伤保险几乎可以覆盖到所有的雇员，包括个人雇主及其雇员在内的各类工作人员都有权获得工伤保险的保障①。

随着中国社会保险事业的发展，扩大社会保险的覆盖面乃是大势所趋。在可预期的未来，工伤保险必须突破劳动关系的限制，个人雇主及其雇员都可以参加工伤保险。这是解决我国工伤保险制度困局的最有效的方式，由于工伤保险要以劳动关系为基础，导致大量的遭受职业伤害的农民工不得不徘徊在工伤保险的大门之外，陷入维权困局，无法获得工伤保险的保障。将所有非劳动关系的雇员也纳入工伤保险之中，雇员在从事雇佣活动中发生工伤事故的时候，可以享有与有劳动关系的雇员同等的工伤保险基金支付的工伤待遇，也将从根本上帮助工伤保险制度摆脱当前所面临的困局。由于《社会保险法》规定劳动者参加养老保险已经突破了劳动关系的限制，因此有必要借鉴养老保险的参保模式对现行工伤保险制度规定进行修改，规定参加工伤保险不以劳动关系为前提应该是符合国情的一种选择。

根据现行工伤保险制度，雇员的工伤保险待遇给付模式是工伤保险基金补偿+用人单位补偿相结合的复合型给付模式。其中工伤保险基金承担的工伤保险待遇项目包括工伤医疗待遇等十项，由用人单位承担的工伤保险待遇项目包括停

---

① 参见葛蔓：《德国工伤保险制度的特点及成功之处》，载《中国劳动》1998年第3期；于欣华、郑清风：《海峡两岸工伤保险法律制度比较——以工伤保险基本原则为标准的基本研究》，载《内蒙古社会科学》(汉文版)2012年第5期；石孝军：《日本工伤保险的经验与启示》，载《中国劳动保障》2006年第3期。

工留薪期待遇等四项。[①] 工伤保险基金与雇主赔偿责任相结合的工伤保险待遇给付模式，虽然在一定程度上有利于督促用人单位加强工伤预防、减少事故率，却也在某种程度上加重了用人单位责任、挫伤了用人单位的积极性。有必要将现行的工伤保险待遇给付模式转变为由工伤保险基金独力承担，在减轻用人单位负担的同时，切切实实地提高雇员的社会保障水平。

这对于我国工伤保险现行制度的建设而言，都属于顶层设计的大事，单靠《工伤保险条例》的完善是不可能做到的，而且补差模式所涉及的立法调整已经超出了行政法规的立法权限。对《社会保险法》中涉及工伤保险制度的内容进行重大修改看起来是一条可行性路径，但这是建立在其他四种社会保险制度（养老保险、医疗保险、失业保险与生育保险）也能同步重大修改的基础上，否则有关工伤保险制度的立法篇幅会远远超出其他险种的内容，这显然不符合立法体例的逻辑。如果要实现与工伤保险制度的同步修改，那就意味着《社会保险法》立法走向法典化建设的宏伟目标，这显然需要一个漫长的过程。推动制定单行的《工伤保险法》既可以解决当前工伤保险制度面临的迫在眉睫的问题，同时也可以探索《社会保险法》法典化建设的立法经验，可以说是推动工伤保险制度完善的最佳立法路径。

8.4　重构雇佣损害赔偿救济程序

8.4.1　雇佣损害赔偿救济程序的反思

劳动法体系是雇佣制度社会化的产物，立法宗旨是倾向于保护劳动者，自成体系的劳动争议处理程序及劳动法院的设立都是这一价值追求的结果。但在我国，

---

① 工伤保险基金承担的工伤保险待遇项目包括工伤医疗待遇等十项，分别为：(1)符合工伤保险诊疗项目目录、工伤保险药品目录、工伤保险住院服务标准的工伤治疗费用；(2)职工住院治疗工伤期间的伙食补助费；(3)工伤职工经用人单位和社会保险经办机构同意到统筹区域外治疗的交通费、食宿费用；(4)工伤职工到签订服务协议的医疗机构进行工伤康复的费用；(5)工伤职工因日常生活或者就业需要安装的假肢、矫形器、假眼、假牙和配置轮椅等辅助器具所需费用；(6)确定生活护理依赖等级的工伤职工的生活护理费；(7)一次性伤残补助金；(8)一至四级工伤职工的伤残津贴；(9)五至十级工伤职工解除或终止劳动合同时的一次性工伤医疗补助金；(10)工亡职工的丧葬补助金、一次性工亡补助金、供养亲属抚恤金，由工伤保险基金承担。由用人单位承担的工伤保险待遇项目主要包括四项：(1)停工留薪期工资；(2)停工留薪期内工伤职工护理费；(3)五至六级伤残工伤职工的伤残津贴；(4)五至十级工伤职工解除或终止劳动合同时的一次性伤残就业补助金。

劳动争议处理程序要经历一裁两审程序(包括劳动争议仲裁、民事诉讼一审与民事诉讼二审),比一般民事诉讼程序更为复杂与冗长。尤其是工伤案件的处理,对于没有签订劳动合同也没有参加工伤保险的劳动者而言,其程序之复杂与冗长几乎是一场难以想象的“维权马拉松”,几乎涵括了当下中国法律制度中所有的法律程序。由于工伤认定要以劳动关系为基础,对于没有签订劳动合同、用人单位也不认可劳动关系的劳动者而言,要想证明劳动关系的存在就必须通过劳动争议处理的一裁两审程序。确认劳动关系后,如果用人单位不认可劳动部门出具的工伤认定结论,还要面对行政复议与行政诉讼程序。待行政诉讼二审维持工伤认定结论后,劳动者要向用人单位主张工伤保险待遇,还得再经历一遍一裁两审程序。如果用人单位没有赔偿能力,经人民法院终(中)止执行程序后,劳动者欲向工伤保险基金申请先行支付工伤保险待遇,还是需要通过行政诉讼程序才能实现个人的诉求。《社会保险法》第41条虽然规定了工伤保险基金有向未获得用人单位赔偿的工伤职工先行支付工伤保险待遇的义务,但赋予工伤保险基金追偿的手段与方式明显不足,对工伤保险基金先行支付后可能留下的坏账要如何处理也没有相应的法律规制,故工伤保险经办机构出于基金缺口的担忧与审计责任的顾虑往往是不判不给,将法院判决当作工伤保险待遇先行支付的前提。如此繁复冗长的劳动争议处理程序极其不利于对劳动者的保护,显然与雇佣制度社会化发展的价值追求相违背。

8.4.2 重构劳动争议处理程序

我国现行劳动争议处理程序过于烦琐冗长,造成用人单位与劳动者的讼累,尤其不利于保护劳动者的合法权益,确实到了应该改变的时候了。因此,重构劳动争议处理程序势在必行,努力的方向主要包括:

第一,简化劳动争议处理程序,对所有的劳动争议仲裁案件实行一裁终局。与商事仲裁一样,凡是经过劳动争议仲裁程序处理的案件,一经裁决即发生法律效力。这样一来,劳动争议处理所必经的民事诉讼程序就可以省略了,大大降低了劳动争议处理的诉讼成本。

第二,优化机构职能,设立劳动法院或在人民法院内部设立劳动法庭(与民事庭、刑事庭、行政庭与知识产权庭并列)。所有的劳动类案件(不管此前是归口于民事诉讼还是行政诉讼),都经由劳动法院(劳动法庭)处理,借此减少劳动争议处理环节,提高司法效率,大大降低劳动争议处理尤其是工伤案件处理诉讼成本。

结　论

建构在产业雇佣基础上的劳动关系与个人雇佣关系相分离，是近代工业化社会的产物。随着工业化过程的职业伤害日益成为严重的社会问题，依靠传统侵权法个体化的救济方法，已无力解决雇主对雇员的损害赔偿问题。为了有效应对这一社会问题的挑战，两大法系不约而同地实现了侵权法从过错责任向无过错责任发展的转变，最后在政府的主导下推行强制保险，实现雇主损害赔偿责任的社会化转移。在此背景下出现了《侵权责任法》与《劳动法》适用的竞合，即雇员基于同一损害事实可以同时主张侵权损害赔偿与工伤保险给付，带来了法律适用的困扰；随着社会保险制度的发展与成熟，欧美诸国形成了化解此种困扰的四种成熟的立法模式，分别是选择模式、替代模式、兼得模式与补差模式。

中国迟至20世纪90年代才形成市场化的劳动关系，社会保险制度也随之迅速发展，但劳动关系与社会保险的法治化建设显然滞后于社会经济现实的发展。因第三人侵权所致的工伤经历了从补差模式到兼得模式的发展历程，而因雇主原因所致的工伤则经历了兼得模式到替代模式的演变轨迹，雇员“同工不同权”的背后，反映了司法越权造法导致法律适用的冲突与混乱，凸显了我国工伤保险制度与侵权责任法在立法上存在的重大疏失。于短期而言，司法应尊重《职业病防治法》与《安全生产法》的规定，统一法律适用标准。从长远计，立法当借鉴欧美发达国家的成功经验，立足我国当前社会保障水平，整合《社会保险法》、《侵权责任法》、《职业病防治法》与《安全生产法》，在立法上确定工伤保险的“补差模式”是切合我国当前国情的最佳选择。为此，需要制定《工伤保险法》，明确因雇主原因造成的工伤，雇员除依法享有工伤保险外，有权对存在过错的用人单位提出赔偿要求，但赔偿数额须扣除已经给付的工伤保险待遇；对于第三人侵权所致的工伤，应确立工伤保险基金与用人单位对侵权第三人的代位追偿权；同时将所有非劳动关系的雇员也纳入工伤保险之中，实现工伤保险全员覆盖与工伤保险基金对工伤保险待遇全负担，完善雇佣法律制度，提高雇员社会保障水平。

顺应雇佣法律制度社会化的发展趋势，应尽力做好相关各项法律的修改与完善工作。如借鉴德国、瑞士等国的立法例，我国《民法典》应当在未来纳入雇佣合同一般规则与劳动合同的特殊规则。坚持协调好《民法典》与《劳动法》的立法分工，《民法典》规定个人雇佣关系损害赔偿的一般规则，确立雇员损害赔偿责任的减免规则与轻微过失致雇主损害适用责任豁免规则，《劳动法》则规定劳动关系中涉及用人单位与雇员的赔偿责任，确立雇员的赔偿限额。同时，优化雇佣损害赔偿的救济程序，实行劳动争议仲裁案件一裁终局，设立劳动法院（庭）处理所有劳动类案件，降低诉讼成本，提高司法效率。

期待前述各部法律的制定或修改能如愿而成，为构建良善之雇佣侵权损害赔偿制度奠定基础，并能促进我国雇佣关系之良性发展。

参考文献

(一)中文著作

[1]黄越钦:《劳动法新论》,中国政法大学出版社2003年版。

[2]史尚宽:《民法总论》,中国政法大学出版社2000年版。

[3]史尚宽:《债法总论》,中国政法大学出版社2000年版。

[4]史尚宽:《债法各论》,中国政法大学出版社2000年版。

[5]王泽鉴:《法律思维与民法实例》,中国政法大学出版社2001年版。

[6]王泽鉴:《民法思维:请求权基础理论体系》,北京大学出版社2009年版。

[7]王泽鉴:《侵权行为》,北京大学出版社2009年版。

[8]王泽鉴:《民法学说与判例研究》(1~8册),北京大学出版社2009年版。

[9]王利明:《侵权责任法研究》,中国人民大学出版社2011年版。

[10]黄茂荣:《法学方法与现代民法》,法律出版社2007年版。

[11]黄茂荣:《债法各论》,中国政法大学出版社2004年版。

[12]黄茂荣:《债法通则之二:债务不履行与损害赔偿》,厦门大学出版社2014年版。

[13]黄立:《民法债编各论》(下),中国政法大学出版社2003年版。

[14]王利明:《合同法研究》(第3卷),中国人民大学出版社2012年版。

[15]沈国明、朱敏彦主编:《国外社会科学前沿1997》,上海社会科学院出版社1998年版。

[16]张生:《中国近代民法法典化研究(1901—1949)》,中国政法大学出版社2004年版。

[17]张晋藩:《中国民法通史》,福建人民出版社2003年版。

[18]李显冬:《从〈大清律例〉到〈民国民法典〉的转型——兼论中国古代固有民法的开放性体系》,中国人民公安大学出版社2003年版。

[19]赵晓耕主编:《新中国民法典起草历程回顾》,法律出版社2011年版。

[20]许崇德:《中华人民共和国宪法史》,福建人民出版社2005年版。

[21]郑尚元:《劳动法与社会保障法前沿问题》,清华大学出版社2011年版。

[22]劳动科研所劳动法研究会编:《劳动法手册》,经济管理出版社1988年版。

[23]郑尚元:《劳动合同法的制度与理念》,中国政法大学出版社 2008 年版。
[24]邱聪智:《新订债法各论》,中国人民大学出版社 2006 年版。
[25]王利明等:《民法学》,法律出版社 2015 年版。
[26]梁慧星:《民商法论丛》(第 4 卷),法律出版社 1996 年版。
[27]田思路、贾秀芬:《日本劳动法研究》,中国社会科学出版社 2013 年版。
[28]台湾劳动法学会编:《劳动基准法释义——实施二十年之回顾与展望》,台北,新学林出版股份有限公司 2005 年版。
[29]台湾劳动法学会编:《劳动法裁判选辑》,台北,元照出版有限公司 1999 年版。
[30]田思路、贾秀芬:《契约劳动的研究——日本的理论与实践》,法律出版社 2007 年版。
[31]郑晓珊:《工伤保险法体系——从理念制度的重塑与回归》,清华大学出版社 2014 年版。
[32]沈同仙:《劳动法的理论与实践》,中国人事出版社 2003 年版。
[33]周宝妹:《劳动法要论》,群众出版社 2006 年版。
[34]林嘉:《劳动法的原理、体系与问题》,法律出版社 2016 年版。
[35]杜景林、卢谌:《德国民法典——全条文注释》(上册),中国政法大学出版社 2014 年版。
[36]郑爱青:《法国劳动合同法概要》,光明日报出版社 2010 年版。
[37]林诚二:《民法摘编各论》(中),中国人民大学出版社 2007 年版。
[38]崔建远:《合同法》(第 2 版),北京大学出版社 2013 年版。
[39]易军、红丽:《合同法分则制度研究》,人民法院出版社 2003 年版。
[40]程啸:《侵权责任法》(第 2 版),法律出版社 2015 年版。
[41]王利明:《侵权责任法》,中国人民大学出版社 2016 年版。
[42]张新宝:《中国侵权行为法》,中国社会科学出版社 1998 年版。
[43]杨立新:《侵权损害赔偿》(第 6 版),法律出版社 2016 年版。
[44]张民安:《侵权法上的替代责任》,北京大学出版社 2010 年版。
[45]刘士国:《侵权责任法重大疑难问题研究》,中国法制出版社 2009 年版。
[46]梁慧星:《中国民法典草案建议稿附理由(侵权行为编·继承编)》,法律出版社 2004 年版。
[47]杨立新:《民商法前沿》(第 2 辑),法律出版社 2004 年版。
[48]吕琳:《劳工损害赔偿法律制度研究》,中国政法大学出版社 2005 年版。
[49]王卫国:《过错责任原则:第三次勃兴》,中国法制出版社 2000 年版。
[50]黄越钦等:《职灾补偿——中美英德日五国比较》,台北,五南图书股份有限公司 1995 年版。
[51]钟明钊主编:《社会保障法制度研究》,法律出版社 2000 年版。

[52]张新宝:《侵权责任法立法研究》,中国人民大学出版社2009年版。
[53]沈宗灵主编:《法理学与比较法学论集》,北京大学出版社2000年版。
[54]王利明:《最高人民法院人身损害赔偿司法解释之评论与展望》,中国社会科学出版社2004年版。
[55]曾世雄:《损害赔偿法原理》,中国政法大学出版社2001年版。
[56]王泽鉴:《民法学说与判例研究》(第1册),中国政法大学出版社1997年版。
[57]黄立:《民法债编总论》,中国政法大学出版社2002年版。
[58]王军:《侵权损害赔偿制度比较研究》,法律出版社2011年版。
[59]张民安:《过错侵权责任制度研究》,中国政法大学出版社2002年版。
[60]王泽鉴:《损害赔偿》,北京大学出版社2017年版。
[61]王利明:《侵权法归责原则研究》,中国政法大学出版社1992年版。
[62]杨立新:《侵权法论》,吉林人民出版社1998年版。
[63]欧阳经宇:《民法债编各论》,台北,汉林出版社1978年版。
[64]杨立新主编:《中华人民共和国侵权责任法草案建议稿及说明》,法律出版社2007年版。
[65]张新宝:《侵权责任法原理》,中国人民大学出版社2005年版。
[66]张新宝:《侵权责任法》,中国人民大学出版社2006年版。
[67]王利明:《中华人民共和国侵权责任法释义》(第2版),法律出版社2013年版。
[68]王利明等:《中国侵权责任法教程》,人民法院出版社2010年版。
[69]全国人大常委会法制工作委员会民法室:《中华人民共和国侵权责任法条文说明、立法理由及相关规定》,北京大学出版社2010年版。
[70]王利明主编:《中华人民共和国侵权责任法释义》,中国法制出版社2010年版。
[71]张钢成主编:《侵权责任案件——裁判方法与规范》,法律出版社2015年版。
[72]张新宝:《侵权责任构成要件研究》,法律出版社2007年版。
[73]陈聪富:《侵权归责原则》,北京大学出版社2005年版。
[74]陈聪富:《因果关系与损害赔偿》,北京大学出版社2005年版。
[75]王军主编:《侵权行为法比较研究》,法律出版社2006年版。
[76]王利明、崔建远:《合同法新论·总论》,中国政法大学出版社2000年版。
[77]曹艳春:《雇主替代责任研究》,法律出版社2008年版。
[78]何勤华:《西方民法史》,北京大学出版社2006年版。
[79]史尚宽:《劳动法原论》,正大印书馆1978年版。
[80]贾俊玲:《劳动法学》,北京大学出版社2011年版。
[81]关怀:《劳动法》,中国人民大学出版社2001年版。

[82]刘焱白:《劳务派遣法律规制研究》,法律出版社 2012 年版。
[83]黄乐平、叶明欣:《职业病法律制度研究》,法律出版社 2013 年版。
[84]彭小坤:《劳动合同单方解除制度研究》,法律出版社 2009 年版。
[85]王倩、朱军:《德国联邦劳动法院典型判例研究》,法律出版社 2015 年版。
[86]薛波、潘汉典:《元照英美法词典》,法律出版社 2003 年版。
[87]林良荣、孙迺翊:《劳动市场变迁与社会安全制度——两岸劳动法与社会法的比较》,台北,新学林出版股份有限公司 2013 年版。
[88]柴发邦:《中国民事诉讼法学》,中国人民公安大学出版社 1992 年版。
[89]信春鹰:《中华人民共和国劳动争议调解仲裁法释义》,法律出版社 2008 年版。
[90]最高人民法院民事审判第一庭:《民事审判指导与参考》(总第 16 集),法律出版社 2004 年版。
[91]王泽鉴:《不当得利》,中国政法大学出版社 2002 年版。
[92]胡平:《精神损害赔偿制度研究》,中国政法大学出版社 2003 年版。
[93]《外国法制史》编写组:《外国法制史资料选编》(上册),北京大学出版社 1982 年版。
[94]王利明:《中华人民共和国侵权责任法解读》,法律出版社 2010 年版。
[95]最高人民法院中国应用法学研究所:《人民法院案例选》(总第 38 辑),人民法院出版社 2002 年版。
[96]最高人民法院侵权责任法研究小组编:《〈中华人民共和国侵权责任法〉条文理解与适用》,人民法院出版社 2016 年版。
[97]卞耀武等:《中华人民共和国安全生产法读本》,煤炭工业出版社 2002 年版。
[98]刘左军主编:《〈中华人民共和国安全生产法〉释义及实用指南》,中国民主法制出版社 2002 年版。
[99]李适时主编:《中华人民共和国安全生产法释义》,中国物价出版社 2002 年版。
[100]刘士国:《现代侵权损害赔偿研究》,法律出版社 1998 年版。
[101]徐爱国:《英美侵权法》,法律出版社 1999 年版。
[102]周友军:《交往安全义务理论研究》,中国人民大学出版社 2008 年版。
[103]张民安:《现代法国侵权责任制度研究》,法律出版社 2004 年版。
[104]于敏:《日本侵权行为法》,法律出版社 1998 年版。
[105]徐爱国:《英美侵权行为法学》,北京大学出版社 2004 年版。
[106]唐德华:《人身损害赔偿司法解释及相关法律疑难释解》,人民法院出版社 2004 年版。
[107]王全兴:《劳动法》,法律出版社 2008 年版。
[108]周长征:《劳动派遣的发展与法律规制》,中国劳动社会保障出版社 2007 年版。

[109]苏明诗:《契约自由与契约社会化》,载郑玉波主编:《民法债编论文选辑》(上),台北,五南图书出版股份有限公司1984年版。

[110]林更盛:《德国法上近来对劳工概念之讨论与立法》,载台湾劳动法学会编:《劳动法裁判选辑(三)》,台北,元照出版有限公司1999年版。

[111]最高人民法院办公厅:《最高人民法院公报全集(1985—1994)》,人民法院出版社1995年版。

(二)中文译著

[1]《马克思恩格斯选集》(第4卷),中共中央马克思恩格斯列宁斯大林著作编译局编译,人民出版社1972年版。

[2][日]我妻荣:《民法讲义·债法各论》(中卷二),周江洪译,中国法制出版社2008年版。

[3][美]理查德·A.波斯纳:《法律的经济分析》,蒋兆康译,法律出版社2011年版。

[4][德]克雷斯蒂安·冯·巴尔:《欧洲比较侵权行为法》(上卷),张新宝译,法律出版社2001年版。

[5][法]雅克·盖斯旦等:《法国民法总论》,陈鹏等译,法律出版社2004年版。

[6]《法国民法典》,罗结珍译,法律出版社2005年版。

[7][美]丹·B.多布斯:《侵权法》,马静等译,中国政法大学出版社2014年版。

[8][德]格哈德·瓦格纳:《损害赔偿法的未来——商业化、惩罚性赔偿、集体性损害》,王程芳译,中国法制出版社2012年版。

[9]《德国民法典》(第4版),陈卫佐译注,法律出版社2015年版。

[10][德]迪特尔·梅迪库斯:《德国民法总论》,邵建东译,法律出版社2013年版。

[11][德]雷蒙德·瓦尔特曼:《德国劳动法》,沈建峰译,法律出版社2014年版。

[12][德]曼弗雷德·魏斯、[德]马琳·施密特:《德国劳动法与劳资关系》,倪斐译,商务印书馆2012年版。

[13][英]史蒂芬·哈迪:《英国劳动法与劳资关系》,陈融译,商务印书馆2012年版。

[14][意]T.特雷乌:《意大利劳动法与劳资关系》,刘艺工、刘吉明译,商务印书馆2012年版。

[15][英]凯瑟琳·巴纳德:《欧盟劳动法》,付欣译,中国法制出版社2005年版。

[16]《俄罗斯联邦劳动法典》,蒋璐宇译,北京大学出版社2009年版。

[17][德]W.杜茨:《劳动法》,张国文译,法律出版社2005年版。

[18][德]K.茨威格特、[德]H.克茨:《比较法总论》,潘汉典等译,贵州人民出版社1992年版。

[19][法]让-雅克·迪贝卢、[法]爱克扎维尔·普列多:《社会保障法》,蒋将元译,法律出版社2002年版。
[20][美]伯纳德·施瓦茨:《美国法律史》,王军等译,中国政法大学出版社1997年版。
[21]《德国民法典》(第2版),陈卫佐译,法律出版社2005年版。
[22][奥]海尔姆特·库齐奥:《侵权责任法的基本问题(第一卷):德语国家的视角》,朱岩译,北京大学出版社2017年版。
[23][德]奥特马·尧厄尼希:《民事诉讼法》(第27版),周翠译,法律出版社2003年版。
[24][德]梅迪库斯:《德国债法总论》,卢谌译,法律出版社2004年版。
[25][德]马格努斯:《侵权法的统一:损害与损害赔偿》,谢鸿飞译,法律出版社2009年版。
[26][德]马克西米利安·福克斯:《侵权行为》,齐晓琨译,法律出版社2006年版。
[27]《日本民法典》,王书江译,中国法制出版社2000年版。
[28][荷]J.施皮尔:《侵权法的统一:对他人造成的损害的责任》,梅夏英、高圣平译,法律出版社2002年版。
[29][日]圆谷峻:《判例形成的日本新侵权行为法》,赵莉译,法律出版社2008年版。
[30][英]弗莱明:《民事侵权法概论》,何美欢译,香港中文大学出版社1992年版。

(三)学位论文

[1]徐银波:《侵权损害赔偿论》,西南政法大学2012年博士学位论文。
[2]刘春梅:《论人身伤害中的非财产损害赔偿》,对外经贸大学2010年博士学位论文。
[3]李满奎:《强制性工伤保险制度研究》,西南政法大学2014年博士学位论文。
[4]赵晓旭:《职业伤害赔偿制度研究》,对外经贸大学2011年博士学位论文。
[5]晏宇桥:《我国雇佣关系的法律研究》,武汉大学2004年博士学位论文。
[6]胡巧绒:《举证责任分配规则研究》,复旦大学2013年博士学位论文。

(四)中文期刊论文

[1]环建芬:《雇主责任的归责原则和雇佣活动的适用范围辨析》,载《政治与法律》2007年第1期。
[2]陈现杰:《司法为民:苛求现代法治思想的精髓——法官与学者的一次重要对话》,载《法制日报》2003年1月16日,第9版。
[3]奚懿:《用工责任中连带责任的隐退——以"自己责任"为中心》,载《江西广播电视大学学报》2014年第1期。
[4]袁秀挺:《论共同责任中补充责任的确认与适用——兼与非真正连带责任的比较》,载

《上海政法学院学报》(法治论丛)2005 年第 6 期。
[5]江善进、石同全:《单位与第三人共同过错致雇员人身损害的赔偿责任》,载《人民司法·案例》2016 年第 14 期。
[6]陈刚:《证明责任概念辨析》,载《现代法学》1997 年第 2 期。
[7]刘冰、黄萍萍:《关于民事举证责任分配原则的研究》,载《学习与探索》2005 年第 4 期。
[8]叶自强:《举证责任的倒置与分割》,载《中国法学》2004 年第 5 期。
[9]周林刚:《宪法概念的变革——从〈共同纲领〉到"五四宪法"》,载《法制与社会发展》2013 年第 6 期。
[10]房绍坤:《论雇佣人的民事责任》,载《法学研究》1992 年第 4 期。
[11]郑尚元:《民法典制定中民事雇佣合同与劳动合同之功能与定位》,载《法学家》2016 年第 6 期。
[12]谢增毅:《民法典编纂与雇佣(劳动)合同规则》,载《中国法学》2016 年第 4 期。
[13]谢增毅:《超越雇佣合同与劳动合同规则——家政工保护的立法理念与制度建构》,载《清华法学》2012 年第 6 期。
[14]胡大武:《理念与选择:劳动法如何照耀家政工人》,载《法律科学》2011 年第 5 期。
[15]郑尚元:《雇佣关系调整的法律分界——民法与劳动法调整雇佣类合同关系的制度与理念》,载《中国法学》2005 年第 3 期。
[16]易继明:《历史视域中的私法统一与民法典的未来》,载《中国社会科学》2014 年第 5 期。
[17]谢鸿飞:《民法典与特别民法关系的建构》,载《中国社会科学》2013 年第 2 期。
[18]朱广新:《民法典之典型合同类型扩增的体系性思考》,载《交大法学》2017 年第 1 期。
[19]王林清:《劳务派遣中雇主责任的分配》,载《清华法学》2016 年第 3 期。
[20]费安玲:《1942 年〈意大利民法典〉的产生及其特点》,载《比较法研究》1998 年第 1 期。
[21]张帆:《劳务派遣的法律规制模式、理念与规则——基于〈侵权责任法〉对劳务派遣雇主责任规定的考量》,载《北方法学》2011 年第 5 期。
[22]郭明政:《社会法之概念范畴与体系——以德国法制为例之比较观察》,载《政大法律评论》1997 年第 58 期。
[23]刘志鹏:《论劳动基准法上之"劳工"(以经理人为检讨重点)——评释台北地方法院八十三年劳诉字第四号判决》,载《台湾社会研究季刊》1996 年第 24 期。
[24]张民安:《雇主替代责任在我国未来侵权法中的地位》,载《中国法学》2009 年第 3 期。
[25]崔建远:《承揽合同四论》,载《河南省政法管理干部学院学报》2010 年第 2 期。
[26]石孝军:《日本工伤保险的经验与启示》,载《中国劳动保障》2006 年第 3 期。
[27]毛瑞兆:《论雇主的替代责任》,载《政法论坛》2004 年第 3 期。

[28]孙少森、尹飞:《雇主责任构成要件之研究》,载《中国青年政治学院学报》2006 年第 1 期。
[29]蔡和平:《德国雇员转让法及其发展》,载《中国劳动》2006 年第 7 期。
[30]林嘉、马特:《工伤赔偿请求权竞合问题研究》,载《法学论坛》2008 年第 3 期。
[31]金福海、王林清:《论工伤保险赔偿与侵权赔偿关系》,载《政法论坛》2004 年第 4 期。
[32]张平华、郭明瑞:《关于工伤保险赔偿与侵权损害赔偿的关系》,载《法学论坛》2008 年第 10 期。
[33]吕琳:《工伤保险与民事赔偿适用关系研究》,载《法商研究》2003 年第 3 期。
[34]谢增毅:《美国劳务派遣的法律规制及对我国立法的启示——兼评我国〈劳动合同法〉的相关规定》,载《比较法研究》2007 年第 6 期。
[35]张新宝:《工伤保险赔偿请求权与普通人身损害赔偿侵权权的关系》,载《中国法学》2007 年第 2 期。
[36]叶名怡:《重大过失理论的构建》,载《法学研究》2009 年第 6 期。
[37]周开畅:《社会法视角中的"工伤保险和民事赔偿"适用关系》,载《华东政法学院学报》2003 年第 6 期。
[38]陈现杰:《〈最高人民法院关于审理人身损害赔偿案件适用法律若干问题的意见〉的若干理论与实务问题解析》,载《法律适用》2004 年第 2 期。
[39]曹险峰:《在权利与法益之间——对侵权行为客体的解读》,载《当代法学》2005 年第 5 期。
[40]米健:《现代侵权法归责原则探索》,载《法学研究》1985 年第 5 期。
[41]包俊:《侵权责任归责原则体系新论》,载《江海学刊》2006 年第 1 期。
[42]刘淑珍:《试论侵权损害的归责原则》,载《法学研究》1984 年第 4 期。
[43]孔祥俊、杨丽:《侵权责任要件研究》,载《政法论坛》1993 年第 1 期。
[44]李仁玉:《西方侵权法中严格责任的产生》,载《法学研究》1987 年第 3 期。
[45]周友军:《我国侵权责任形式的反思》,载《法学杂志》2009 年第 3 期。
[46]刘文杰:《侵权行为法上的故意、过失与重大过失》,载《贵州师范大学学报》(社会科学版)2007 年第 1 期。
[47]崔建远:《绝对权请求权或侵权责任方式?》,载《法学》2002 年第 11 期。
[48]崔建远:《债法总则与中国民法典的制定——兼论赔礼道歉、恢复名誉、消除影响的定位》,载《清华大学学报》(哲学社会科学版)2003 年第 4 期。
[49]王天玉:《劳动法规制灵活化的法律技术》,载《法学》2017 年第 10 期。
[50]房绍坤:《论雇主对雇员的赔偿责任》,载《烟台大学学报》1997 年第 1 期。

[51]吕海荣:《劳基法研究(二)工资之意义与范围》,载《律师通讯》1984 年第 65 期。
[52]郑晓剑:《揭开雇主“替代责任”的面纱——兼论〈侵权责任法〉第 34 条之解释论基础》,载《比较法研究》2014 年第 2 期。
[53]班天可:《雇主责任的归责原则与劳动者解放》,载《法学研究》2012 年第 3 期。
[54]刘士国:《使用人责任疑难问题探讨》,载《辽宁大学学报》(哲学社会科学版)2006 年第 6 期。
[55]洪伟:《论雇主对雇员的安全保障义务》,载《福建论坛》(人文社会科学版)2009 年第 7 期。
[56]董保华:《〈劳动合同法〉的十大失衡问题》,载《探索与争鸣》2016 年第 4 期。
[57]唐芸霞、杨绪峰:《第三人侵权引发的工伤事故救济模式探讨——写在〈社会保险法〉施行之时》,载《四川师范大学学报》(社会科学版)2011 年第 6 期。
[58]谢增毅:《工伤保险赔偿与第三人侵权赔偿关系的再认识——基于实体和程序的双重视角》,载《法商研究》2011 年第 3 期。
[59]黄乐平:《传统职业伤害的工伤赔偿处理》,载《现代职业安全》2010 年第 8 期。
[60]林嘉:《工伤保险与民事损害赔偿竞合问题之检讨》,载《中国医疗保险》2016 年第 10 期。
[61]尹飞:《为他人行为侵权责任之归责基础》,载《法学研究》2009 年第 5 期。
[62]曾培芳、李宗明:《论雇主追偿权》,载《南京理工大学学报》(社会科学版)2007 年第 1 期。
[63]朱军:《雇员在工作中致雇主损害的责任减轻规则》,载《清华法学》2015 年第 6 期。
[64]太月:《劳动合同法中违约责任与其他法律责任关系的研究》,载《大连理工大学学报》2014 年第 4 期。
[65]葛蔓:《德国工伤保险制度的特点及成功之处》,载《中国劳动》1998 年第 3 期。
[66]叶名怡:《侵权法上故意与过失的区分及其意义》,载《法律科学》2010 年第 4 期。
[67]林嘉、范围:《我国劳务派遣的法律规制分析》,载《中国人民大学学报》2011 年第 6 期。
[68]郑志峰:《劳务派遣中雇主替代责任之检讨——兼评“不真正补充责任”》,载《法学》2015 年第 9 期。
[69]董保华:《劳务派遣的法学思考》,载《中国劳动》2005 年第 6 期。
[70]王天玉:《劳务派遣的规制重点与法律对策》,载《社会科学研究》2013 年第 5 期。
[71]张玲、朱冬:《论劳务派遣中的雇主责任》,载《法学家》2007 年第 4 期。
[72]于欣华、郑清风:《海峡两岸工伤保险法律制度比较——以工伤保险基本原则为标准的基本研究》,载《内蒙古社会科学》(汉文版)2012 年第 5 期。

[73]曹艳春:《劳务派遣关系中的雇主替代责任研究》,载《法律科学》2006 年第 3 期。

[74]杨通轩:《台湾劳务派遣法立法之刍议——机会与风险的平衡》,载《万国法律》2004 年第 12 期。

[75]王全兴、侯玲玲:《劳动关系双层运行的法律思考——以我国的劳动派遣实践为例》,载《中国劳动》2004 年第 4 期。

[76]郑津津:《国际社会劳动派遣法制之比较分析——兼论我国劳动派遣法制之现况与未来发展》,载《万国法律》2004 年第 12 期。

[77]项婵娟:《追偿权的行使——从雇主责任的角度分析》,载《安徽警官职业学院学报》2016 年第 1 期。

(五)外文著作

[1]Atiyah, P. S. ,*Vicarious liability in the law of torts*,Butterworth & Co. Ltd, 1967.

[2]Baty,*vicarious Liability*,Clarendon Press, 1916.

[3]Basil S. Markesinis, Hannes Unberath,*The German Law of Torts*,Hart Publishing, 2002.

[4]Dan B. Dobbs and Paul T. Hayden,*Torts and Compensation - Personal Accountability and Social Responsibility for Injury*,Fifth edition,Thomson West,2005.

[5]General Editor and W. Page Keeton,*Prosser and Keeton on Torts*,Fifth Editon,West Publishing Co. , 1984.

[6]Michael A. Jones,*Textbook on Torts*,3rd Ed. Blackstone Press Limited,1991.

[7]Harper and James,*Law of Torts*,Little, Brown and Company,1956.

[8]Happer and James and Gray,*The Law of Torts*,Second Editon,Little, Brown and Company, 1986.

[9]Joseph W. Glannon,*The Law of Torts: Examples and Explanation*,Aspen Publishers, 2005.

[10]John Munkman,*Employer's Liability at Common Law*,Fifth edition,Butterworths,1962.

[11]John G. Fleming,*The Law of Torts*,8th ed. The Law Book Company Limited. Simon Deakin, Angus Johnston, Basil Markesinis,Fifth Editon,Oxford University Press, 2003.

[12]James A. Henderson, Jr. , Richard N. Pearson and John A. Siliciano, *The Torts Process*, 4th ed. Little, Brown and Company(2003).

[13]Malcolm R. Mackay and Shona M. W. Simon,*Employment Law*,W. Green & Son Ltd. , 2001.

[14]Victor E. Schwartz, Kathryn Kelly, David F. Partlett,*Prosser, Wade and Schwartz's Torts*,New York, Foundation Press, 2005.

[15]W. V. H. Rogers, *Winfield and Jolowicz on Tort*, Twelfth Edition, London, Sweet & Maxwell, 1984.

[16]William Holdsworth, *History of English Law*, London, Methuen Co. LTD, 1952.

[17]Terrence F. Kiely, *Mordern Tort Liability: Recovery in the' 90s*, Miky Law Publications, 1990.

[18]W. Page Keeton, *Prosser and Keeton on Torts*, Fifth Edition, West Publishing Co, 1984.

[19]William L. Prosser, *Handbook of the Law of Torts*, 4th ed. West Publishing Co.

[20]Young, *Industrial Injuries Insurance*, London, 1964.

[21]David Farnham, *Employee Relations in Context*, Chartered Institute of personnel and development, 2000.

[22]Oliver Wendell Holmes, *The Common Law*, The Law Book Exchange. Ltd. , 1881.

[23]Shaw v. Boston and Worcester R. R. , 74 Mass, 1857.

[24]R. F. Heuston and R. A. Buckley, *Salmond and Heuston on the Law of Torts*, Sweet & Maxwell Ltd. , 1996.

[25][日]河野顺一:《労働災害理論と実務》,中央经济社 2002 年版。

[26][日]本多淳亮:《労働法実務大系十三・賃金、退職金、年金》,総合労働研究所 1971 年版。

[27][日]本多淳亮:《労働契約・就業規則論》,一粒社 1981 年版。

[28][日]菅野和夫:《労働法》(第 8 版),弘文堂 2008 年版。

[29][日]井上英治:《現代の不法行為論》,日本中央大学出版部 2003 年版。

[30][日]本城武雄、大平焓偏:《民法と現代社会》,嵯峨野书院 1992 年版。

[31][日]田上富信:《使用関係における責任規範の構造》,有斐阁 2006 年版。

[32][日]内田贵:《债権各论》,东京大学出版会 2007 年版。

[33][日]加藤一郎:《不法行為》,有斐阁 1974 年版。

[34]Hümmerich, ArbeitsverhältnisalsWettbewerbsgemeinschaft – ZurAbgrenzung von Arbeitnehmern und Selbständigen, NJW 1998.

[35]Bauer/Diller/Lorenzen, Das neueGesetzzur "Scheinselbst? ndigeit", NZA 1999.

[36]Arthur Larson. Worker's Compensation Law: Cases, Material and Text, Mathew Bender, 2007.

[37]Laurent Aynès, Philippe Malaurie. Les Obligations (2e edition), éditionsCujas, 1990.

[38]Seiler, DeliktischeGehifenhaftung, JZ 1967.

[39]NLRB v. Browning Ferris Indus. , 691 F. 2d, 1982.

[40] Rivas v. Federacion de AsociacionesPecuarias de Puerto Rico, 929 F. 2d, 1991.

[41] Thomas G. Shearman and Amasa A. Redfield. A Treatiese on the Law of Negligence, Baker, Voorhis& Company, 1988.

(六)外文期刊论文

[1] Alan O. Sykes, "The economics of vicarious liability", *Yale Law Journal*, June(1984).

[2] Alan O. Sykes, "The Boundaries of Vicarious Liability: An Economic Analysis of The Scope of Employment Rule and Related Legal Doctrines", 101 Harv. L. Rev. (1987 - 1988).

[3] Alicla K. Embley, *Vicarious liability for volunteers: Should Missouri Courts consider New standards?* HeinOnline—63 Mo. L. Rev. (1998).

[4] Allan Manley, Annotation, *Liability of Charitable Organization Under Respondeat Superior Doctrine for Tort of Unpaid Volunteer*, 82 A. L. R. 3d 1213, 1216(1978).

[5] Bohlen, *The Basis of Affirmative Obligations in the Law of Tort*, 44 Am. L. Reg., N. S (1905).

[6] Baxter, *Enterprise Liability, Public and Private*, 42 Law & Contemp. Probs. 45, 49(1978).

[7] Comment, *Risk Administration in the Marketplace: A Reappraisal of the Independent Contractor Rule*, 40 U. Chi. L. Rev. 661, 675 - 79(1973).

[8] Cf. Sapping, *Limited Liability Contracts Between Principal and Agent*, 29 J. Econ. Theory 1 (1983).

[9] Douglas, *Vicarious Liability and the Administratin of Risk*, 38 Yale L. J(1929).

[10] Elizabeth Turner Rouse, *Deviation and Departure by Servant*, 17 Ky. L. J. 124 (1928 - 1929).

[11] *Efficiency Analysis of Vicarious Liability Under the Law of Agency*, 91 Yale L. J.

[12] Fleming James and Dickinson, *Accident Proneness and Accident Law*, 63(1950).

[13] Fleming James, Jr., *Vicarious Liability*, 28 Tul. L. Rev. (1954).

[14] Ferson, *Liability of Employers for Misrepresentations Made by Independent Contractors*, 3 Vand. L. Rev. 1. (1949).

[15] Francis MDougherty, Annotation, *Liability of Employer With Regard to Inherently Dangerous Work For Injuries to Employees of Independent Contractor*, 34 A. L. R. 4th 914 (1981).

[16] Guido Calabresi, *Some thoughts on risk distribution and the law of torts*, The Yale Law Journal Merch, Volume 70(1961).

[17] Gregory, *Gratuitous Undertakings and the Duty of Care*, 1 De Paul L. Rev. 30(1951).

[18] Gregory C. Keating, *The Idea of Fairness in the Law of Enterprise Liability*, 95 Mich. L. Rev(1997).

[19] Glanville Williams, *Vicarious Liability and the Master' s Indemnity*, 20 Mod. L. Rev. (1957).

[20] Holmstrom, *Moral Hazard and Observability*, 10 Bell J. Econ. 74 (1979).

[21] Harper, *The Basis of the Immunity of an Employer of an Independent Contractor*, 10 Ind. L. J(1935).

[22] Harold J. Laski, *The Basis of Vicarious Liability*, 26 Yale L. J. (1916).

[23] McNiece and Thornton, *Affirmative Duties in Tort*, 58 Yale L. J(1949).

[24] Mashaw, *Civil Liability of Government Officers: Property Rights and Official Accountability*, 42 Law & Contemp, Probs. 8 (1978).

[25] Mossin, *Equilibrium in A Capital Asset Market*, 34 Econometrica 768 (1966).

[26] Morris, *the Torts of an Independent Contractor*, 29 III. L. Rev. (1935).

[27] Lewis A. Kornhauser, *An Economic Analysis of Choice Between Enterprise and Personal Liability for Accidents*, 70 Cal. L. Rev. P. 1349(1982).

[28] James B. McHugh, *Risk Adimistration in the Marketplace: A Reappraisal of the Independent Contractor Rule*, 40 U. Chi. L Rev. 661 (1972 – 1973).

[29] Jennifer Arlen and W. Bentley MacLeod, *Beyond Master – Servant: A Critique of Vivarious Liability*, *Exploring Tort Law*, Edited by M. Stuart Madden, Cambridge Universtiy Press (2005).

[30] Parsons, *Individual Responsibility Versus Enterprise Liability*, 29 A. L. J(1956).

[31] Shavell, *Risk Sharing and Incentives in the Principal – Agent Relationship*, 10 BELL J. ECON. 63 – 64 (1979).

[32] Smith, *Frolic and Detour*, 23 Col. L. Rev. (1923).

[33] Seavey, *Reliance on Gratuitous Promises or Other Conduct*, 64 Harv. L. Rev. (1951).

[34] Steffen, *Independent Contractor and the Good Life*, 2U. Chi. L. Rev. 216(1935).

[35] Sharpe, *Capital Asset Prices: A Theory of Market Equilibrium Under Conditions of Risk*, 19 J. FIN(2015).

[36] Teh, *Liability for Independent Contractors – The Unifying Theme*, 9 Anglo. – Am. L. Rev. (1980).

[37] Rouse, *Deviation and Departure by Servant*, 17 Ky. L. J(1929).

[38] William O. Douglas, *Vicarious Liability and Administration of Risk*, 38 Yale L. J(1929).

[39] Wigmore, *Responsibility for Tortious Acts: Its History*, 7 Harv. L. Rev. (1984).

[40] Wright, *Negligent "Acts or Omissions"*, 19 Can. Bar Rev. (1941).

后 记

博士论文可以顺利出版了，四年博士研究生学习生涯的心愿终于得以了却，我不禁长长地吁了一口气。出版专著，本来于我而言算不上什么大事，毕竟16年前的这个时候我已经出版了自己的第一本专著《最新工伤处理操作实务》——该书还有幸进入了2005年的中国法律图书排行榜（排名27）。而从2004年9月至2020年，算起来我出版的法律著作总计40余本。值得一提的是，本书在选题上与第一本专著有一些契合之处，主要交集在工伤损害赔偿的内容，而我2005年做的第一个网站就是工伤损害赔偿网（www. gongshang120. com）。但是，这并非偶然的巧合，因为关注工伤损害赔偿议题并推动相关制度的完善是我一直以来孜孜以求的目标。在某种意义上，这样的背景也构成了本书的特色，大量来自司法实务与制度构建的第一手资料，为开展接地气的理论研究提供了可能，所以本书也力求通过理论研究发掘制度之得失，并提出法律制度改进之建议以回应司法现实之难题。其心固善，只是力有不逮，或难遂其愿。无论如何，16年以来，不管个人能力如何，至少我做到了不仅坐而论道，更是坚持身体力行，攻读博士研究生只是其间的一个微小缩影。要知道以39岁高龄奋力考博，并不在我原来的人生规划中。在更早的岁月与更好的年龄，应该更适合做这样的选择，这种感受在写作博士论文期间尤其强烈。而之所以加入考博行列来，不得不追溯到当初个人志业的选择。因为工伤经历，我于2005年离开央企正式成为一名执业律师，经过大半年的沉淀与思索，2006年年初毅然决定以劳工维权为事业，开始筹建团队建立机构，致力于建设“劳工维权社会中坚，劳动政策民间智库”，始终坚持“做别人做不到的，就是我们的价值”的信条，努力为改变底层民众尤其是农民工的处境而呼吁与行动。此后多年，正值法治建设的春天与中国劳动法发展的小阳春，民间组织得以登堂入室、一显身手。余虽不才，但有众多青年才俊为同道，几年间团队迅速成长，于劳工维权乃至公益法领域屡创先例。

以司法论，在京畿重镇，主导上万人群体性事件妥善处理，在劳工深表感激，于政府亦表赞许。以立法论，在劳动法尤其是职业安卫生立法领域，作为立法完善之重要推手，不可或缺。队伍不大，意义不小，毕竟“每一步都可谓在创造法治的历史”。一路下来，纵使筚路蓝缕，依然百折不挠。在推动法律制度完善与公共政策改进的道路上，深入的研究是必不可少的；挑灯夜战之场景比比皆是，毕竟为弱者代言参与立法博弈，没有过硬的专业能力是不可想象的。在研究的道路上，没有什么比接近理想更有价值的事情了，所以从未想过为学位与职称而努力的问题。

然而随着环境的变化，建设民间智库的难度日益加大，人才与资金的不足日渐成为机构建设的短板。作为机构的创始人，如何提升机构的发展空间就成了当务之急。在内部团队建设过程中，提升个人能力对于机构的发展极为关键，作为机构创始人应该身先示范。另外，智库建设毫无疑问需要大量课题做支撑，在民间课题日渐减少的情况下，寻求官方背景的课题合作是机构的不二选择，而官方机构对于合作者的资质是有要求的，如果不是教授（职称），至少也应该是博士（学位）。为了延续建设民间智库的理想，读博已经不是我要否选择的一件事情，而是一个必须完成的硬性任务。所以，在博士研究生的在读生涯尤其是最后做博士论文的阶段，虽然遭遇了很多困难与挑战，然而只要想起过去那些践行理想的艰难岁月，如何不屈不挠地开创法治新篇，就一切都释然了。选择“雇佣关系中侵权损害赔偿制度研究”这一论题作为博士论文，也是对过往事业坚持的一种延续。无论考博多苦，读博多累，毕竟都是行走在理想的道路上……

无论付出多少，只要通过努力就可以实现理想的人，总是幸运的。这不由得让我想起了离世多年的父亲，他的求学生涯可没有赶上这样的幸运。2020 年 9 月 4 日，我见到了一个远房表叔，他也是父亲的高中同学。席间聊到了他们的中学生活，这位表叔脱口而出的一句话是“你爸可是上清华大学的料啊！”父亲高中毕业已是 55 年前的事了，那年高考失利留给同学们的印象竟然还是如此深刻，难怪父亲一辈子都没能从这次打击中走出来。由于历史原因父亲属于“不宜录取”的对象，未能被大学录取，他的人生也从此开始发生了彻底地翻转。励志的榜样在任何时代都不缺乏，但是对于绝大多数人而言错过了历史性的机遇，就很难改变人生的命运。年岁渐长，我就越能体会父亲当年的心境。父亲是儿子最好的一面镜子，在人生的道路上有知难而畏的时候，我就常以父亲的高考经历来警示自己。也正是父亲惨痛的人生经历，让我深感法治于个人的价值与意义；如果不想经历父亲那样的厄运，我就需要努力地为践行法治做出自己的努力。每想到父亲年轻时遭受的打击，我对于自己这么多年的付出与所谓的世俗名利之间的落差就很淡然了，何况雁过留声、人过留痕，有价值的工作总是会留下印迹的。所以，博士研究生的学习生涯也是人生难得的记忆。

回顾四年的博士研究生生涯，首先要感谢恩师夏利民教授的悉心指导与谆谆教诲。恩师治学严谨，为人谦和，体谅学生，堪称师德之楷模。过去四年里，恩师体谅我工作、社会活动等诸事缠身，从来没有让我帮她做过任何课题或干过任何杂活，作为学生感觉惭愧之余也对恩师充满敬意。所谓"桃李不言，下自成蹊"是也！在博士论文的写作期间，恩师不厌其烦地一遍遍指导我修改，帮助我顺利度过了写作的极点。论文能够顺利通过外审，这与恩师倾注的心血是分不开的。在此，要对恩师夏利民教授表示深深的感谢！论文写作期间，也有幸得到预答辩的诸位导师包括林艳玲教授、李滨教授、宋刚教授、韩赤风教授与柴荣教授等诸位教授的指导，在此也一并表示感谢！

在论文写作期间，北京义联劳动法援助与研究中心诸位同人在资料搜集、文字校对、格式修订等各方面给予了大力支持，在此对朱茂林、韩世春、戴伟、张莹莹、张舒迟、宋佳妮、叶明欣、胡素梅、李婧、蔡若村等所给予的帮助表示感谢！长期与北京义联劳动法援助与研究中心保持密切联系的多位年轻学者，德国洪堡大学的博士研究生赵进、法国巴黎第一大学的博士研究生贺林欣特别是中国社会科学院法学研究所副研究员王天玉博士也提供了很多协助，在此也表示感谢！

个人能够顺利完成博士学业，与家人的支持是分不开的；在理想前行的道路上，家人从来都给予我坚定的支持！在此也要向家人道一声谢谢！

图书在版编目(CIP)数据

雇佣关系中侵权损害赔偿制度研究 / 黄乐平著. --
北京 : 法律出版社, 2020
ISBN 978-7-5197-4903-3

Ⅰ. ①雇… Ⅱ. ①黄… Ⅲ. ①侵权行为-赔偿-研究-中国 Ⅳ. ①D923.84

中国版本图书馆 CIP 数据核字(2020)第 165581 号

雇佣关系中侵权损害赔偿制度研究
GUYONG GUANXIZHONG QINQUAN SUNHAI PEICHANG ZHIDU YANJIU

黄乐平 著

责任编辑 许 睿
装帧设计 鲁 娟

出版 法律出版社
总发行 中国法律图书有限公司
经销 新华书店
印刷 北京玺诚印务有限公司
责任印制 胡晓雅

编辑统筹 司法实务出版分社
开本 710 毫米×1000 毫米 1/16
印张 12
字数 205 千
版本 2020 年 9 月第 1 版
印次 2020 年 9 月第 1 次印刷

法律出版社/北京市丰台区莲花池西里 7 号(100073)
网址/www.lawpress.com.cn
投稿邮箱/info@lawpress.com.cn
举报维权邮箱/jbwq@lawpress.com.cn
销售热线/400-660-8393
咨询电话/010-63939796

中国法律图书有限公司/北京市丰台区莲花池西里 7 号(100073)
全国各地中法图分、子公司销售电话:
统一销售客服/400-660-8393/6393
第一法律书店/010-83938432/8433
西安分公司/029-85330678
重庆分公司/023-67453036
上海分公司/021-62071010/1636
深圳分公司/0755-83072995

书号:ISBN 978-7-5197-4903-3
定价:48.00 元